Windows 7

para Torpes

Impresionante!!!

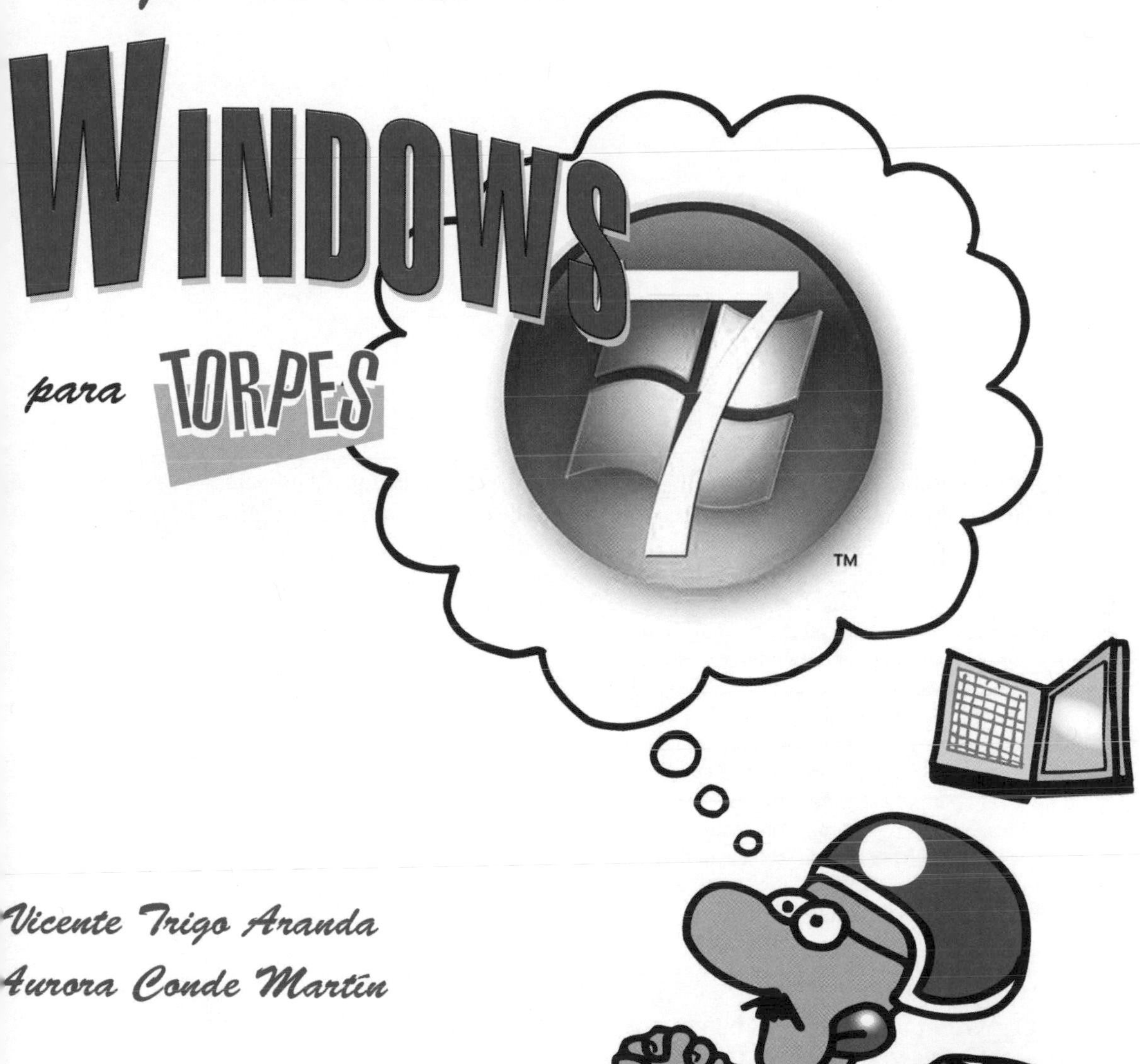

Vicente Trigo Aranda
Aurora Conde Martín

INFORMÁTICA PARA TORPES

RESPONSABLE EDITORIAL:
Víctor Manuel Ruiz Calderón
Susana Krahe Pérez-Rubín

DISEÑO DE CUBIERTA:
Cecilia Poza Melero

Juan Ignacio Luca de Tena, 15. 28027 Madrid
Depósito legal: M. 36.838-2009
ISBN: 978-84-415-2666-2
Printed in Spain
Impreso en: Fernández Ciudad, S.L.

Para Natividad Reina López
Siempre estás en nuestros corazones.

El Índice (*y el pulgar*) de contenidos

Índice de contenidos

CAPÍTULO 1

En el banquete de la boda de la hermana de la cuñada de mi tío Jeremías me tocó sentarme al lado de mi prima Leonor, la médico más experimentada de la familia. En un momento dado le comenté que estoy todo el día sentado delante del ordenador y, como es una furibunda defensora de la vida sana, no dejó en toda la comida de hablarme de las virtudes de una alimentación saludable y de la necesidad de que hiciera deporte. "Tu corazón te lo agradecerá", fue su continua coletilla.

Tanto se metió con el colesterol, las hormonas, los aditivos, etc., que me limité a picotear el menú y le prometí que tendría en cuenta su recomendación y haría algo de deporte.

Entonces fue cuando intervino en la conversación mi tío Casimiro, que daba buena cuenta de un rico chuletón sin que las recomendaciones de mi prima hicieran la menor mella en su apetito.

- Pasado mañana nos vamos de paseo al monte unos cuantos del club de jubilados. ¿Por qué no nos acompañas y, así, empiezas a ponerte en forma?

Al escuchar las palabras "paseo" y "jubilados" deduje que aquello sería suave y relajado. ¡Qué mejor manera de iniciar mi necesaria puesta a punto!

Quedamos en que mi tío Casimiro me recogería, aunque me mosqueó algo eso de levantarse tan de madrugada. ¿Pasear en el monte y todavía de noche? Por prudencia decidí callarme.

Dos días después, cuando comenzamos a caminar tras dos horas de viaje, ya estaba todo tan claro y diáfano como el cielo azul bajo el que nos movíamos. Llamar monte a aquello era como llamar piscina al Mediterráneo. ¡Qué cuestas tan empinadas!

Sin embargo, lo peor para mi autoestima era la marcha que llevaban los jubilados. Mientras yo andaba con la lengua fuera, ellos de cháchara y aún así me dejaban rezagado.

Cuando ya no pude más, me excusé en el calzado inapropiado y aproveché para masajear mis dolientes pies y recuperar el aliento.

- ¡Cómo se te ocurre traer esas zapatillas de deporte en lugar de unas buenas botas de montaña! - exclamó mi tío Casimiro -. Bueno, nos sentamos un rato por aquí y así descansas un poco.

- Sí que le hace falta - comentó uno de sus amigos -. Se nota que toma muy poco el sol. ¡Qué blanco está! Si parecemos "Blancanieves y los siete enanitos".

- Acaso seríamos "Los siete samuráis" o "Los siete magníficos", ¿no creéis? - intervino otro integrante del grupo -. Por cierto, ¿recordáis alguna otra película en cuyo título aparezca la palabra siete?

Enseguida se escucharon alusiones a "La furia de los siete magníficos", "Siete novias para siete hermanos", "Siete años en el Tíbet" y "Siete días de mayo". Luego el silencio.

- Pues no se me ocurre ninguna más - dijo otro jubilado -, pero si se permite la palabra séptimo, porque a veces se pone en su lugar el número siete, la lista podría ampliarse con "El séptimo sello", "El séptimo día", "En el séptimo cielo", etc.

- Hombre, si se acepta eso con mayor razón deberían ser válidos los títulos originales que contuviesen la palabra *seven*, como "*Seven*", "*Robin and the 7 Hoods*", "*The seven per cent solution*" o la genial "*The Seven Year Itch*".

- ¡Ya salió el políglota! - exclamó divertido mi tío Casimiro -. La primera me suena, evidentemente, pero ¿y las otras?

- Es que aquí se tradujeron de una forma muy particular. Las que acabo de citar se proyectaron en nuestros cines con títulos muy cambiados: "Cuatro gángsters de Chicago", "Elemental, Doctor Freud" y "La tentación vive arriba", respectivamente.

- Inolvidable la escena con el vestido de Marilyn levantándose - comentó con una pizca de melancolía y, luego, volviéndose hacia mí añadió: Querido sobrino, que sabes tanto del séptimo arte, ¿no se te ocurre ninguna película más que se nos haya pasado por alto?

- Ni una más - respondí todavía preocupado con mis pies -. Como no valga Windows 7, me doy por vencido.

Tras mis palabras, y como mi tío añadió que me dedico a escribir libros de informática, cambió totalmente el rumbo de la conversación. Todo el mundo, sin excepción, comenzó a hacerme preguntas sobre Windows 7... que qué novedades trae, que si es tan bueno como dicen, que si es más ligero y potente, etc. Algunas eran tan técnicas, que tuve que explayarme un buen rato para contestarlas.

En resumen, mi garganta terminó bastante agotada, pero mis pies ya no sufrieron más, porque de allí no nos movimos. Encima, habían preparado unos bocadillos de panceta que estaban de rechupete.

¡Me encanta Windows 7!

Los inevitables prolegómenos

El primer paso para manejar un ordenador es encenderlo. Evidente, ¿no? Pues, ¿a qué esperamos? ¡Pulsemos el interruptor!

Al cabo de unos instantes tendremos en pantalla el escritorio, que pretende reproducir el aspecto de una mesa de trabajo, sólo que resulta mucho más bonito, como vemos en la figura 1.1. Lógicamente el tuyo será diferente, aunque eso no tiene mayor importancia, porque podemos cambiar su aspecto con suma facilidad.

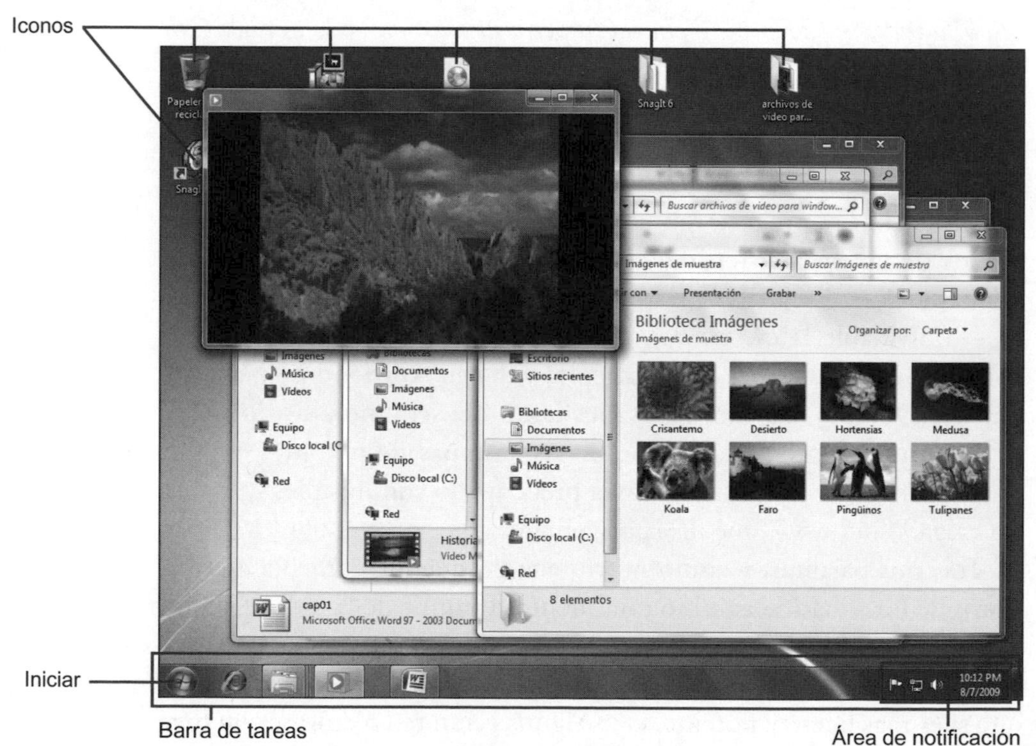

Figura 1.1. Un escritorio.

A lo largo de estos primeros capítulos analizaremos los elementos que aparecen en la figura 1.1, para averiguar cómo configurar el escritorio de Windows 7 a nuestro gusto. Por el momento, nos limitaremos a una breve introducción al tema, para ir acostumbrándonos a la terminología.

- Los iconos son esos pequeños dibujitos que están desparramados por el escritorio y que representan un programa, una carpeta, un documento, etc.
- La barra de tareas, que vemos en la parte inferior de la pantalla, nos indicará las aplicaciones que vayamos abriendo. Además incluye el botón **Iniciar**, que abre el menú Inicio, y el área de notificación, que contiene el reloj y diversos iconos informativos (sobre la red, altavoces, etc.).

Pero antes de centrarnos en estos elementos, es necesario que hablemos un poco de los archivos y carpetas (y luego de las ventanas), para entrar en materia y dejar las cosas claras desde el principio.

Toda la información que gestiona nuestro ordenador se conserva en archivos. Afortunadamente, hoy en día los discos duros son tan grandes que pueden almacenar miles y miles de archivos y, como es evidente, sería muy poco operativo tenerlos todos amontonados en un mismo lugar.

Para evitar líos es necesario un mínimo de organización y, por eso, las personas solemos tener nuestra casa dividida en varias habitaciones, en muchas de las cuales hay armarios para guardar ordenada la ropa, la vajilla, etc.; además, los armarios acostumbran tener cajones o separadores para mantener el orden y localizar antes las cosas.

En los ordenadores se sigue un sistema similar, con la diferencia de que no se habla de habitaciones, armarios o cajones, sino de carpetas, que es un término bastante más serio y que recuerda demasiado al mundo laboral.

Resumiendo, los archivos de nuestro disco duro se conservan en carpetas, cada una de las cuales puede contener otras carpetas (subcarpetas) y, así, sucesivamente.

Con tanto archivo y tanta carpeta, la única forma que tiene el ordenador de no liarse es exigir que cada elemento tenga un nombre único. Windows 7 generalmente limita los nombres de los archivos o carpetas a un máximo de 260 caracteres.

El límite anterior comprende no sólo el nombre del archivo sino también la ruta (*path* en inglés) que debemos seguir para llegar a él.

Por ejemplo, si hemos guardado una carta en la carpeta Proyectos editoriales, que está dentro de la carpeta Mis documentos (luego te hablo de ella), su ruta de acceso ya ocupa unos cuantos caracteres, puesto que sería similar a la siguiente:

C:\Usuarios\MEGATORPE\Mis documentos\Proyectos editoriales\

En otras palabras, cuando llegue el momento de asignar nombre a nuestros archivos, es conveniente que no los alarguemos innecesariamente, para evitarnos problemas. Es decir, no pondría objeciones a un nombre como "Sara en la piscina del pueblo", pero evitaría denominar a la fotografía "Sara en la piscina del pueblo mientras suena Good Vibrations de los Beach Boys en los altavoces y estoy tumbado a la sombra charlando con Manolo del último partido, cuando sufrí una tendinitis que me dejó para el arrastre y no pude ganar el concurso de tango".

¿Captas la idea?

Otra cuestión que debemos tener en cuenta al hablar de un archivo es su tipo, que lo caracteriza; por ejemplo, en las fotografías el tipo más habitual acostumbra ser jpeg, en los documentos de WordPad es rtf, etc.

Sin embargo mucha gente no tiene consciencia de los tipos, porque Windows 7 oculta por defecto el tipo de los archivos que reconoce, para facilitar la lectura de su nombre. En cualquier caso, aunque no sea visible el tipo, no debemos olvidar que siempre está ahí.

Como es lógico, no podremos almacenar en una misma carpeta dos archivos con idéntico nombre, salvo que tengan distinto tipo (extensión); en otras palabras, una carpeta puede contener un documento y una imagen con el mismo nombre, ya que son de tipos diferentes.

¿Y si los archivos que tienen igual nombre y tipo están en carpetas diferentes? Entonces no hay ningún problema, porque Windows 7 no puede confundirlos.

Ventanas

Como sabemos, la traducción de la palabra inglesa *windows* a nuestro idioma es "ventanas"... y es que la comunicación con el ordenador siempre tiene lugar a través de ventanas.

¿Y qué es una ventana? Simplemente un recuadro rectangular donde se muestra cierta información, ya sea el contenido de una carpeta, un documento, imágenes, un magnífico vídeo, la ejecución de un programa, etc.

Por ejemplo, en la figura 1.2 observamos que hay varias ventanas abiertas en el escritorio.

Figura 1.2. Varias ventanas abiertas.

En los antiguos tiempos del MS-DOS, cuando los nombres de archivos sólo podían constar, como máximo, de 8 caracteres, el tipo se llamaba extensión y admitía una longitud de hasta tres caracteres.

Un clic consiste en pulsar una vez el botón principal del ratón (por defecto, el izquierdo) y soltarlo. El doble clic son dos pulsaciones consecutivas... No lo confundas con dos clics, que también tiene su utilidad a veces; en este último caso, primero se da un clic y, tras una pausa, otro.

Ahora bien, ¿cómo se abre una ventana? Pues algunas lo hacen automáticamente cuando ejecutamos un programa o bien un juego, pero otras, como las correspondientes a las carpetas, debemos abrirlas manualmente, para lo cual, por defecto, tenemos que hacer doble clic sobre su icono.

¿Y a qué viene ese "por defecto" anterior? Se debe a que, como veremos en el siguiente capítulo, tenemos la posibilidad de configurar Windows 7 para abrir las carpetas con sólo un clic.

Y si alguna vez utilizamos el ordenador de otra persona, ¿cómo sabemos cuál es su configuración? Basta colocar el puntero del ratón encima de un icono: si el puntero del ratón sigue siendo la flecha de siempre, deberemos hacer doble clic para activar cualquier icono; en cambio, si adopta la apariencia de mano con el dedo extendido, nos bastará con un clic.

Una vez hecha esta advertencia, sigamos con las ventanas. En todas ellas hay una serie de elementos comunes y es conveniente saber diferenciarlos, para no liarnos con la terminología a lo largo del libro; además, también es aconsejable conocer su utilidad, para ahorrarnos el máximo de trabajo posible.

Por ejemplo, en la figura 1.3 aparece abierta una carpeta cualquiera, en la que podemos apreciar dichos elementos (el cuadro de búsqueda lo dejamos para un capítulo posterior).

- La barra de título está situada en la parte superior de la ventana y es ahí donde aparece el nombre de la aplicación y del archivo que está procesando en ese momento; en el caso de las carpetas, ese espacio queda vacío. En el lateral derecho de la barra de título encontramos tres botones (**Minimizar**, **Maximizar/Minimiz. tamaño** y **Cerrar**) para realizar las operaciones más habituales con ventanas (enseguida vamos con ellas).

- Al abrir una carpeta, debajo de la barra anterior se ofrecen dos botones, **Atrás** y **Adelante**, para facilitarnos el desplazamiento por las carpetas y subcarpetas, algo muy interesante si, como sucede por defecto, se abren las subcarpetas encima de las carpetas, ocupando así una única ventana.

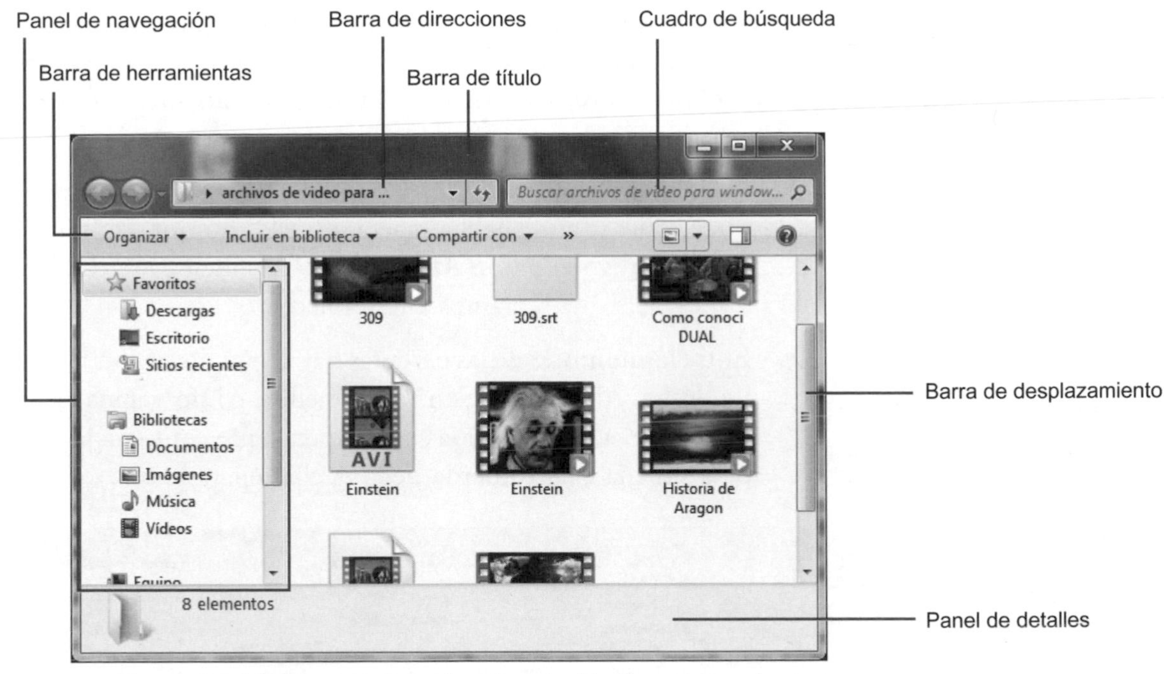

Figura 1.3. Ventana que muestra el contenido de una carpeta.

- Con **Atrás** retrocedemos a la carpeta anteriormente visitada y con **Adelante** accedemos a la siguiente.
- Cuando está operativo el botón **Páginas recientes**, haciendo clic en él desplegamos las últimas abiertas, para ir a cualquiera de ellas rápidamente.

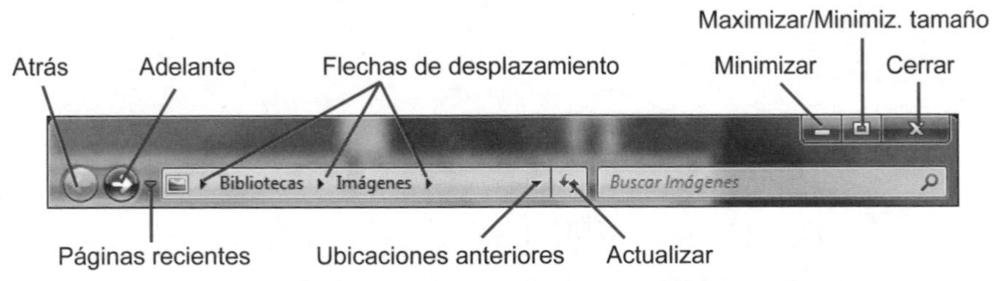

Figura 1.4. Parte superior de la ventana de una carpeta.

- En la barra de direcciones aparece el nombre de la carpeta actual, precedido de los nombres de la carpeta que la contiene, la

TRUCO MÁGICO

Para saber el nombre de un botón, basta colocar el puntero sobre él y esperar unos instantes. Su nombre se mostrará en un recuadro.

que contiene a esta, y así sucesivamente; en otras palabras, se muestra la ruta (*path*) de acceso a la carpeta. Para facilitarnos el desplazamiento a otro sitio, Windows 7 nos oferta nuevas alternativas.

- Haciendo clic en el nombre de una carpeta de la barra de direcciones se abre dicha carpeta sobre la anterior. Por tanto, está operativo el botón **Atrás** y, con él, podemos retroceder a la carpeta que teníamos antes abierta.
- Entre los nombres de las carpetas hay separadores con forma de flecha. Al hacer clic en uno de ellos, como vemos en la figura 1.5, se muestran las subcarpetas que contiene la carpeta situada a la izquierda de la flecha separadora activada.

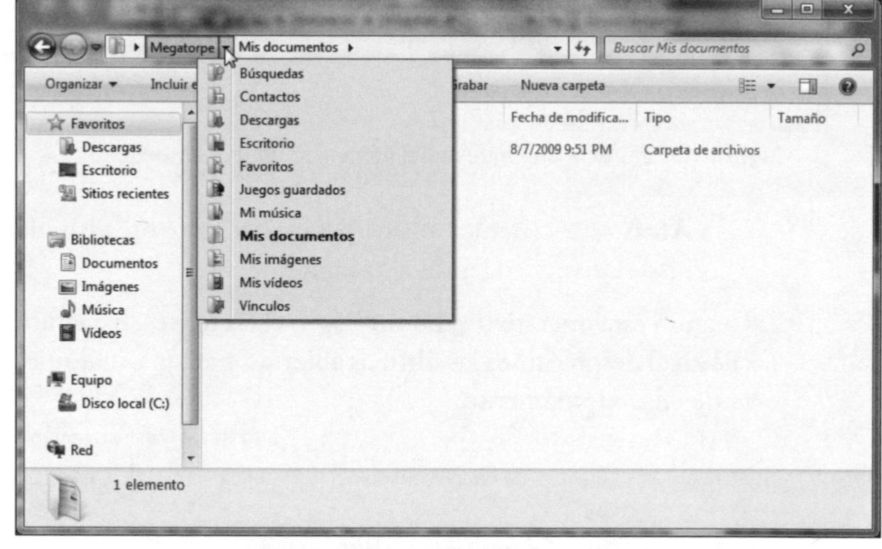

Figura 1.5. Las otras subcarpetas.

Si en la barra de direcciones escribimos la dirección de una página Web, automáticamente se pone en marcha Internet Explorer y la abre en otra ventana.

- Al final de la barra de direcciones, la flecha inferior nos permite acceder a las ubicaciones anteriores.

- La barra de herramientas nos ofrece una serie de botones para realizar diversas acciones, que iremos viendo a lo largo de las páginas siguientes. Si hacemos un único clic sobre un archivo de la carpeta, comprobaremos que varía el número de botones en función del tipo que tenga el archivo seleccionado, para facilitarnos su impresión, reproducción, envío por correo electrónico, etc.

- A la izquierda de la ventana tenemos el Panel de navegación, con diversos enlaces que nos facilitan el acceso a determinadas carpetas.
- El Panel de detalles indica el número de elementos de la carpeta o información relativa al archivo seleccionado.
- La barra de desplazamiento lateral aparece sólo cuando el tamaño de la ventana no permite presentar todo su contenido. Si pulsamos los botones de sus extremos nos movemos por la ventana paso a paso; en cambio, si arrastramos con el ratón el rectángulo interior (cuadro de desplazamiento), ganamos en rapidez.

Como no tiene mucho sentido describir ahora la utilidad de todos los botones y opciones, porque no te enterarías de mucho y, lo que es mucho más importante, te aburrirías soberanamente y eso sería imperdonable, las iremos viendo poco a poco, conforme las vayamos necesitando. Así, al apreciar su utilidad todo quedará meridiano.

TRUCO MÁGICO

Arrastrando la línea que separa el Panel de navegación y el contenido de la carpeta, podemos ajustar ambas zonas al tamaño que prefiramos. ¿Y cómo se arrastra un objeto? Hacemos clic sobre él y, manteniendo pulsado el botón, movemos el ratón; el objeto se desplazará en el mismo sentido que el ratón... mientras no soltemos el botón.

Operaciones con ventanas

A continuación nos centraremos en las operaciones más comunes que podemos realizar con cualquier ventana. Eso sí, debemos tener presente que todas ellas afectan exclusivamente a su presentación en pantalla, no a su contenido. Por ejemplo, si cerramos la ventana de una carpeta, desaparecerá la ventana del escritorio; sin embargo, los archivos que contuviera la carpeta, seguirán almacenados en ella.

Para evitar cualquier posible confusión, hagamos una pequeña pausa con el fin de comentar las notaciones que he utilizado en este libro.

Cuando aparezca cualquier combinación de teclas, como **Control-B** o **Alt-F4**, para conseguir nuestro objetivo debemos mantener pulsada la tecla **Control**, **Alt** o la que sea, y, sin soltarla, pulsar la que se indica después, tras el guión.

Por otro lado, con **Win** designaremos a la tecla que lleva impreso el logotipo de Windows en algunos teclados; en otros, simplemente tiene el texto Win.

Finalmente, para no hacer enfarragoso el texto y abreviar algo la escritura, en lugar de decir que debemos ir al botón o menú tal y seleccionar el comando cual, sólo indicaré el nombre del botón o menú y del comando separados por el símbolo **>**. Así, por ejemplo, cuando leamos "con Organizar>Cerrar" debemos traducirlo por "en el botón **Organizar** tenemos que ejecutar el comando Cerrar".

Vamos ya a las operaciones con ventanas y comencemos con una de las más habituales: minimizar una ventana. Con ella ocultamos momentáneamente la ventana, aunque ésta sigue abierta y su botón aparece en la barra de tareas. Luego, haciendo clic en este último botón, la ventana recobra su tamaño y ubicación anteriores. Para minimizar una ventana, Windows 7 nos brinda varias alternativas:

- Hacer clic en el botón **Minimizar** de la barra de título.
- Hacer clic en el botón de la barra de tareas correspondiente a esa ventana.
- Pulsar la combinación **Win-Flecha Abajo**.

¿Y si queremos minimizar varias ventanas simultáneamente? También disponemos de varias opciones, ¡faltaría más!

- Si tenemos varias ventanas abiertas y nos interesa minimizar todas salvo una, hacemos clic en la barra de título de esta última y agitamos el ratón; repitiendo el proceso, volvemos a ver las ventanas minimizadas. Esta misma funcionalidad, denominada Aero Shake, también la conseguimos con la combinación **Win-Inicio**.

- La combinación **Win-M** minimiza todas las ventanas del escritorio. Las restauramos a su anterior estado con **Win-Mayús-M**.
- En el extremo derecho de la barra de tareas hay un pequeño botón rectangular, **Mostrar escritorio**. Si colocamos el puntero del ratón sobre él, las ventanas se vuelven transparentes y, de esta forma, podemos ver fácilmente el escritorio, como sucede en la figura 1.6. En cambio, si hacemos clic en **Mostrar escritorio** minimizamos todas las ventanas del escritorio; con un nuevo clic las ventanas recuperan la posición y el tamaño que tenían antes.

Las dos funcionalidades de Mostrar escritorio también las tenemos disponibles con Win-Barra espaciadora y Win-D.

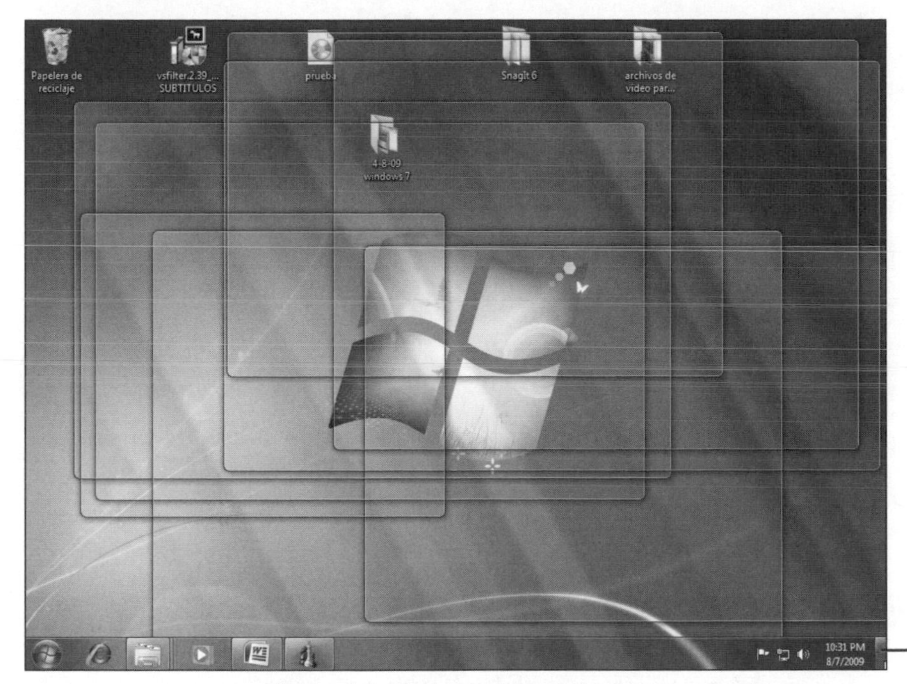

Figura 1.6. Ventanas transparentes.

Una ventana está maximizada cuando ocupa la totalidad de la pantalla, salvo el espacio que está reservado a la barra de tareas (si está visible). Para maximizar una ventana, Windows 7 también nos ofrece varios caminos:

Si tenemos abierta una carpeta, pulsando la tecla F11 maximizamos su ventana, ocultando incluso la barra de tareas. Pulsando de nuevo F11, retornamos a la presentación anterior.

La funcionalidad que ajusta el tamaño de la ventana cuando desplazamos su barra de título a la parte superior de la pantalla o a sus laterales, se denomina Aero Snaps.

- Hacer clic en el botón **Maximizar**. Después, recuperamos su tamaño previo con el botón **Minimiz. tamaño**, que sustituye al anterior cuando la ventana está maximizada.
- Sin más que hacer doble clic sobre la barra de título de la ventana la maximizamos. Con otro doble clic la restauramos.
- Si pulsamos la combinación **Win-Flecha Arriba** la ventana se maximiza; con **Win-Flecha Abajo** recupera su anterior tamaño y ubicación.

Cuando deseemos cambiar de lugar una ventana, sólo tenemos que hacer clic en su barra de título y arrastrarla hasta la posición que nos apetezca. Después, soltamos el botón del ratón.

- Si movemos la barra de título al lateral izquierdo o derecho, la ventana se ajusta a dicho lateral, variando su tamaño para ocupar la mitad del escritorio. Si nos interesa recuperar sus anteriores dimensiones, arrastramos la barra de título al lateral superior de la pantalla y dejamos de pulsar el ratón.
- Si desplazamos la barra de título de una ventana a la parte superior de la pantalla, al dejar de pulsar el ratón se maximiza. Con un doble clic en la barra de título la restauramos.
- Si pulsamos la combinación **Win-Flecha Derecha** la ventana se ajusta al lateral derecho; con **Win-Flecha Izquierda** vuelve a su posición anterior. Así mismo, con **Win-Flecha Izquierda** se ajustaría a la izquierda y con **Win-Flecha Derecha** recuperaría su anterior ubicación.

¿Y cómo modificamos manualmente el tamaño de una ventana? Basta con situar el puntero en uno de sus laterales o esquinas, hasta que se transforme en una doble flecha, como las mostradas en la figura 1.7. Entonces, pulsamos el botón principal del ratón y lo arrastramos hasta que el tamaño de la ventana sea de nuestro agrado.

También podemos dejar que Windows 7 se encargue de organizar automáticamente las ventanas, bien en cascada o apiladas verticalmente o en paralelo. Por ejemplo, en la figura 1.8 vemos la clásica organización de ventanas en cascada.

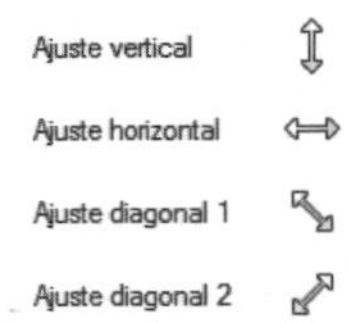

Figura 1.7. Diversos punteros para cambiar el tamaño de la ventana.

Figura 1.8. Ventanas en cascada.

Para realizar esta tarea hacemos clic con el botón secundario del ratón (el derecho, por defecto) en una zona vacía de la barra de tareas. Se abre así su menú contextual, similar al presentado en la figura 1.9, donde escogemos la organización que más nos guste.

¿Y si no nos acaba de convencer? Desplegamos de nuevo el menú contextual y ahí encontraremos el comando que deshace la organización elegida.

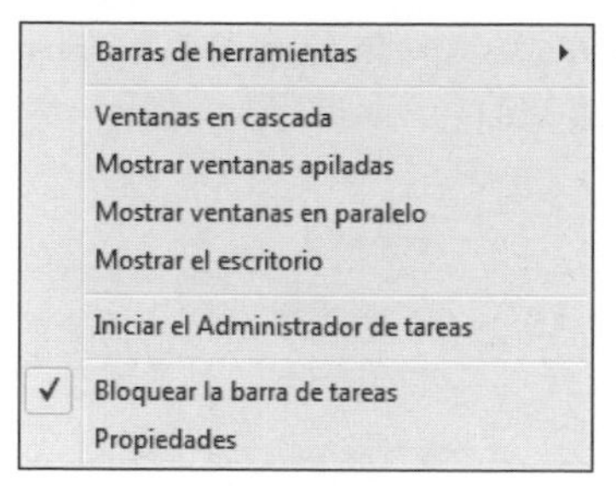

Figura 1.9. Menú contextual de una zona vacía de la barra de tareas.

Por último, si cerramos una ventana se liberan todos los recursos del sistema que estuviese consumiendo y su botón desaparece de la barra de tareas.

¿Y cómo cerramos una ventana? Pues también disponemos de varias alternativas: hacer clic en el botón **Cerrar** de la barra de título, pulsar la combinación **Alt-F4** o bien, si se trata de una carpeta, ejecutar Organizar>Cerrar.

Bibliotecas y carpetas personales

Al instalar Windows 7, se crea automáticamente una carpeta con nuestro nombre (carpeta personal) que contiene varias carpetas (Mis documentos, Mi música, Mis imágenes, etc.), diseñadas para facilitarnos la organización de nuestros archivos de texto, sonoros, gráficos, etc.

Por ejemplo, al guardar una imagen de Internet Windows 7 nos ofrecerá la carpeta Mis imágenes para que la conservemos allí, si bien podemos elegir otro destino. Algo similar sucede cuando extraemos una pista de un CD de audio para copiarla en un archivo, sólo que, en este caso, la carpeta de destino es Mi música o una de sus subcarpetas.

A título informativo, en la figura 1.10 vemos las diferentes carpetas que conforman una carpeta personal.

¿Y por qué se habla de carpeta personal? Como analizaremos detenidamente en el próximo capítulo, Windows 7 admite que varias personas compartan un mismo ordenador con diferentes cuentas de usuario, como si cada una utilizase un equipo independiente. En estos casos, cuando varias personas comparten el mismo equipo y tienen diferentes cuentas de usuario, cada una de ellas dispone de su propia carpeta personal, de ahí el calificativo.

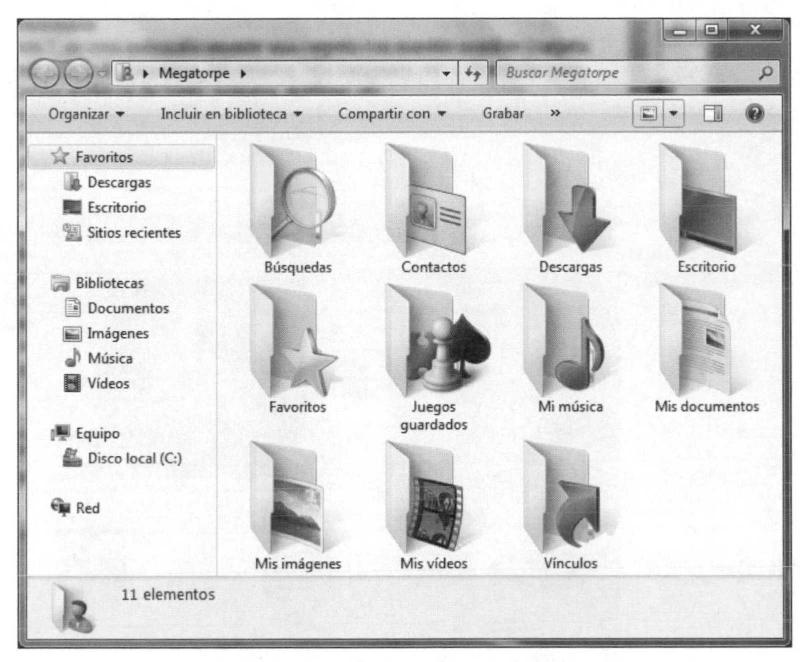

Figura 1.10. Carpeta personal.

Si queremos abrir nuestra carpeta personal de la figura 1.10, en primer lugar desplegaremos el menú Inicio, que vemos en el lateral izquierdo de la figura 1.11, bien sea haciendo clic en el botón **Iniciar** o pulsando la tecla **Win**. Luego, tenemos dos alternativas:

- Hacer clic en nuestro nombre de usuario, que está en la esquina superior derecha del menú Inicio.
- Hacer clic en el botón **Equipo** y, luego, en el icono correspondiente al disco local. Después, abrimos la carpeta Usuarios y, por último, la que tiene nuestro nombre de usuario.

Con objeto de ayudarnos todavía más a organizar de nuestros archivos, Windows 7 nos permite gestionar las carpetas mediante bibliotecas.

De hecho, para facilitar su empleo aparece un enlace a ellas en el Panel de navegación de cualquier carpeta que abramos, como observamos en la figura 1.12; además, también podemos acceder a ellas desde el lateral derecho del menú Inicio.

Figura 1.11. Menú Inicio.

Figura 1.12. Bibliotecas predefinidas.

Por ejemplo, la biblioteca Documentos nos brinda acceso a la carpeta Mis documentos, pero también podemos incluir en ella archivos que están en otras ubicaciones, como los almacenados en una carpeta situada en el escritorio, en un disco extraíble, etc. En otras palabras, una biblioteca es similar a una carpeta, con la salvedad de que sus elementos pueden estar ubicados en sitios diferentes. Veamos seguidamente las operaciones básicas a realizar con bibliotecas y carpetas.

- Para incluir en una biblioteca una carpeta que tenemos abierta, basta hacer clic en el botón **Incluir en biblioteca** de su barra de herramientas y se listan las bibliotecas existentes para que elijamos en cuál se incluye.
- Si desplegamos el menú contextual del icono de una carpeta (haciendo clic sobre él con el botón secundario del ratón, el derecho por defecto), con Incluir en biblioteca seleccionamos la biblioteca que nos interesa.
- En los dos casos anteriores, también se ofrece el comando Crear nueva biblioteca. Con él creamos una biblioteca que tiene por nombre el de la carpeta, incluyendo ésta automáticamente en la nueva biblioteca.
- Si queremos crear una biblioteca vacía para incluir carpetas posteriormente, en el Panel de navegación hacemos clic en el enlace Bibliotecas y luego, en la barra de herramientas de la nueva ventana, en el botón **Nueva biblioteca**. Después, escribimos el nombre de la nueva biblioteca.
- Para eliminar una carpeta de una biblioteca, la seleccionamos con un clic en el Panel de exploración y, a continuación, pulsamos **Supr** o ejecutamos Quitar ubicación de la biblioteca de su menú contextual. El mismo procedimiento seguiremos para suprimir una biblioteca, si bien ahora el comando del menú contextual es Eliminar.

Cuando eliminamos una carpeta de una biblioteca o ésta última, no borramos los elementos que contiene.

Desplazamientos entre ventanas

Es bastante habitual que tengamos en el escritorio varias ventanas abiertas, con diferentes aplicaciones, y es muy interesante poder ir fácilmente de una a otra.

Como resulta un tanto lioso el pasar manualmente de la ventana activa a otra que nos interese en un momento dado, Windows 7 nos ofrece varias alternativas que nos facilitan muy mucho esta tarea.

Así, mediante la combinación **Alt-Tab** se abre una ventana análoga a la mostrada en la figura 1.13, donde se presenta una miniatura de las ventanas abiertas. Manteniendo pulsada la tecla **Alt**, vamos pulsando **Tab** hasta alcanzar la ventana donde queremos ir; al soltar **Tab**, accedemos a dicha ventana.

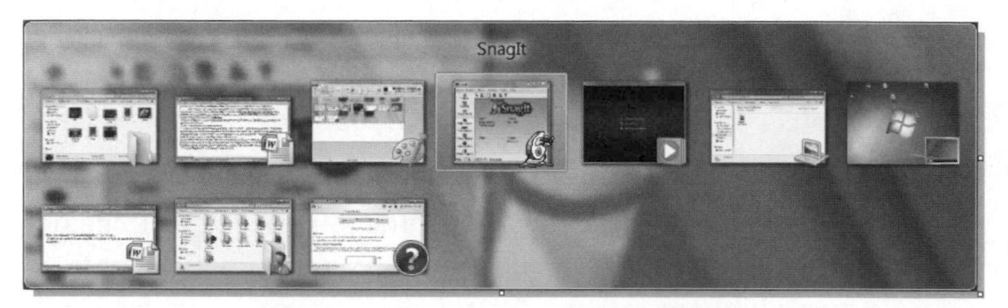

Figura 1.13. Ventanas que están abiertas.

Algo similar conseguimos con Windows Flip 3D, aunque el impacto visual de esta funcionalidad es mayor, tal y como podemos apreciar en la figura 1.14. En este caso la combinación a pulsar hasta localizar la ventana que nos interesa es **Win-Tab**; también podemos utilizar la rueda del ratón para desplazarnos con mayor rapidez.

Por otra parte, cuando se abre una ventana, aparece su correspondiente botón en la barra de tareas y sólo tenemos que hacer clic en él para situar en primer plano su ventana.

Win-T nos desplaza por los programas de la barra de tareas.

Claro que, si tenemos muchos botones en la barra de tareas, no siempre resulta sencillo recordar qué ventana es la que nos interesa. Por este motivo, si colocamos el puntero sobre un botón, Windows 7 muestra una miniatura de la ventana correspondiente, como vemos en la figura 1.15, y, gracias a esta funcionalidad (Aero Peek), es sencillo saber de qué ventana se trata.

Además, y para aprovechar mejor el espacio, Windows 7 agrupa en un mismo botón todas las ventanas de una misma aplicación (cuando se trata de carpetas es el Explorador de Windows). En este caso, haciendo un clic en ese botón múltiple, desplegamos las miniaturas de todas las ventanas abiertas, al igual que sucede en la figura 1.16, y localizamos la que andamos buscando.

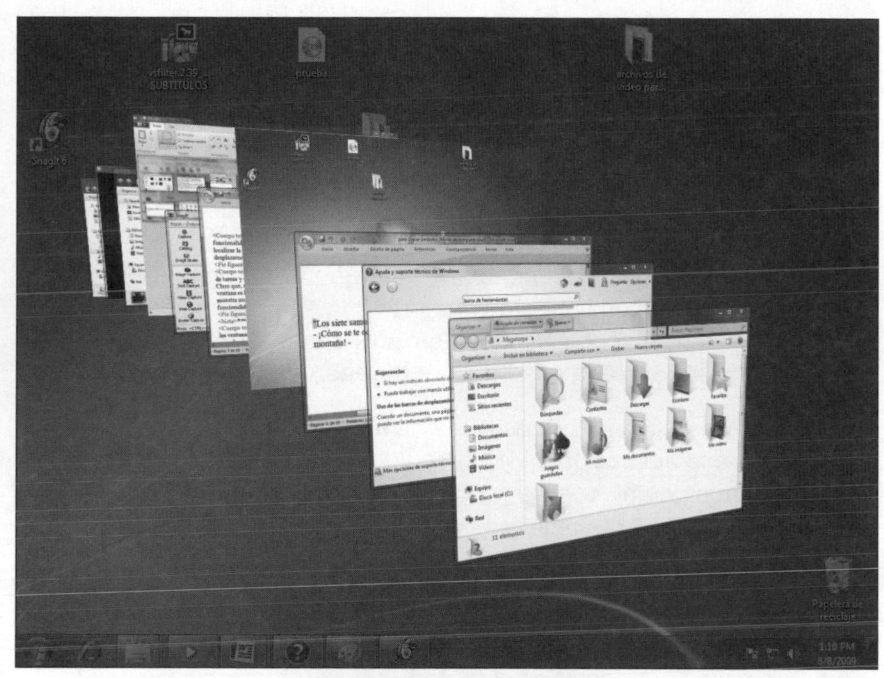

Figura 1.14. Windows Flip 3D.

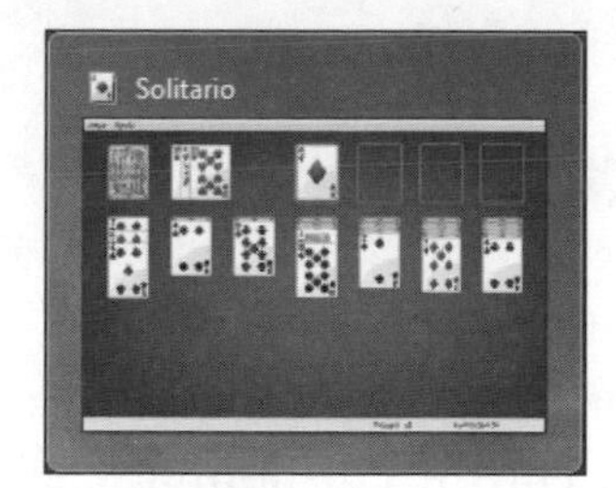

Figura 1.15. Miniatura de una ventana abierta.

Al situar el puntero sobre la miniatura de una ventana, todas las demás se hacen transparentes momentáneamente, para facilitarnos la visión de la ventana propia de la miniatura. También se nos ofrece un botón en la miniatura para cerrar directamente la ventana.

Figura 1.16. Hay abiertas varias carpetas.

Si hacemos clic con el botón secundario del ratón sobre un botón de la barra de tareas se despliega un menú contextual que varía en función de la aplicación abierta, aunque generalmente muestra los archivos más recientes abiertos con esa aplicación y, en la parte inferior, enlaces para ejecutar otra vez la aplicación, cerrar su ventanas y anclarla a la barra de tareas.

¿Y qué es esto último? Pues si la anclamos, siempre aparecerá el botón de esa aplicación en la barra de tareas... hasta que decidamos quitarlo de ahí, con Desanclar este programa de la barra de tareas que habrá reemplazado al comando Anclar este programa a la barra de tareas en el menú contextual del botón.

Por último, si el clic con el botón secundario del ratón lo efectuamos mientras mantenemos pulsada la tecla **Mayús**, se nos ofrecen opciones para cambiar el tamaño de la ventana (maximizarla, moverla, etc.).

Personalizar las carpetas

Por defecto, Windows 7 muestra el Panel de navegación y el Panel de detalles en las carpetas abiertas. Sin embargo, como vemos en la figura 1.17, hay otros elementos disponibles: el Panel de vista previa y la clásica barra de menú.

- El Panel de vista previa presenta una vista de la imagen seleccionada, del texto del documento, etc. Su comodidad es manifiesta para localizar archivos, aunque tiene el inconveniente de que ocupa parte de la ventana.

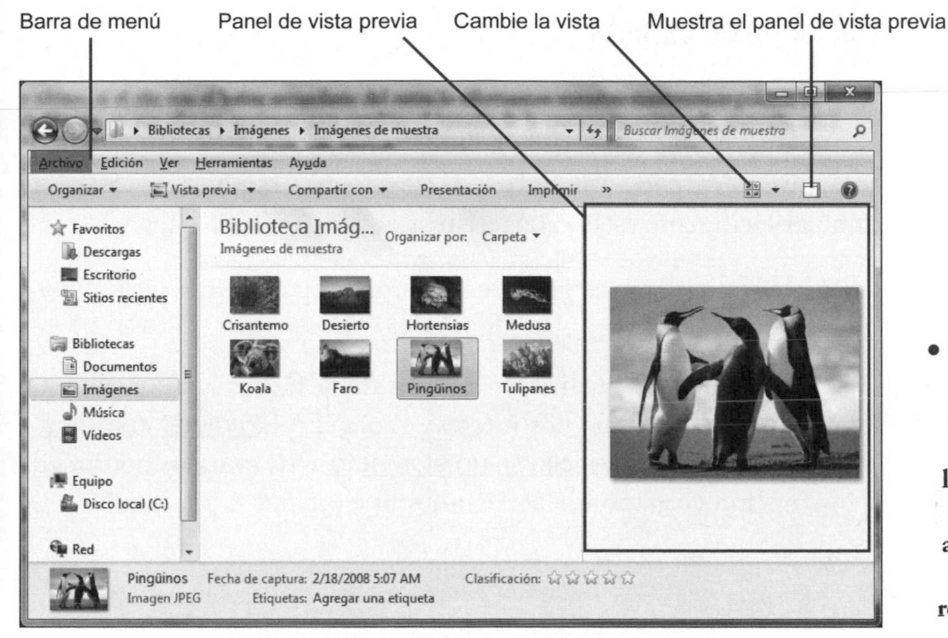

Figura 1.17. Diseño de una carpeta al completo.

Arrastrando la línea que separa el contenido de la carpeta y el Panel de vista previa, ajustamos a nuestro gusto el espacio reservado a cada una de ambas zonas.

- La barra de menú, desde la que podemos acceder a diferentes comandos, era la única forma de trabajar en anteriores Windows, si bien ahora su utilidad es mucho menor, razón por la cual se oculta de forma predeterminada.

Para seleccionar qué paneles deseamos ver en la ventana de una carpeta, sólo tenemos que ejecutar Organizar>Diseño y, en el menú que se despliega, indicar qué nos interesa visualizar.

Repitiendo el proceso anterior añadimos otro elemento... o lo quitamos, porque hay gente que prefiere ocultar el Panel de navegación o el Panel de detalles, para liberar espacio en las ventanas de las carpetas y, de esta forma, ver mejor los iconos contenidos en ellas.

En otras palabras, todo es cuestión de gustos.

Eso sí, una vez fijado el diseño de una carpeta, éste se mantiene hasta que lo cambiemos. Es decir, si cerramos la carpeta y volvemos a abrirla, comprobaremos que sólo aparecen los paneles que hayamos seleccionado con anterioridad en ella.

Si la barra de menú no está visible y queremos que aparezca momentáneamente, basta pulsar la tecla Alt. Una pulsación posterior, hace desaparecer esa barra.

Opciones de carpeta

Para ver u ocultar el Panel de vista previa rápidamente, basta hacer clic en el botón Muestra el panel de vista previa de la barra de herramientas.

Como ya sabemos, por defecto el contenido de cualquier subcarpeta que abramos se presenta en la misma ventana y se exige un doble clic para abrir la carpeta. Sin embargo, Windows 7 también nos permite cambiar fácilmente estas características.

1. Abrimos una carpeta cualquiera y ejecutamos Organizar> Opciones de carpeta y de búsqueda.
2. Accedemos al cuadro de diálogo de la figura 1.18, cuya ficha General es la que nos interesa ahora. En Examinar carpetas y Acciones al hacer clic en un elemento activamos los botones de opción correspondientes a nuestra elección.

Si las carpetas se abren en la misma ventana y, en un momento dado, nos interesa abrir una subcarpeta en otra ventana, basta hacer doble clic en ella manteniendo pulsada la tecla Control.

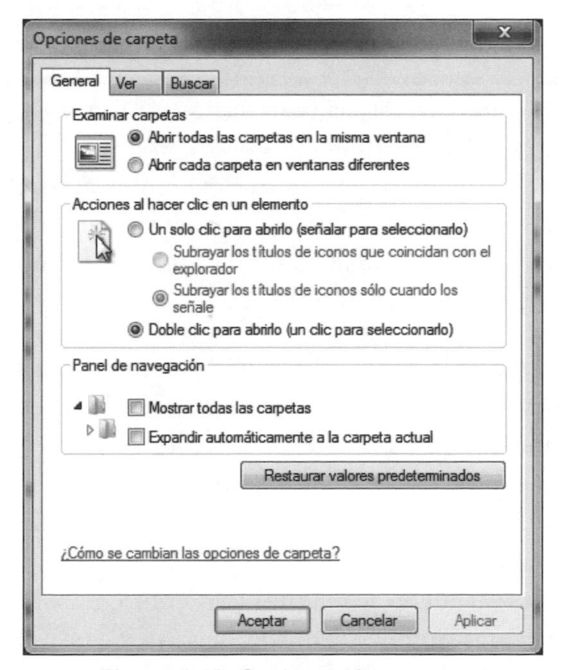

Figura 1.18. Opciones de carpeta.

Por último, con el botón **Aceptar** cerramos el cuadro de diálogo y, a partir de ese momento, todas las carpetas se abrirán según la configuración que hayamos establecido... hasta que decidamos volver a cambiarla.

Por si acaso, no está de más acordarnos del botón **Restaurar valores predeterminados** de la figura 1.18, que restablece la configuración inicial de Windows 7.

Cambios de vista

En las capturas de pantalla que han ido apareciendo hasta ahora en el libro, hemos podido observar que no siempre se muestran los iconos de la misma forma. Ello se debe a que Windows 7 ofrece diversas modalidades de visión de los iconos de una carpeta; así, podemos decidirnos por mostrar los iconos a diferentes tamaños, verlos en forma de lista, con detalles adicionales o no, etc.

¿Y cómo seleccionamos la vista que preferimos para nuestra carpeta? Pues sólo tenemos que desplegar el listado de vistas mostrado en la figura 1.19 y ahí seleccionar la que deseemos, haciendo clic en el botón con el nombre de la vista o desplazándonos con la rueda del ratón, que va ajustando la visión a la posición de la lengüeta deslizable.

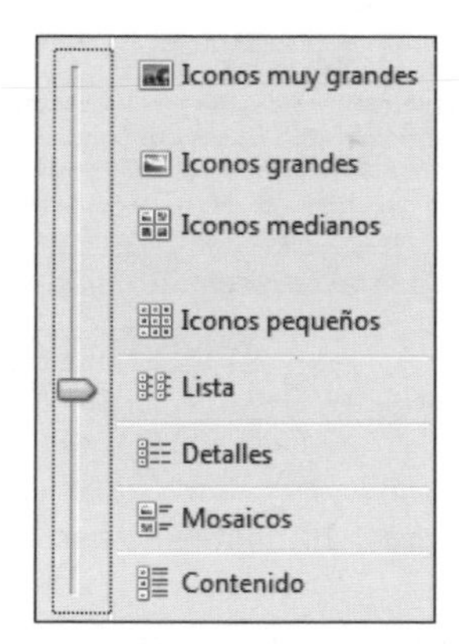

Figura 1.19. Vistas de carpeta.

¿Y cómo obtenemos ese listado? Lo más cómodo es hacer clic en la flecha situada a la derecha del botón **Cambie la vista** (si el clic lo hacemos en el propio botón, pasamos de una vista a otra).

TRUCO MÁGICO

En la vista Detalles aparece el nombre, fecha de modificación, tipo, etc., de cada archivo. Si queremos que se muestren otros detalles, los indicaremos en el cuadro de diálogo que se abre al ejecutar Elegir detalles del menú Ver.

Eso sí, debemos tener presente que la vista que elijamos para una carpeta sólo afecta a la presentación de dicha carpeta en concreto, no a las demás, a diferencia de lo que sucedía con las opciones de carpeta, que sí son comunes para todas ellas. No obstante, si lo deseamos también podemos aplicar la vista que tengamos en una carpeta a todas las demás.

1. Ejecutamos, en primer lugar, Organizar>Opciones de carpeta y de búsqueda.
2. Pasamos a la ficha Ver, que se presenta en la figura 1.20.

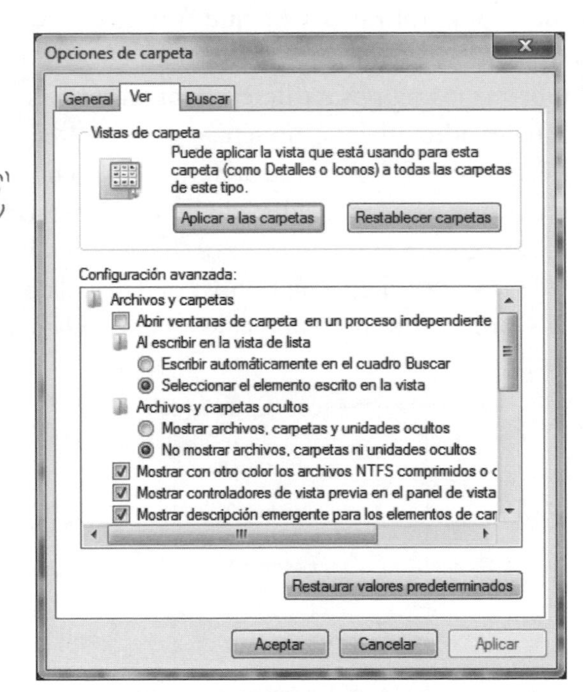

Figura 1.20. Vistas de carpeta.

¡NO LO HAGAS¡

Es preferible que no toques nada de la sección Configuración avanzada de la figura 1.20, salvo que tengas muy claro qué estás haciendo.

3. Si hacemos clic en el botón **Aplicar a las carpetas** y, después, en el inferior **Aceptar**, la próxima vez que abramos una carpeta, se mostrará con dicha vista. En cambio, si optamos por **Restablecer carpetas**, volveremos a la configuración de carpetas preestablecida.

Salir de Windows 7

Este primer capítulo ha resultado bastante teórico (palabra que los siguientes serán más prácticos), así que va siendo hora de terminar con Windows 7... por el momento. Eso sí, nunca debemos abandonar Windows 7 por las bravas; es decir, si todavía estamos en el escritorio, nunca pulsaremos durante unos cinco segundos el interruptor del ordenador o desconectaremos el equipo de la corriente. Siempre, y repito lo de siempre, debemos apagar el ordenador siguiendo los pasos que se detallan a continuación. En caso contrario, nos arriesgamos a perder información y ocasionar errores en el equipo.

¡Megarritual!

1. Cerramos todas las aplicaciones.
2. Desplegamos el menú Inicio, con el botón **Iniciar** o bien con la tecla **Win**.
3. Hacemos clic sobre **Apagar** y esperamos a que el equipo se apague.

Sin embargo, si hacemos clic en la flecha situada a la derecha de **Apagar**, se despliega el menú de la figura 1.21 ofreciéndonos otras posibilidades de terminar nuestro trabajo actual con Windows 7, que pueden sernos de suma utilidad en determinadas ocasiones, por lo que es muy conveniente conocer para qué sirven los comandos que aparecen en él.

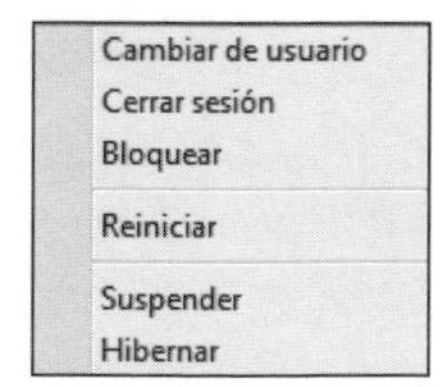

Figura 1.21. Para abandonar Windows 7.

- Cambiar de usuario y Cerrar sesión tienen interés cuando hay varias cuentas de usuario en un mismo equipo, algo que veremos en el siguiente capítulo.

NOTA

En el siguiente capítulo veremos que la acción asignada al botón (Apagar, por defecto) podemos sustituirla por otra de las presentes en la figura 1.21.

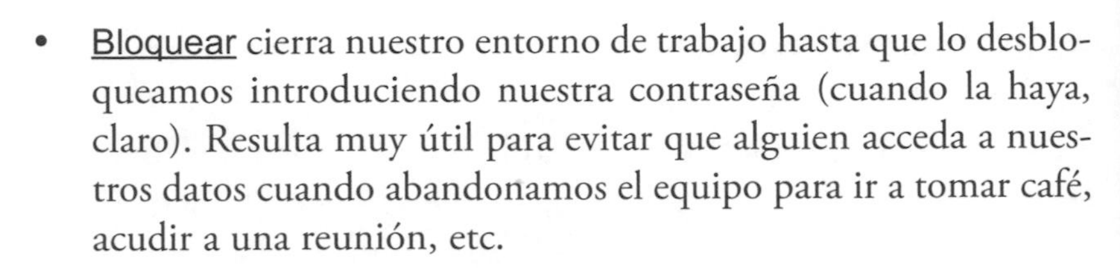

- Bloquear cierra nuestro entorno de trabajo hasta que lo desbloqueamos introduciendo nuestra contraseña (cuando la haya, claro). Resulta muy útil para evitar que alguien acceda a nuestros datos cuando abandonamos el equipo para ir a tomar café, acudir a una reunión, etc.
- Reiniciar cierra Windows 7 y vuelve a arrancar el ordenador. Cuando instalamos algún programa o añadimos algún componente físico, a veces se precisa reiniciar el equipo para que Windows 7 lo maneje a la perfección... aunque, lo habitual es que el programa de instalación nos lo indique e, incluso, nos ofrezca un botón para ello.
- Suspender guarda en memoria todo lo que tenemos abierto y pone el equipo a dormir para ahorrar energía. Pulsando cualquier tecla o el botón de encendido brevemente, podemos retornar en pocos segundos a la situación anterior.
- Hibernar nos permite apagar el equipo sin cerrar las aplicaciones, pues Windows 7 guarda toda la información en el disco duro y, cuando encendemos de nuevo el ordenador, se restauran todas las aplicaciones tal y como estaban antes del estado de hibernación.

Por defecto, cuando el equipo está inactivo 10 minutos se apaga la pantalla; a la media hora de inactividad, se pone en suspensión automáticamente.

Tanto la suspensión como la hibernación están diseñadas para disminuir el consumo de energía cuando no utilizamos el equipo. El máximo ahorro lo alcanzamos con la hibernación, pero la suspensión facilita una puesta en funcionamiento más rápida.

¿Qué hacemos? Depende de cada caso, pero cuando se trata un ordenador portátil, donde la duración de la batería siempre acaba resultando un problema, generalmente es más recomendable optar por la hibernación que por la suspensión.

De todas formas, tampoco debemos preocuparnos demasiado por nuestra elección, ya que Windows 7 está en todo. Si dejamos nuestro portátil en suspensión y la carga de la batería se está agotando, automáticamente se coloca el equipo en hibernación.

Un último detalle. También podemos acceder directamente a las opciones anteriores desde el cuadro de diálogo de la figura 1.22, que abrimos desde el escritorio con la combinación **Alt-F4**.

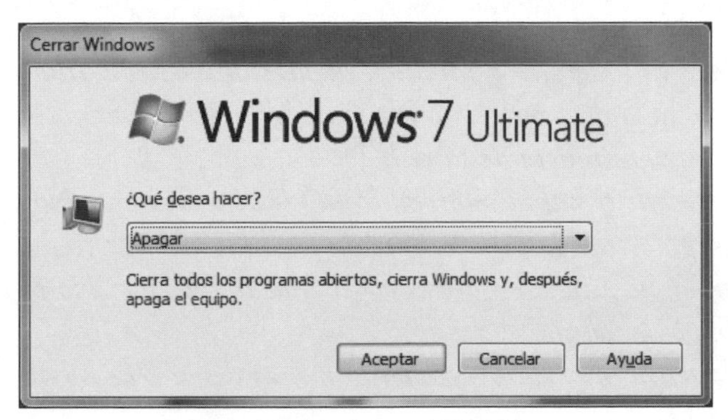

Figura 1.22. Cerrar Windows.

Las historias de Megajolmes

En algunos de mis libros habrás visto que interviene Megajolmes, primo en cuarto grado por la rama materna.

Siempre que logra convencerme, a cambio como mínimo de una suculenta mariscada, le cedo algo de espacio al final de los capítulos para que presente una serie de enigmas que, supuestamente, dejan patente su maravilloso intelecto.

Según sus afirmaciones, resulta que su fantástica contribución encanta a las féminas, que no pueden evitar caer rendidas a sus pies, deslumbradas por su talento literario y su genial raciocinio... Como puedes deducir, es tan fantasma que sólo le faltan las cadenas.

En cualquier caso, y a modo de adelanto por los derechos de autor, me llevo por delante la mariscada que, debo reconocer, siempre es pantagruélica. ¡Es innegable que Megajolmes tiene estilo! Debe ser cosa de familia.

Tras esta breve introducción, te dejo con el primer enigma de Megajolmes; los demás irán apareciendo al final de los siguientes capítulos. De todas formas, si alguno se te resiste es mejor que no te rompas los cascos y te olvides de él, que la vida es bella y no es cuestión de malgastarla con tonterías... Además, al final del último capítulo encontrarás todas las respuestas.

Estaba disfrutando con la conversación de mi tía, María de las Mercedes de Martínez y Romerales, y también de las sublimes rosquillas que había preparado para la merienda, cuando entró su nieta Amanda, con una bolsa de deporte y una raqueta de squash.

- Pensaba que te habías marchado ya - le dijo mi tía -. ¿No has comentado antes que tenías la pista reservada para las seis?

- Sí, en efecto - respondió tras coger una rosquilla -. No te preocupes. Tengo tiempo de sobra.

- No lo tengo muy claro - comentó mi tía después de echar un vistazo a su reloj de pared.

- Que sí, abuela, que hice la prueba la semana pasada. Mira, si voy andando tranquilamente, a cuatro kilómetros por hora, llego cinco minutos tarde; sin embargo, corriendo a ocho kilómetros por hora voy con diez minutos de adelanto.

- Venga, despídete como una señorita y vete para no ir con prisas.

Cuando partió Amanda mi tía permaneció un rato ensimismada, antes de volver a hablar.

- Me recuerda a mi juventud... No, no me refiero a la práctica del deporte, sino a la prueba que, según ha dicho, hizo la semana pasada. Me ha traído a la memoria esos problemas de velocidades que hacíamos en el colegio, resolviendo ecuaciones.

- Pues ahora no son necesarias - tercié sonriente -. Con un poco de sentido común no cuesta nada averiguar a qué distancia está la pista de squash.

CAPITULO 2

El escritorio
y
Las Cuentas
¡TODO ORDENADO 'PA' CADA MENDA!
SAZTO

Cuando le conté a Juan David, uno de mis compañeros de oficina, lo sucedido durante mi paseo por el monte con el grupo de jubilados, se estuvo riendo un buen rato de mí.

- Caminar rápido es el deporte más sano, según dice todo el mundo - dictaminó cuando terminó de tomarme el pelo -. Sin embargo, para fortalecer los brazos, y al fin y al cabo es con lo que escribes, nada como ejercitarte con unas pesas.

- Deja de bromear - repuse asombrado por su sugerencia -. ¿No querrás que comience con la halterofilia a mis años?

- ¡Claro que no! - exclamó divertido -. Me refiero a las pequeñas pesas de ejercicio con las que puedes entrenarte en casa... Mira, te puedo prestar unas ligeras que tengo en el trastero, de uno a tres kilos creo recordar, y te paso unas sencillas tablas de ejercicios para que fortalezcas los bíceps y tríceps.

- ¿Y me aseguras que así estaré en forma?

- Hombre, conseguirás mayor masa muscular y eso siempre viene bien. De todas formas, si después de probarlo unos días no te convence lo tienes fácil, tan sólo tienes que devolverme las pesas y no has perdido nada.

Su propuesta parecía sensata y con unas pesas tan pequeñas no peligraba mi integridad física, de modo que al final quedamos en que me las traería al día siguiente, junto con las tablas de ejercicios.

Cuando ya las tuve en mi domicilio y, después de vestirme con un chándal antediluviano que tenía abandonado en el armario, inicié los ejercicios con las pesas de tres kilos, que tampoco parecían demasiada carga.

Sólo tenía que levantar las manos hacia los hombros, con los codos flexionados, algo aparentemente muy fácil, pero al poco rato las pesas ya me pesaban como si fueran elefantes... y todavía debía repetir el ejercicio varias veces más.

Me dije que debía ser realista, que era la primera vez y que mi estado físico no era excelente. Así que pasé a las pesas de dos kilos... y poco después a las de un kilo. ¡Con ésas todo marchaba mucho mejor!

Cuando finalicé con los ejercicios para poner a tono mis bíceps, miré lo que debía hacer para los tríceps. Con el codo mirando al techo y la mano detrás de la cabeza, solamente tenía que levantar el peso. Me puse a ello y me salió de perlas al primer intento. ¡Qué entretenido resultaba! Hasta me fui al pasillo, para caminar mientras lo hacía. ¡Mi ego flotaba contento! Incluso cuando sonó el teléfono, seguí con el ejercicio. Cogí la llamada en mi despacho.

¡Qué sensación de potencia física! Hablando por teléfono y ejercitándome con pesas. Si hasta Tarzán tendría complejo de alfeñique a mi lado... Por desgracia, todas las películas tienen final.

Con tanto sudor debía de tener la mano resbaladiza y la pesa de un kilo salió despedida. Puede parecer poca cosa un kilo, pero el destrozo que causó fue morrocotudo.

Al reconstruir lo sucedido, deduje que la pesa primero había golpeado unos libros que debían estar en precario equilibrio y cayeron de golpe sobre mi supermonitor panorámico, que se hizo añicos. Encima, alguno debió rebotar y chocó contra unas piezas de cerámica donde guardo los útiles de escritura, que al caer desde el segundo estante sobre el teléfono lo hicieron papilla.

La impresora sufrió menos, pero se tragó tantos fragmentos que me vi obligado a sustituirla; lo mismo sucedió con la cámara de vídeo, que no había recogido porque iba a editar la grabación de la última boda familiar.

Pero lo más sorprendente fue el posterior recorrido de la pesa. Todavía no me explico cómo pudo hacer aquellos dos agujeros en mi escritorio, uno en cada extremo de la mesa. ¡Un mueble centenario que ya usó mi abuelo!

Desconsolado fijé la vista en la pesa, que todavía seguía sobre el escritorio, y creí ver aparecer una breve sonrisa en ella. Luego, comenzó a deslizarse y, ante mi grito de horror, no tuvo el menor reparo en dejarse caer sobre mis carísimas gafas, que no sé cómo habían acabado en el suelo.

Días después, eché cuentas y, descontando lo poco que me abonó el seguro, averigüé cuánto me costó reponer todo el material y arreglar mi escritorio (¡qué precios cobran los artesanos ebanistas!). Palabra que podría haberme comprado unas pesas si no de oro sí de plata.

¡Prefiero el escritorio y las cuentas de Windows 7!

El Panel de control

Windows 7 nos ofrece múltiples herramientas para personalizar la apariencia del equipo y configurar el software y hardware. Como resulta un tanto engorroso manejarlas de forma individual, se agrupan en categorías en el llamado Panel de control, cuya ventana inicial se muestra en la figura 2.1.

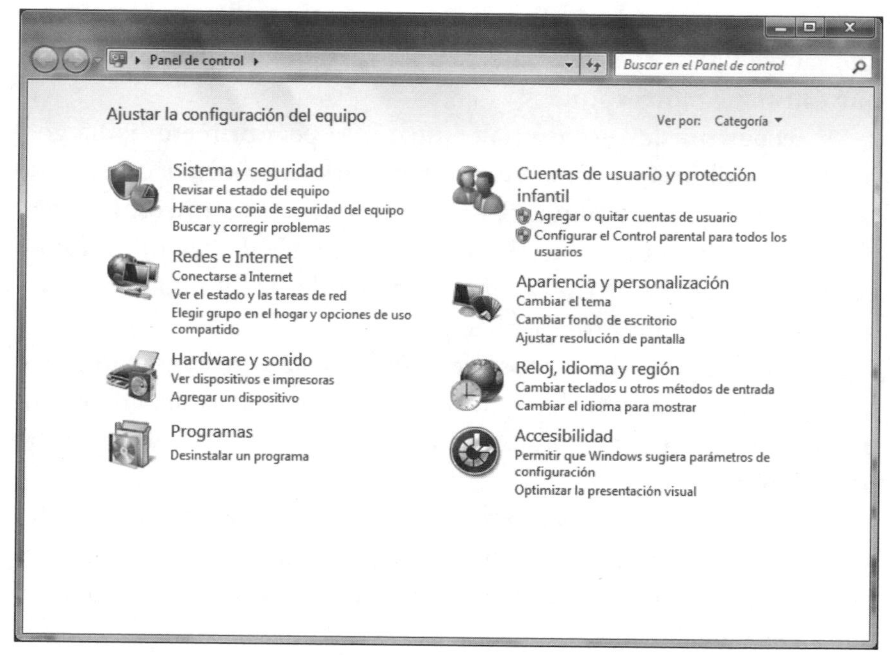

Figura 2.1. Panel de control.

En esa ventana, sabiendo sobre qué versa la acción que nos interesa realizar, podemos ir desplazándonos cómoda y fácilmente por sucesivas ventanas hasta llegar a la que nos interesa. Por ejemplo, con Apariencia y personalización pasamos a otra ventana donde disponemos de enlaces para personalizar el escritorio, ajustar la pantalla, etc.

Claro que, si queremos en rapidez, podemos utilizar el cuadro de búsqueda de su esquina superior derecha para encontrar con rapidez una determinada herramienta.

Por ejemplo, en el capítulo anterior veíamos cómo configurar carpetas, tarea que también podemos realizar desde el Panel de control. Sólo tenemos que escribir "carpeta" (omitiendo las comillas) en el cuadro de búsqueda y, sin necesidad de pulsar **Intro**, en el Panel de control aparecen las utilidades relacionadas con el criterio de búsqueda, como vemos en la figura 2.2. Si activamos la primera, se abre inmediatamente el cuadro de diálogo Opciones de carpeta, que ya conocemos del capítulo anterior.

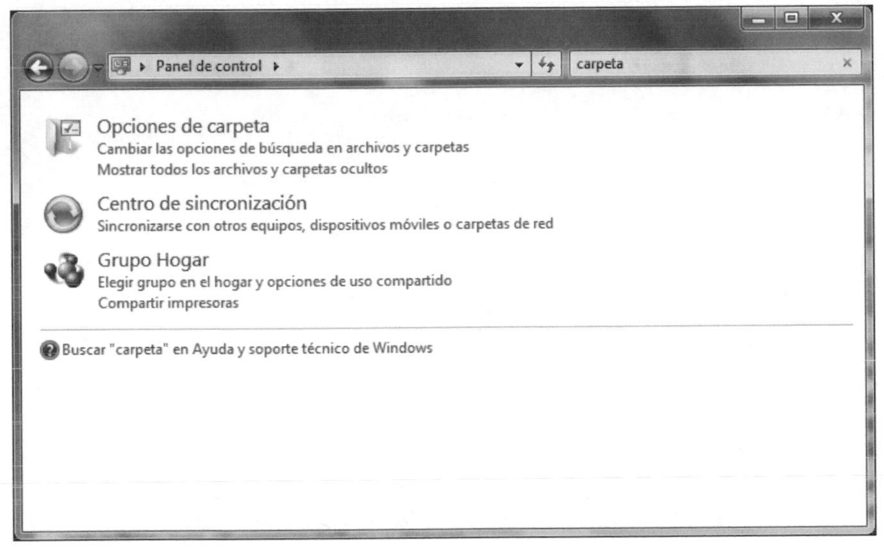

Figura 2.2. Búsqueda en el Panel de control.

En otras palabras, algunas de las acciones que vamos a realizar las podemos hacer sin necesidad de acudir al Panel de control. No obstante, es preferible que nos acostumbremos a manejarlo con soltura para ahorrarnos trabajo y tiempo.

¿Y cómo accedemos al Panel de control? Simplemente haciendo clic en el botón **Panel de control** del menú Inicio.

Un último detalle para terminar. La presentación de la figura 2.1 es ciertamente clara y cómoda de usar; sin embargo, muchas personas aprendieron a manejar el Panel de control en versiones anteriores de Windows y (¡qué reacia a los cambios es la gente!) prefieren seguir utilizando la vista clásica del Panel de control que, como observamos en la figura 2.3, lista todos los elementos del Panel de control. Para cambiar de presentación sólo tenemos que desplegar la lista de Ver por y elegir la que deseemos.

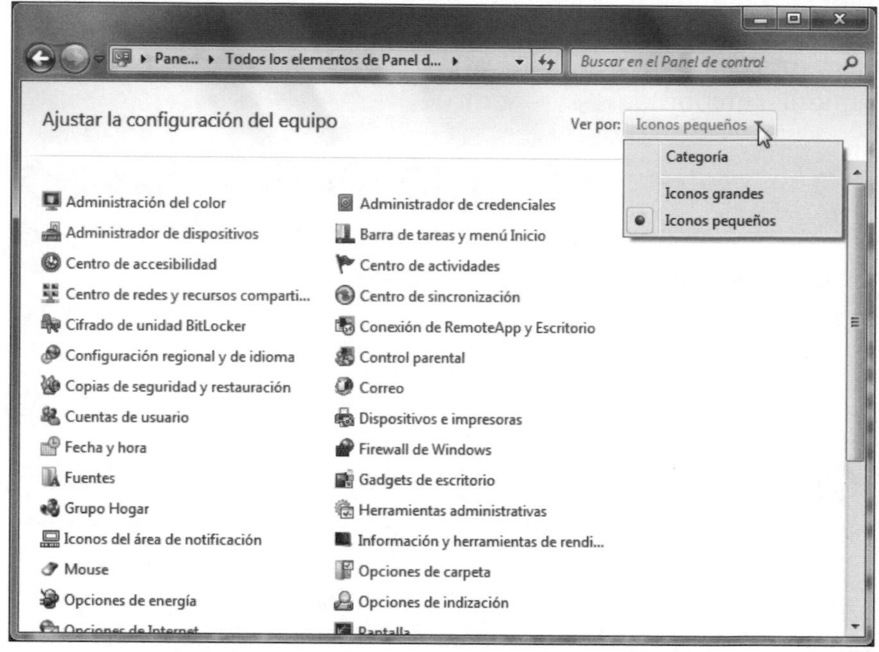

Figura 2.3. Lista de elementos del Panel de control.

¿Y cuál de estas dos modalidades resulta más conveniente? Pues nos quedaremos con las categorías, porque resultan muy cómodas de manejar. De hecho, a lo largo de este capítulo nos centraremos en tres de las categorías de la figura 2.1: Apariencia y personalización, Reloj, idioma y región y Cuentas de usuario y protección infantil.

En concreto, al hacer clic sobre la primera se abre la ventana de la figura 2.4, cuyas opciones vamos a ir viendo a continuación, con la salvedad de Opciones de carpeta (ya conocida) y Fuentes (la dejamos para el capítulo 4). Todas ellas nos permiten configurar la pantalla a nuestro gusto, algo sumamente importante, ya que un entorno de trabajo agradable siempre resulta más relajante.

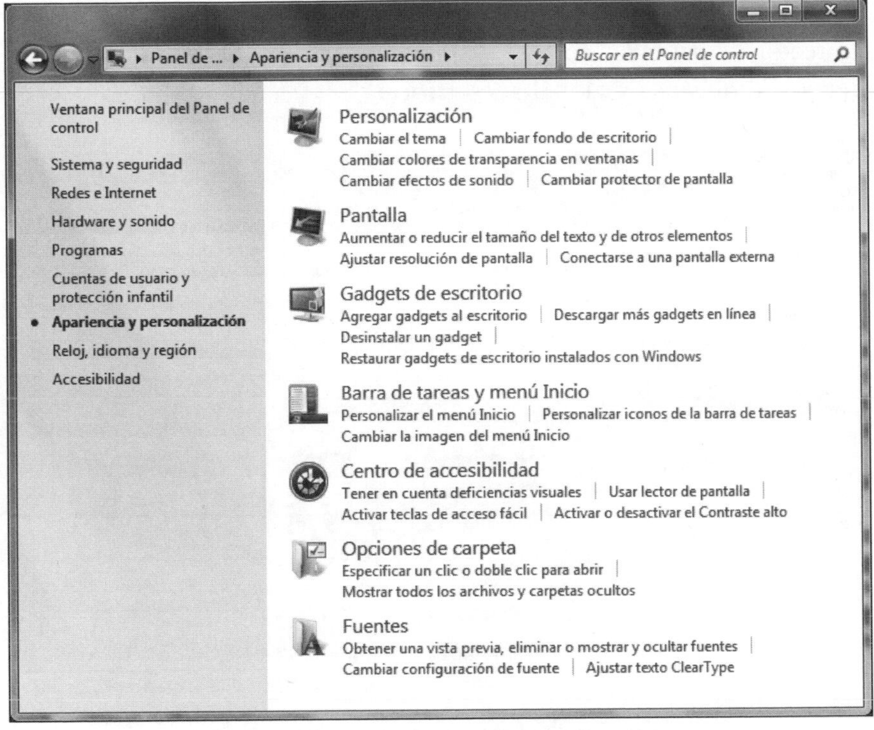

Figura 2.4. Apariencia y personalización.

Personalización

Si en la ventana de la figura 2.4 hacemos clic sobre Personalización accedemos a la ventana de la figura 2.5, donde tenemos diversos enlaces para configurar la mayoría de los elementos que tendremos ante nuestros ojos. A continuación, vamos a ir viendo una a una las diferentes opciones que aparecen en la figura 2.5, con la salvedad de Sonidos (el audio lo veremos en un capítulo posterior).

TRUCO MÁGICO

Si hacemos clic, con el botón secundario del ratón (el derecho, por defecto), en cualquier zona vacía del escritorio y ejecutamos Personalizar, también abrimos la ventana de la figura 2.5.

Temas

Comencemos con los temas de escritorio de los que se nos ofrecen varios ejemplos e, incluso, la posibilidad de obtener más en línea.

¿Y qué es un tema? Simplemente un conjunto de elementos (fondo, protector de pantalla, colores de ventanas, etc.), que le dan una apariencia homogénea y global al escritorio.

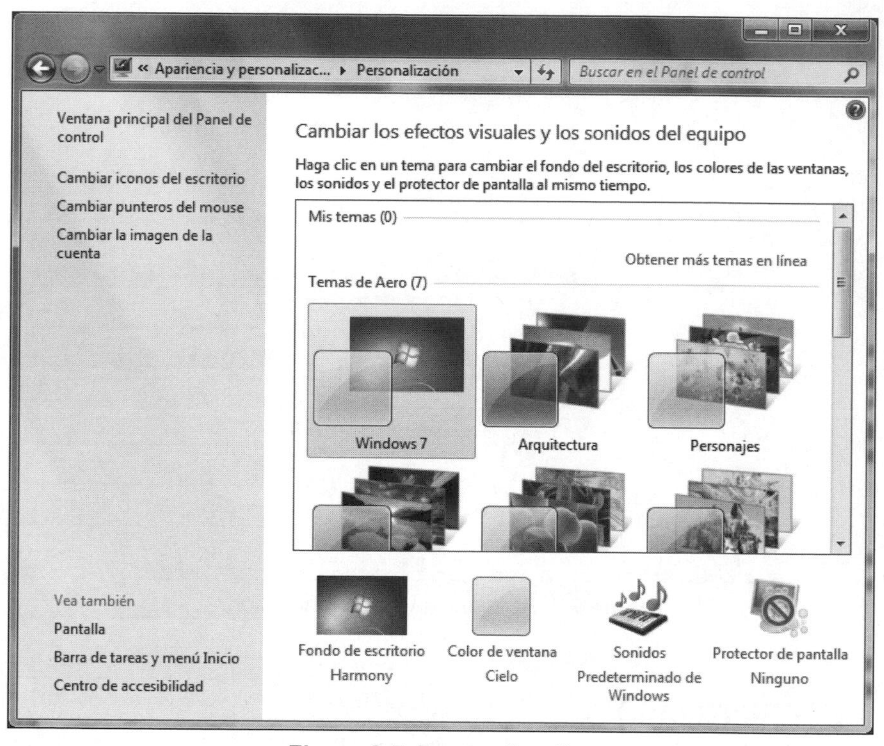

Figura 2.5. Personalización.

Para cambiar de tema, sólo tenemos que hacer clic en el que nos apetezca y comprobaremos que el fondo del escritorio ha cambiado y también el color de las ventanas. Visualmente los más atractivos son los temas de Aero, sin lugar a dudas.

Claro que si, una vez elegido un tema, cambiamos algunas de sus características (fondo, protector de pantalla, etc.), como veremos seguidamente, tendremos la posibilidad de conservar las modificaciones (con el botón **Guardar cambios**). En este caso, en la sección Mis temas de la ventana de personalización aparecerá el tema modificado bajo el nombre "Tema sin guardar", al igual que sucede en la figura 2.6.

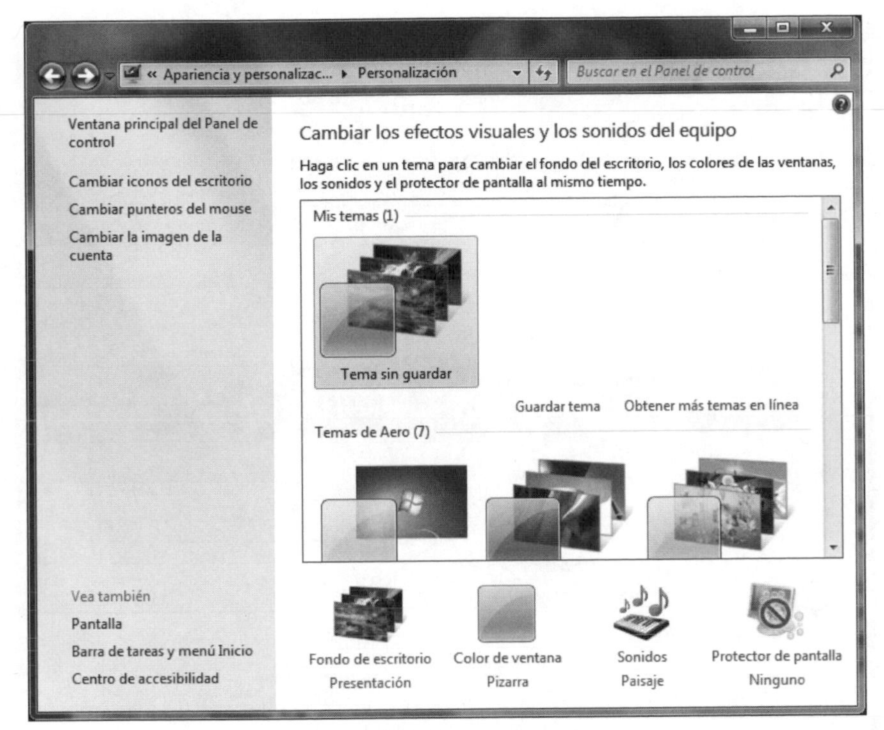

Figura 2.6. Un tema propio.

- Para asignarle un nombre, hacemos clic sobre el tema sin guardar para que sea el actual y, luego, hacemos clic sobre él con el botón secundario del ratón (el derecho, por defecto). Con Guardar tema se abre un cuadro de texto para escribamos su nombre.
- Para suprimir uno de nuestros temas que no sea el actual (si lo es, haremos clic en otro para que deje de serlo), desplegamos su menú contextual con el botón secundario del ratón y ejecutamos Eliminar tema.

Fondo de escritorio

Si en la ventana de personalización, vista en las figuras 2.5 y 2.6, activamos su enlace inferior Fondo de escritorio abrimos la ventana de la figura 2.7, donde configuraremos el fondo de nuestro escritorio.

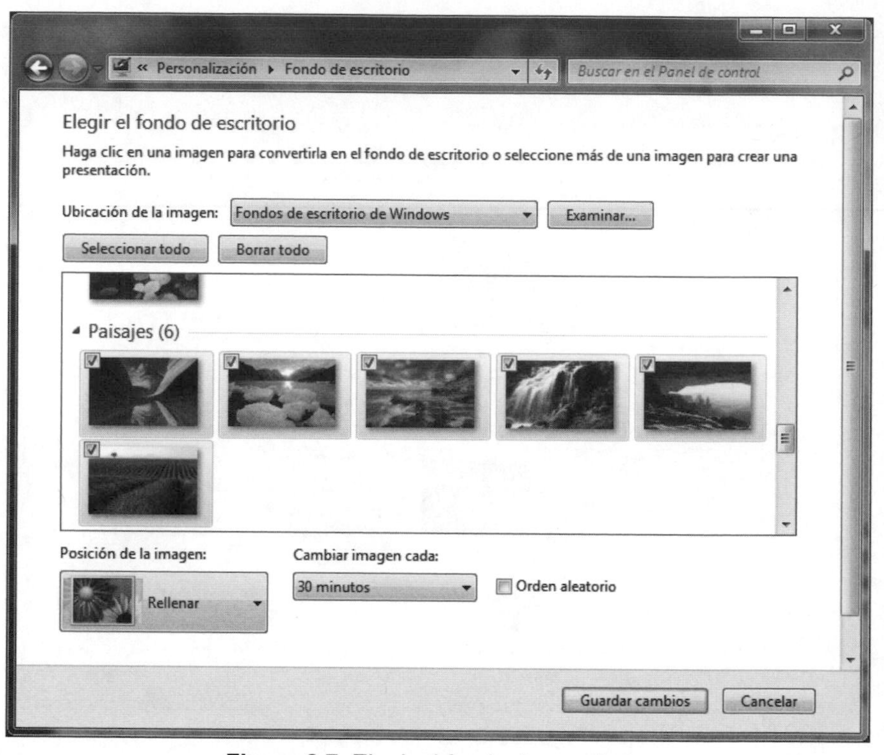

Figura 2.7. Elegir el fondo de escritorio.

Los fondos de escritorio de Windows son las imágenes correspondientes a los temas predefinidos.

En primer lugar debemos decidir qué imagen o imágenes van a conformar el fondo. En Ubicación de la imagen disponemos de las opciones predefinidas, si bien podemos optar por todas las imágenes almacenadas en una carpeta del equipo, que debemos localizar con **Examinar**.

En principio las fotografías elegidas aparecen todas ellas con sus casillas activadas, como sucede en la figura 2.7, si bien es muy probable que sólo nos interese quedarnos con algunas de ellas. En este caso, tenemos diferentes opciones:

- Haciendo clic sobre una zona vacía de la galería de imágenes, anulamos la selección previa. El mismo efecto conseguimos con el botón **Borrar todo**... y el efecto contrario mediante **Seleccionar todo**.

- Haciendo clic sobre una imagen, escogemos únicamente dicha imagen. Si queremos seleccionar más, tenemos que mantener pulsada la tecla **Control** mientras seguimos haciendo clic en las que nos interesen.

Tras determinar las imágenes que van a conformar nuestro escritorio, en Posición de la imagen debemos indicar cómo se colocarán si su tamaño difiere de las dimensiones del escritorio. Si optamos por Ajustar o Centro es posible que no se cubra todo el escritorio y, entonces, el resto del fondo se rellenará con el color que elijamos mediante el enlace Cambiar color de fondo.

Finalmente establecemos cada cuánto tiempo tendrá lugar el cambio de imagen (el margen varía de diez segundos a un día) y si se mostrarán las fotografías en orden secuencial o aleatorio.

Ya sólo resta hacer clic en **Guardar cambios** y, como ya sabemos, el tema modificado aparecerá en la sección Mis temas de la ventana de personalización con el nombre "Tema sin guardar".

Cuando tenemos varias imágenes seleccionadas, para quitar una de ellas y conservar las demás, debemos hacer clic en su correspondiente casilla.

Color de ventana

Supongamos que seguimos en la ventana de personalización; si no es así, recordemos que la abrimos en el Panel de control con Apariencia y personalización>Personalización. Al activar el enlace Color de ventana pasamos al cuadro de diálogo de la figura 2.8 donde encontramos diversos colores que podemos aplicar a las ventanas, para sustituir al predeterminado del tema.

Para averiguar cómo resulta un determinado color, basta hacer clic en él y, automáticamente, las ventanas abiertas lo adoptan.

- Si está habilitada la transparencia, los laterales de la ventana dejan ver un poco de lo que hay debajo. Deslizando la lengüeta inferior, aumentamos o disminuimos el nivel de transparencia.
- Haciendo clic en Mostrar el mezclador de colores se despliegan unos controles deslizantes para que establezcamos manualmente el matiz, saturación y brillo del color.

Para ir a la siguiente imagen del fondo del escritorio, hacemos clic en cualquier zona vacía del escritorio con el botón secundario del ratón (el derecho, por defecto) y ejecutamos Siguiente fondo de escritorio.

Selecciona a tu gusto el color y apariencia de tus ventanas.

- Si hemos seleccionado uno de los temas Básico de Windows 7, el enlace Color de ventana no abre la figura 2.8 sino un cuadro de diálogo diferente donde elegimos diversas combinaciones de colores y tamaños.

Por último, y como siempre, hacemos clic en **Guardar cambios** si nos interesa conservar las modificaciones.

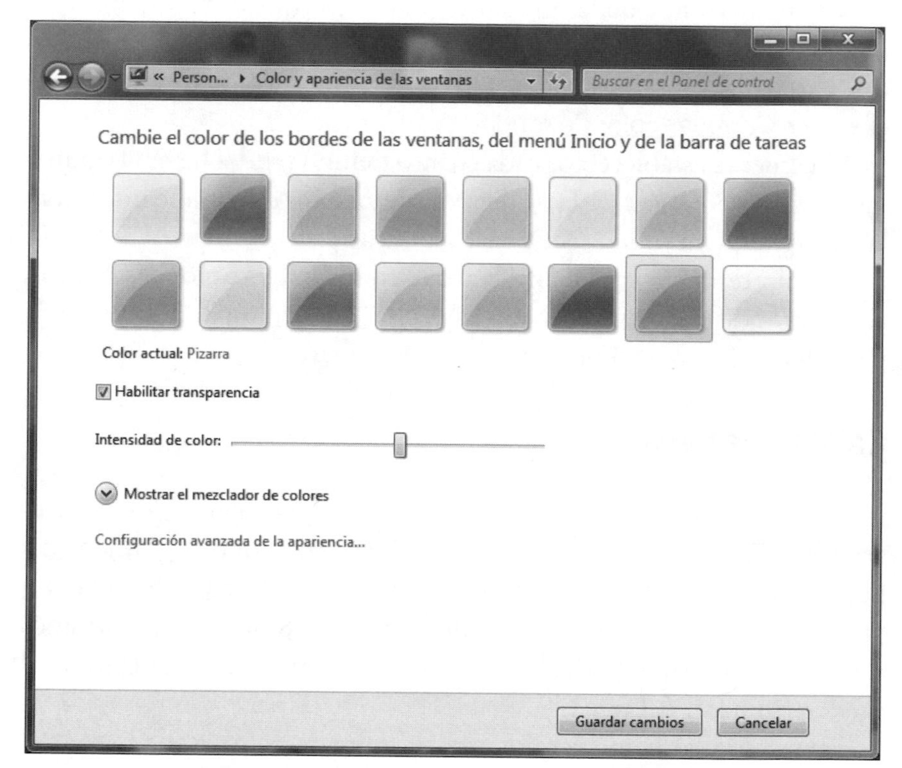

Figura 2.8. Color y apariencia de las ventanas.

Protector de pantalla

Un protector de pantalla es un programa que se pone en marcha cuando el ordenador lleva un rato inactivo, sustituyendo la pantalla actual, que permanece invariable en segundo término, por una imagen que va cambiando o un fondo neutro.

En los viejos tiempos, cuando los monitores eran de fósforo, es cierto que los monitores se quemaban (en el sentido de perder nitidez, no en el de echar humo) cuando se escribía una y otra vez sobre los mismos puntos. De hecho, con uno de mis primeros monitores llegué a tener que trabajar completamente a oscuras para poder leer lo mostrado en pantalla. En la actualidad, los monitores son mucho mejores y la antedicha utilidad de los protectores de pantalla ha dejado de tener vigencia. Entonces, ¿por qué se usan? Pues por razones estéticas (algunos son muy atractivos) y, sobre todo, porque permiten asociarles una contraseña, de modo que nadie podrá echar un vistazo a nuestro ordenador si lo hemos dejado abandonado un rato.

Si queremos establecer un protector de pantalla en nuestro equipo, iremos a la ya superconocida ventana de personalización, que se abre desde Panel de control mediante Apariencia y personalización> Personalización. Ahí activamos el enlace Protector de pantalla, que abre el cuadro de diálogo de la figura 2.9.

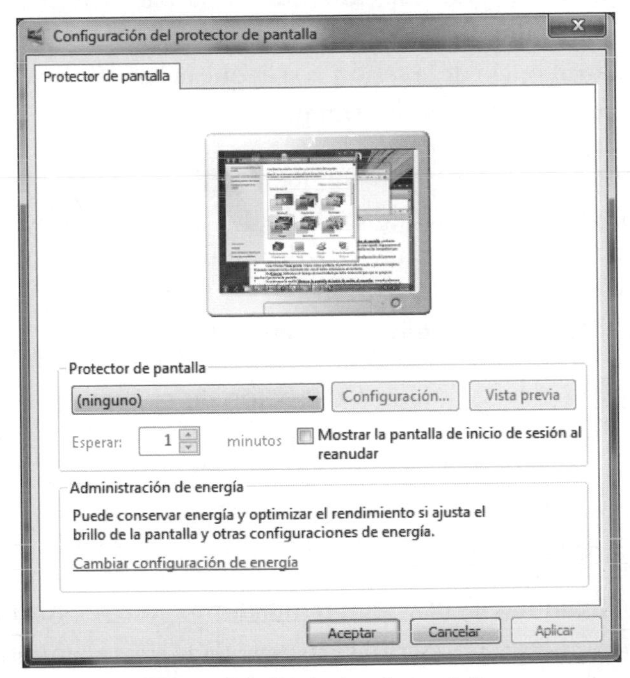

Figura 2.9. Protector de pantalla.

Desplegando la lista de los disponibles en el campo Protector de pantalla, podemos seleccionar uno de ellos y, en el monitor de la parte superior, iremos viendo cómo queda. Seguramente el más atractivo visualmente es Fotografías, que conforma el protector de pantalla con las fotografías que tengamos almacenadas en una carpeta de nuestro equipo.

- **Configuración** abre una ventana donde establecemos la configuración del protector (sólo en algunos de ellos).
- Con el botón **Vista previa** vemos cómo quedaría el protector seleccionado a pantalla completa. Pulsando cualquier tecla o haciendo clic con el ratón, retornamos al escritorio.
- En Esperar indicamos el tiempo de inactividad que debe transcurrir para que se ponga en marcha el protector de pantalla.
- Si activamos la casilla Mostrar la pantalla de inicio de sesión al reanudar, cuando pulsemos una tecla para volver a utilizar el equipo Windows 7 nos pedirá la contraseña que hayamos introducido al inicio de la sesión... si es que la hay (algo más adelante, en este mismo capítulo, tratamos esta cuestión).

Mediante el enlace inferior, Cambiar configuración de energía, accedemos al cuadro de diálogo de la figura 2.10, donde se nos ofrece una serie de medidas orientadas a disminuir el consumo energético del equipo.

Así, en el lateral izquierdo encontramos:

Configura a tu gusto el protector de pantalla y las opciones de energía.

- Elegir el comportamiento del botón de encendido nos permite decidir qué sucederá cuando pulsemos el botón de encendido del equipo. Por defecto se apaga el ordenador, pero también podemos optar porque entre en suspensión o hibernación... o no haga nada.
- Elegir cuándo se apaga la pantalla nos abre un cuadro de diálogo donde establecemos el tiempo de inactividad tras el cual se apaga la pantalla o se pone el equipo en suspensión.

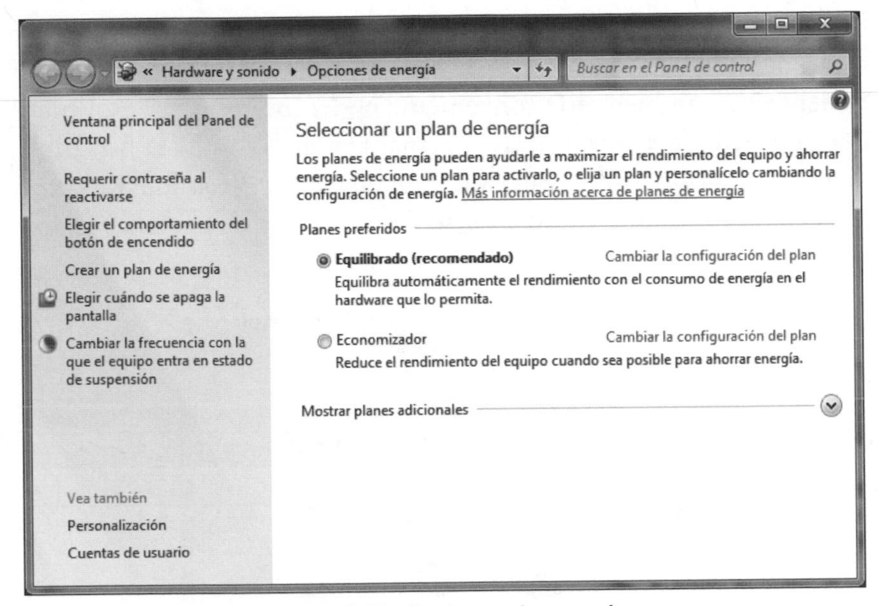

Figura 2.10. Opciones de energía.

Cambiar iconos, punteros e imagen

En el lateral izquierdo de la ventana de personalización hay tres enlaces que nos permiten realizar determinados cambios, que vamos a comentar seguidamente. Así, Cambiar iconos del escritorio abre la ventana de la figura 2.11, donde podemos configurar algunos elementos del escritorio.

- En Iconos del escritorio activamos o desactivamos las casillas correspondientes a los iconos que nos apetece tener visibles en el escritorio. Personalmente prefiero que estén la mayoría, aunque todo es cuestión de gustos.
- También es posible cambiar el icono de algún objeto, por medio de **Cambiar icono**... Nunca lo hago.

A lo largo de las páginas anteriores hemos leído varias veces que, por defecto, el botón izquierdo del ratón es el izquierdo y el botón secundario el derecho. ¿Y por qué es así? Por una razón estadística, nada más: para una persona diestra es más cómodo pulsar el botón izquierdo que el derecho y hay más personas diestras que zurdas. No obstante, es evidente que también sería conveniente poder intercambiar esos botones para facilitar el trabajo a las personas zurdas y, como era previsible, Windows 7 nos permite realizar esta operación... Precisamente con el enlace Cambiar punteros del mouse de la ventana de personalización, que abre el cuadro de diálogo de la figura 2.12.

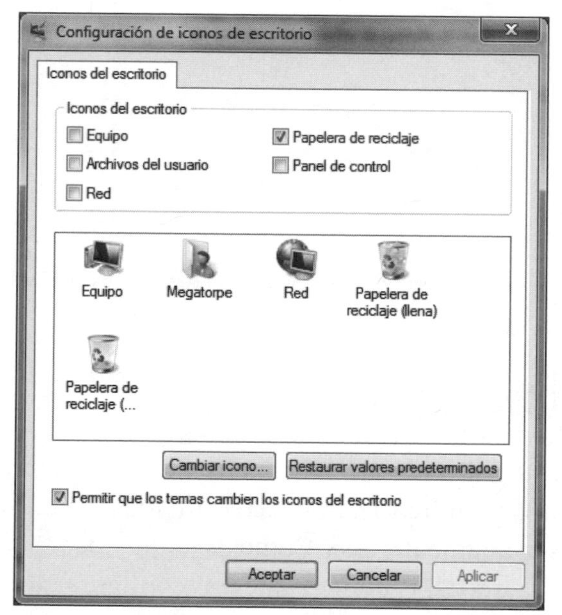

Figura 2.11. Configuración de iconos del escritorio.

- Entramos directamente en la ficha Punteros. La sección Esquema nos oferta diversas combinaciones de punteros para reemplazar la predeterminada y la sección Personalizar nos posibilita sustituir algún puntero (haciendo doble clic se listan los disponibles).
- En la ficha Opciones de puntero podemos configurar el puntero del ratón (velocidad, ajuste y visibilidad) a nuestras características personales. Resulta interesante cuando se tiene algún problema de visión.

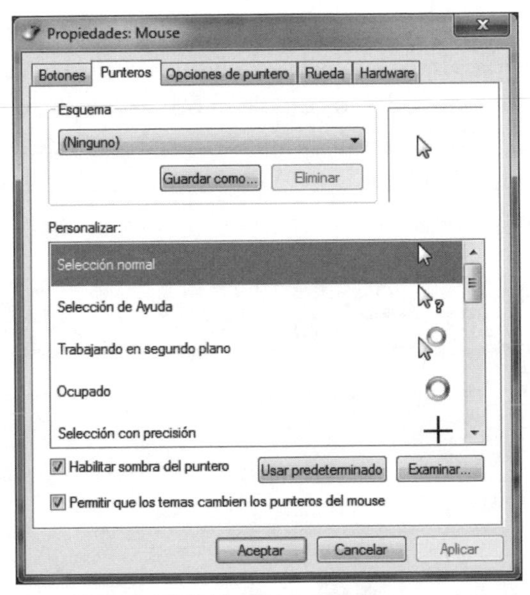

Figura 2.12. Propiedades de mouse.

- En la ficha Rueda decidimos a qué equivale un giro de la rueda del ratón, en sentido vertical u horizontal, y la ficha Hardware nos informa sobre las propiedades de este dispositivo.

Nos queda sólo por ver la primera ficha, Botones, que es precisamente donde se realiza el cambio citado antes:

- Si nos desenvolvemos mejor con la mano izquierda que con la derecha, activaremos la casilla Intercambiar botones primario y secundario. A partir de ese momento, el botón principal del ratón será el derecho y el secundario el izquierdo.
- Desplazando la lengüeta también podemos determinar la velocidad con la que debemos efectuar el doble clic, con el fin de que Windows 7 lo detecte como tal. La carpeta de la derecha nos servirá para comprobar nuestra rapidez de pulsado.
- La casilla Activar bloqueo de clic nos permite bloquear el botón del ratón con un clic y, de esta forma, podemos arrastrar sin necesidad de estar presionando el botón.

Practica un poco los diferentes cambios que hemos visto.

Por último, el enlace Cambie la imagen de la cuenta de la ventana de personalización ofrece la posibilidad de sustituir la imagen que identifica nuestra cuenta. Podemos escoger como nueva imagen cualquiera de las ofertadas en la galería de la figura 2.13 o bien de las almacenadas en nuestro equipo, en cuyo caso la localizamos con el enlace inferior Buscar más imágenes.

Figura 2.13. Cambiar imagen.

Pantalla

Ahora en la categoría Apariencia y personalización del Panel de control pasaremos a Pantalla que, en la ventana de la figura 2.14, nos ofrece diversas opciones para configurar la pantalla, en función de nuestras preferencias.

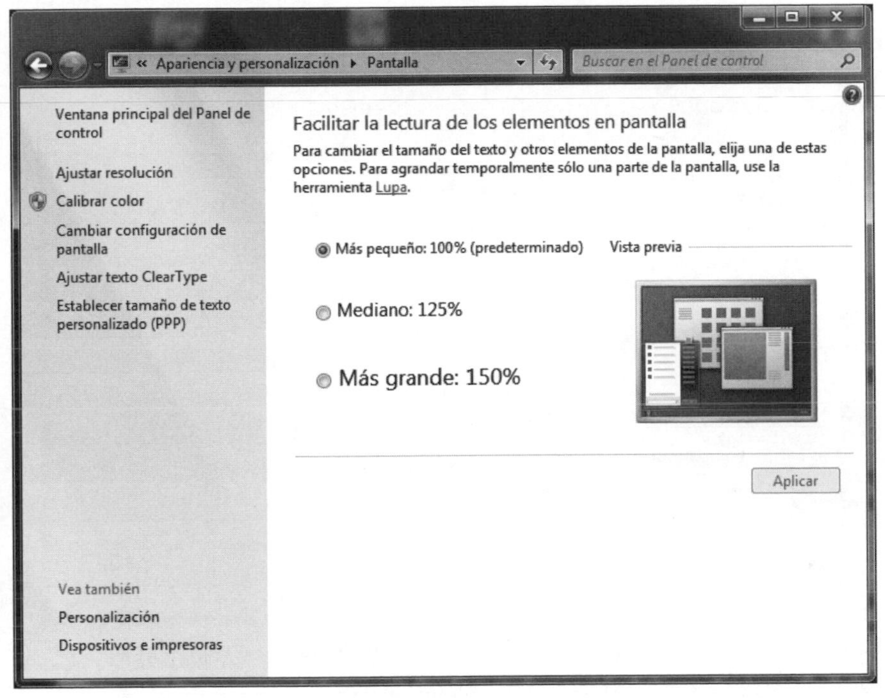

Figura 2.14. Pantalla.

Como observamos en la figura 2.14, ahí podemos aumentar el tamaño del texto e iconos o recuperar el tamaño predeterminado. Eso sí, sólo apreciaremos estos cambios tras iniciar sesión de nuevo (más adelante hablaremos de esta cuestión).

Veamos a continuación la utilidad de los enlaces situados en el lateral izquierdo de la figura 2.14. Mediante el enlace Ajustar resolución se abre la ventana de la figura 2.15, en donde establecemos la resolución que deseamos para nuestro monitor, aunque estos parámetros pueden variar en función de nuestra tarjeta gráfica... y siempre es aconsejable que sea de calidad, por el bien de nuestros ojos.

Hace unos años, con los monitores CRT (los enormes) de quince pulgadas, la resolución más común era de 800 por 600 píxeles (puntos, en lenguaje informático). Sin embargo, en la actualidad, con los estilizados modelos planos de 19 o más pulgadas, las resoluciones son muy superiores.

TRUCO MÁGICO

Si hacemos clic, con el botón secundario del ratón (el derecho, por defecto), en cualquier zona vacía del escritorio y ejecutamos Resolución de pantalla, también abrimos la ventana de la figura 2.15.

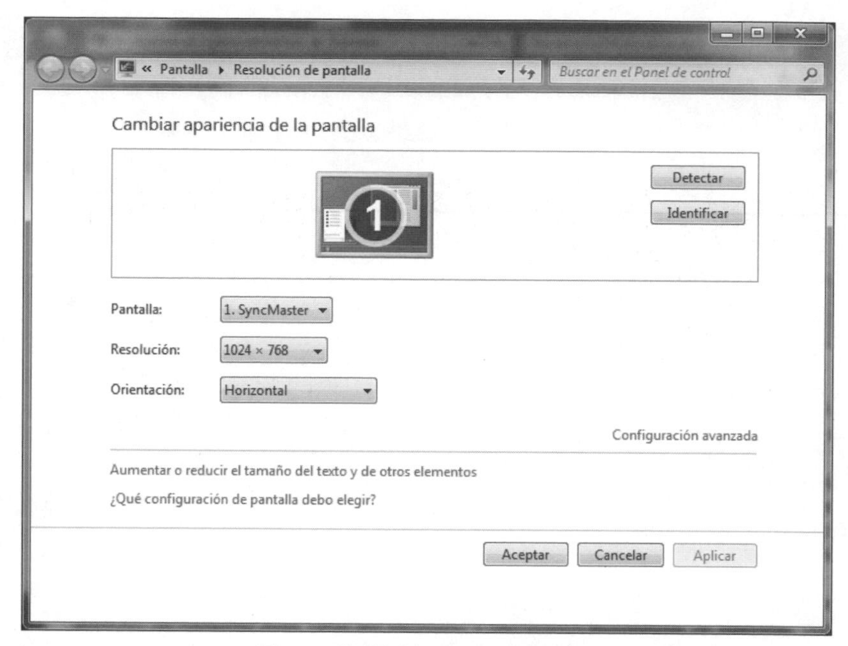

Figura 2.15. Ajustar resolución.

Cuando se habla de monitores planos se alude a las pantallas LCD (*Liquid Crystal Display*, pantalla de cristal líquido) y a los monitores TFT (*Thin Film Transistor*, transistor de película delgada). Las primeras generan la imagen mediante un cristal líquido situado entre dos láminas de vídeo; la tecnología TFT, de mayor calidad, dedica un pequeño transistor a cada punto.

Los monitores TFT son los más comunes en equipos de sobremesa y, por su propio diseño, se ven muy bien a la resolución fijada por la empresa fabricante (un transistor por punto), que generalmente es la máxima aceptada. De todas formas, nunca viene mal echar un vistazo al manual de nuestro monitor y leer sus especificaciones.

En el caso de monitores CRT las resoluciones recomendadas son 1280 x 1024, en los que van de 17 a 19 pulgadas, y 1600 x 1200, en los de 20 pulgadas y superiores.

También es verdad que algunas personas son reacias a colocar una alta resolución en su pantalla, porque tienen problemas de visión y las letras se ven pequeñitas. Sin embargo, como hemos visto antes, en la ventana de la figura 2.14 tenemos la posibilidad de aumentar el tamaño de las fuentes.

¿Y si con los porcentajes ofertados no es suficiente? Entonces podemos activar el enlace Establecer tamaño de texto personalizado (PPP) que abre el cuadro de diálogo de la figura 2.16, donde seleccionamos el porcentaje que más se ajuste a nuestras necesidades arrastrando la regla con el ratón. Cuando hagamos clic en **Aceptar**, la escala elegida también se mostrará en la ventana de la figura 2.14 y podremos aplicarla.

Por defecto, el texto se muestra a 96 ppp (puntos por pulgada).

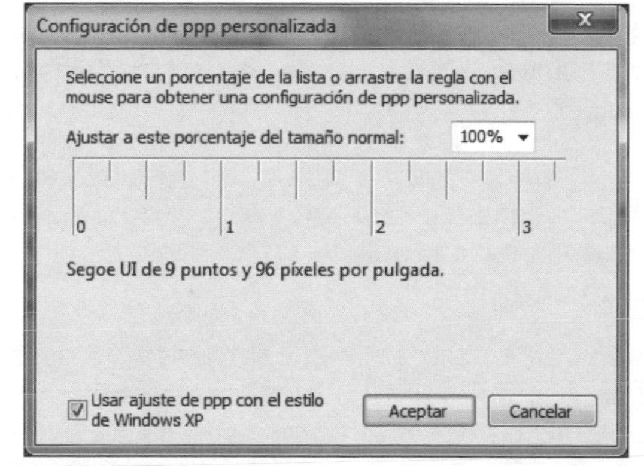

Figura 2.16. Configuración de ppp personalizada.

Hasta ahora hemos estado viendo cómo variar el tamaño de los elementos de la pantalla. A continuación, nos centraremos en mejorar, si es preciso, la calidad de su visión.

- Los temas y colores de Windows 7 se ven perfectos con un monitor de 32 bits, pero es posible que no puedan apreciarse todos los efectos visuales en las pantallas antiguas. Si alguna vez tenemos que cambiar el número de colores con el que se trabaja, activaremos entonces el enlace Configuración avanzada de la figura 2.15 y, en el cuadro que se abre, iremos a la ficha Monitor; en su sección Colores elegiremos el valor deseado (el más alto, generalmente).

La calidad del color se mide en bits. Con *n* bits, la pantalla diferenciará 2 elevado a *n* colores. Así, con 16 bits distinguiría 65.536 colores y con 32 bits, nada menos que 4.294.967.296 colores.

- Los monitores TFT acostumbran tener un botón para ajustar su visionado automáticamente. En los otros tipos, si queremos asegurarnos de que los colores se ven bien, puede sernos de utilidad el enlace Calibrar color de la figura 2.14, que pone en marcha un asistente para ayudarnos en esta tarea.
- Por último, el enlace Ajustar texto ClearType nos permite desactivar (o bien activar si lo hubiésemos anulado) la tecnología ClearType.

ClearType es una tecnología de Microsoft que aumenta la legibilidad de los textos en pantalla, aprovechando la mejora de calidad visual que tienen los monitores planos frente a los antiguos CRT (los que se basaban en un tubo de rayos catódicos y ocupaban un enorme espacio).

En Windows 7, ClearType se activa de forma predeterminada para ofrecer el máximo de calidad al leer texto. De hecho, según Microsoft su incorporación conlleva un aumento del cinco por ciento en la velocidad de lectura.

Sí, ya sé que parece poco, pero si estuviésemos leyendo un promedio de ocho horas diarias durante doscientos días, eso supondría un ahorro de ochenta horas, que es una cantidad nada despreciable.

Gadgets de escritorio

Los gadgets son pequeñas aplicaciones que podemos colocar en nuestro escritorio para efectuar cómoda y rápidamente sencillas acciones, como por ejemplo ver la hora en un reloj analógico, conocer el estado del tiempo, ver fotografías, etc.... y muchas otras opciones más que nos brindan los gadgets que podemos descargar gratuitamente de Internet.

Para acceder a la galería de gadgets de escritorio, cuyo contenido inicial vemos en la figura 2.17, en la categoría Apariencia y personalización del Panel de control activamos Gadgets de escritorio. También desplegamos dicha la galería con Gadgets del menú contextual de una zona vacía del escritorio.

Tras elegir un gadget de la galería, automáticamente aparece en el lateral derecho del escritorio y, claro está, debemos configurarlo según deseemos. Para ello, situamos el puntero sobre el gadget y veremos aparecer varios botones en su lateral derecho, véase la figura 2.18.

Nos olvidamos por el momento del gadget Encabezados de la fuente a pesar de su interés, porque su configuración no es intuitiva. Lo trataremos con detalle en un capítulo posterior.

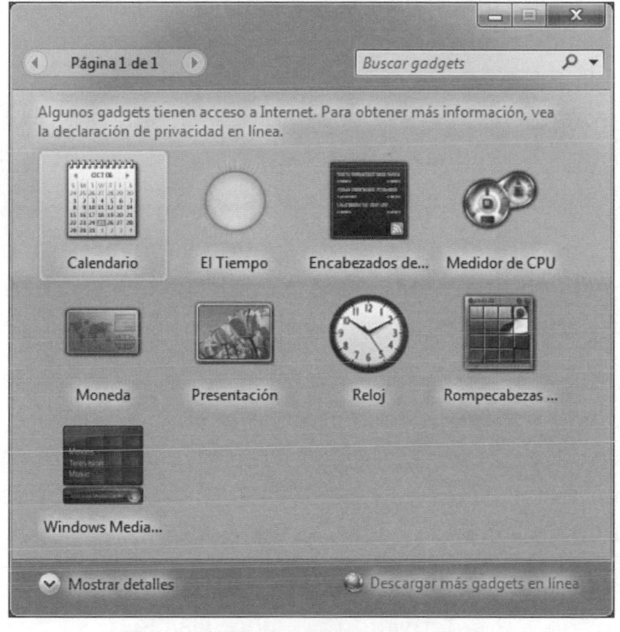

Figura 2.17. Gadgets de escritorio.

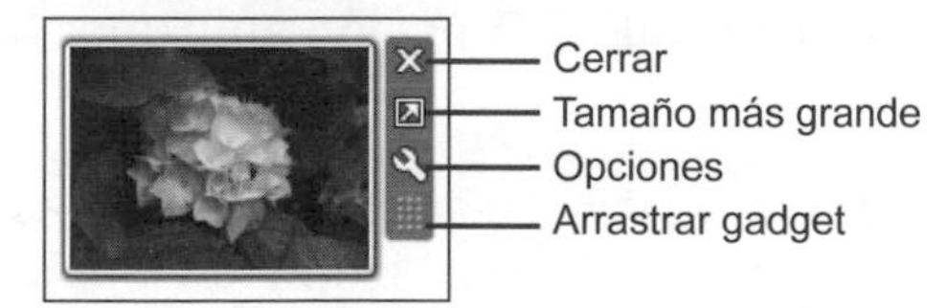

Figura 2.18. Gadget Presentación.

- El botón **Cerrar** quita ese gadget del escritorio. También obtenemos el mismo efecto si desplegamos su menú contextual (haciendo clic sobre él con el botón derecho del ratón) y ejecutamos Cerrar gadget.

- El botón **Tamaño más grande**, que sólo está disponible en algunos gadgets, amplía su ventana; el botón que lo reemplaza (**Tamaño más pequeño**) la reduce a su tamaño anterior. También podemos realizar estos cambios con Tamaño de su menú contextual.
- El botón **Opciones**, que equivale a Opciones de su menú contextual, abre una ventana, que varía en función del gadget, para que establezcamos sus características: tipo de reloj, la ubicación para la información del tiempo, imágenes a mostrar en la presentación, etc. Una vez configurado el gadget a nuestro gusto, debemos hacer clic en **Aceptar**.
- Para cambiar la ubicación del gadget en el escritorio nos olvidaremos del botón **Arrastrar gadget** y Mover de su menú contextual, porque resulta más rápido hacer clic en el gadget y arrastrarlo a continuación.
- Por defecto, los gadgets son opacos; es decir, no dejan ver lo que haya debajo. Si queremos variar esta característica en algún gadget, ejecutamos Opacidad de su menú contextual y elegimos el porcentaje (20% es casi traslúcido). Eso sí, cuando situemos el puntero sobre el gadget, lo veremos opaco.
- Por defecto, al colocar una ventana encima de un gadget, dejamos de verlo. Activando Siempre visible de su menú contextual hacemos que siempre se vea, ocultando parte de la ventana. Desactivando esta opción anulamos la visibilidad continua.

En principio, los gadgets colocados en el escritorio siguen estando visibles aunque utilicemos el botón **Mostrar escritorio** (recordemos que está al final de la barra de tareas).

Sin embargo, Windows 7 nos permite ocultarlos todos temporalmente. Para realizar esta acción sólo tenemos que desplegar el menú contextual de una zona vacía del escritorio y luego ejecutar Ver>Mostrar gadgets del escritorio. Volviendo a repetir estos pasos, logramos que sean visibles de nuevo los gadgets.

Y ya de paso, con Ver>Mostrar iconos del escritorio del menú contextual del escritorio hacemos invisibles todos los iconos que tengamos en nuestro escritorio. Haciendo lo mismo, los mostramos otra vez.

¿Y cómo incluimos un nuevo gadget? Pues seleccionándolo de la galería de gadgets, a la que volvemos siguiendo el procedimiento descrito antes o bien ejecutando Agregar gadgets del menú contextual de cualquier gadget.

Claro que además de esos gadgets predefinidos tenemos a nuestra disposición muchos otros que podemos descargar de Internet, de manera muy sencilla y rápida.

1. Activamos el enlace Descargar más gadgets en línea de la galería de gadgets.
2. Accedemos a una página de Microsoft donde se ofrecen nuevos gadgets.
3. Los miramos y, si encontramos alguno que nos interese, hacemos clic en el botón **Descargar**.
4. En la ventana de advertencia, hacemos clic en **Instalar** y, en el cuadro de diálogo Descarga de archivos, en **Abrir**.
5. En el nuevo cuadro de diálogo, hacemos clic sobre **Instalar**.

Instantes después, ya estará el nuevo gadget (figura 2.19) tanto en nuestra galería de gadgets como en el escritorio. Ha sido fácil, ¿verdad?

Añade varios gadgets al escritorio y ajusta su configuración a tu gusto.

Barra de tareas y menú Inicio

A continuación vamos a centrarnos en la personalización de la barra de tareas y del menú Inicio, una labor donde nos será de utilidad el cuadro de diálogo de la figura 2.20.

Figura 2.19. Pasatiempo en gadget.

Podemos abrirlo tanto desde el panel de control, con Apariencia y personalización>Barra de tareas y menú Inicio, como ejecutando la opción Propiedades en el menú contextual de una zona vacía de la barra de tareas.

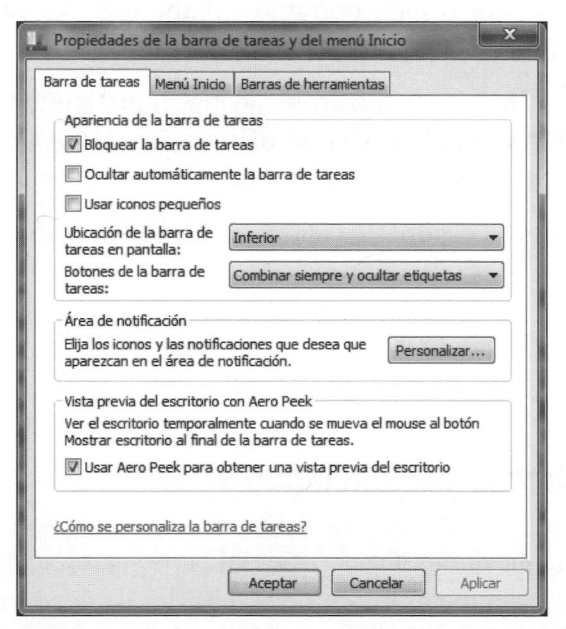

Figura 2.20. Propiedades de la barra de tareas y del menú Inicio.

Barra de tareas

Comencemos por la ficha Barra de tareas, cuya configuración inicial es bastante adecuada; no obstante, puede interesarnos cambiar algún aspecto de la misma para adecuarlo a nuestras necesidades o preferencias. Para comprobar cómo resulta un cambio sin necesidad de cerrar el cuadro de diálogo de la figura 2.20, sólo tenemos que hacer clic en **Aplicar**.

- Bloquear la barra de tareas: Por defecto, la barra de tareas está bloqueada. ¿Quiere decir eso que no se puede mover? ¡Exactamente! Por ejemplo, no podemos cambiarla de sitio ni modificar su tamaño. Si desactivamos esta casilla o Bloquear la barra de tareas del menú contextual de la barra de tareas, podremos cambiar la posición de la barra de tareas en el escritorio con sólo arrastrarla hasta allí o modificar su altura (o anchura si está en un lateral vertical) arrastrando el cursor cuando se transforme en una doble flecha (al situarlo en el borde de la barra)... Como siempre, todo es cuestión de gustos.
- Ocultar automáticamente la barra de tareas: Como su nombre indica, activando esta casilla evitamos que la barra de tareas siempre esté visible, si bien es posible mostrarla de nuevo, momentáneamente, colocando el puntero en la posición donde debería estar, lo que nos puede obligar a minimizar alguna ventana. Si necesitamos disponer de toda la pantalla para nuestras aplicaciones, quizás nos interese ocultar la barra de tareas.
- Usar iconos pequeños: Cuando activamos esta casilla, los botones de la barra de tareas reducen su tamaño.
- Ubicación de la barra de tareas en pantalla: Desplegando su lista decidimos en qué lateral de la pantalla se coloca la barra de tareas.
- Botones de la barra de tareas: Si hay varios botones correspondientes a una misma aplicación, se contraen en uno sólo, que podemos desplegar para acceder a la ventana que nos apetezca.

Para cambiar la posición de un icono en la barra de tareas, basta con arrastrarlo hasta su nueva posición.

La barra de idioma aparece automáticamente si hay instalados varios idiomas de entrada en el equipo. Haciendo clic en ella podemos cambiar de idioma.

También podemos optar porque se combinen cuando se llena la barra de tareas o nunca.

- Área de notificación: Con el botón **Personalizar** abrimos otro cuadro de diálogo donde podemos decidir si de un determinado elemento se muestra su icono y sus notificaciones o sólo éstas últimas... o nada.
- Usar Aero Peek: Si desactivamos esta casilla, no tendrá ningún efecto situar el puntero sobre el botón **Mostrar escritorio**.

Otra posibilidad que tenemos en la barra de tareas es la de añadir o quitar alguna barra de herramientas. Por ejemplo, la barra Dirección facilita el acceso a una página Web, pues si en ella escribimos su dirección, a continuación se abrirá Internet Explorer para mostrarla; también podemos añadir una barra de herramientas para acceder al contenido de una carpeta directamente desde la barra de tareas.

Aunque podemos seleccionar las barras de herramientas que nos interesa agregar a la barra de tareas en la ficha Barra de herramientas de la figura 2.20, normalmente abriremos el menú contextual de una zona vacía de la barra de tareas (con el botón secundario, no lo olvidemos) y, con Barras de herramientas, desplegamos las predefinidas, que vemos en la figura 2.21). Solamente tenemos que activar o desactivar la que prefiramos.

Cuando queramos añadir una nueva barra de herramientas a la barra de tareas, en las opciones de la figura 2.21 seleccionamos Nueva barra de herramientas y, después, elegimos la carpeta que nos interese.

¿Y cómo suprimimos una nueva barra que hayamos creado? Muy sencillo. Volvemos a desplegar la lista de la figura 2.21, donde ya aparecerá, y desactivamos su opción.

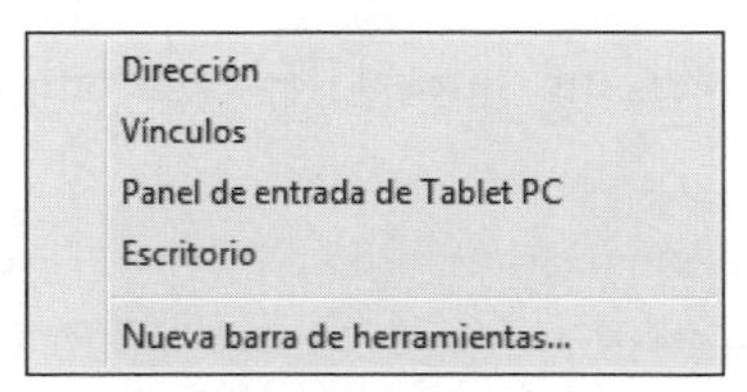

Figura 2.21. Barras de herramientas para colocar en la barra de tareas.

Menú Inicio

Configura la barra de tareas según tus preferencias.

El menú Inicio, un ejemplo de cual vemos en la figura 2.22, además de mostrar nuestra imagen asociada, nos facilita el acceso rápido a los elementos importantes del ordenador (lateral derecho) y a los programas que más utilizamos (lateral izquierdo).

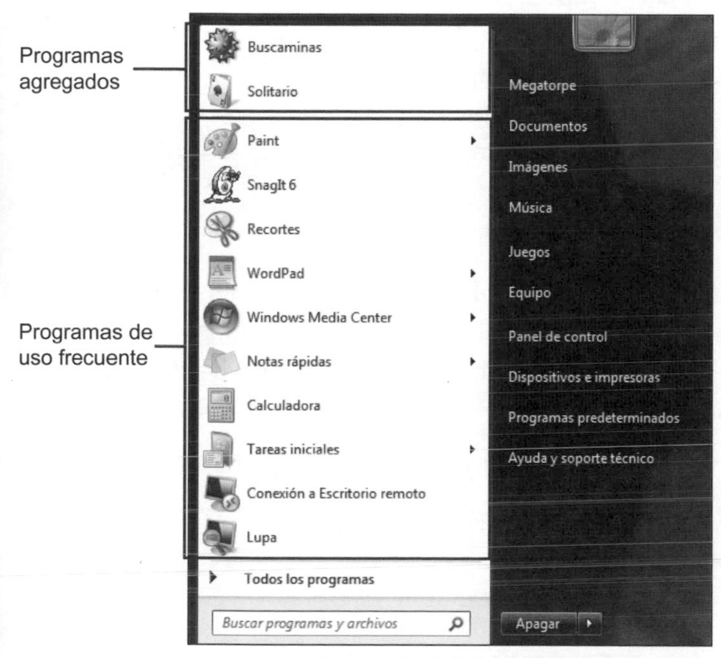

Figura 2.22. Menú Inicio.

- Para acceder a los demás programas que tenemos instalados, podemos utilizar Todos los programas e ir buscando el que nos interesa a través de una exploración en árbol, muy cómoda de manejar.
- Su campo inferior Buscar programas y archivos siempre está disponible para facilitarnos el localizar una aplicación (y archivos, mensajes de correo, etc.). Sólo tenemos que comenzar a escribir su nombre (o parte de él) y enseguida nos presentará un acceso directo al programa. ¡Más sencillo imposible!

Para colocar como agregado un programa de la lista de uso frecuente, basta con arrastrarlo un poco.

Si nos fijamos en la parte izquierda del menú Inicio que se muestra en la figura 2.22, observaremos que hay dos grupos de programas, separados por una línea: los agregados, en la parte superior y que no varían (salvo que los cambiemos), y los de uso frecuente, que van siendo reemplazados en función de su empleo.

Eso sí, en principio no aparece ningún programa agregado y, cuando nos interese añadir uno, lo haremos manualmente, de acuerdo con procedimiento descrito a continuación (también nos servirá para fijarlo a la barra de tareas, si nos interesa).

Imaginemos, por ejemplo, que nos encanta jugar al Buscaminas y queremos tener este juego siempre a mano, en la parte superior del menú Inicio.

Para ello, sólo tenemos que hacer lo siguiente:

1. Localizamos el programa. En este caso, en el menú Inicio encontramos el juego en Todos los programas>Juegos o sin más que escribir "buscam" (sin las comillas) en su campo inferior Buscar programas y archivos.
2. Desplegamos el menú contextual del programa.
3. Seleccionamos Anclar al menú Inicio. En caso de que nos hubiese interesado fijarlo a la barra de tareas, habríamos optado por el comando Anclar a la barra de tareas.

Para quitar algún programa de la lista de uso frecuente, desplegamos su menú contextual y activamos Quitar de esta lista.

Posteriormente, si queremos cambiar su posición dentro de la lista de agregados, basta con arrastrarlo a su nueva ubicación.

¿Y lo podemos quitar de los elementos agregados? ¡Desde luego! Desplegamos su menú contextual y luego elegimos Desanclar del menú Inicio.

Pero el menú Inicio podemos personalizarlo todavía más, desde la ficha Menú Inicio de la figura 2.23, que forma parte del conocido cuadro de diálogo Propiedades de la barra de herramientas y del menú Inicio.

- La primera alternativa que se nos ofrece es la de elegir qué acción oferta el botón situado en la parte inferior derecha del menú

Inicio. El apagado, que es la opción por defecto, parece bastante adecuado... pero, como siempre, todo es cuestión de gustos.

- En su parte inferior del cuadro de diálogo de la figura 2.23 hay dos casillas que si están activadas, como ocurre por defecto, almacenan y muestran los últimos archivos abiertos y los últimos programas utilizados. Si alguien más puede acceder a nuestra cuenta y no deseamos que nadie sepa qué hemos abierto últimamente, es preferible desactivarlas.

El cuadro de diálogo de la figura 2.23 podemos abrirlo desde el panel de control, con Apariencia y personalización> Barra de tareas y menú Inicio, o ejecutando Propiedades en el menú contextual del menú Inicio o la barra de tareas.

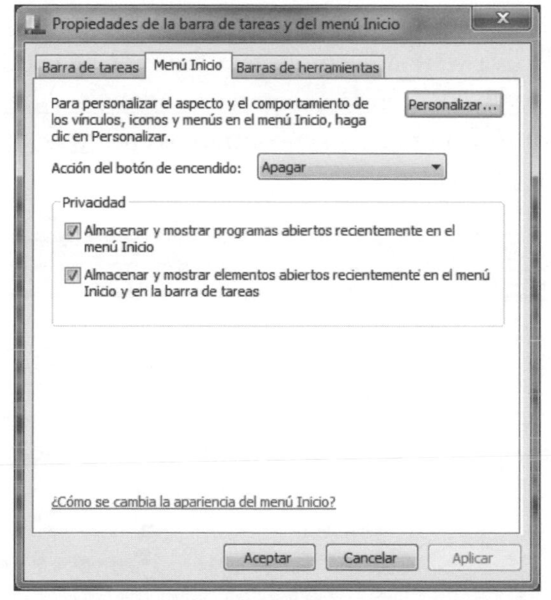

Figura 2.23. Propiedades del menú Inicio.

En principio se muestran en el menú Inicio los diez últimos programas manejados. También aparecen diez elementos en la lista Reciente (Jump List), que abrimos haciendo clic con el botón secundario sobre el icono de una aplicación en la barra de tareas.

Con el botón **Personalizar** de la figura 2.23 abrimos otro cuadro de diálogo, cuya sección inferior nos permite cambiar el número de programas y elementos a mostrar. Las demás opciones podemos dejarlas inalteradas.

Centro de accesibilidad

El Centro de accesibilidad incluye gran número de herramientas que facilitan el uso del equipo a personas con deficiencias visuales, auditivas, etc. ¡Cómo! ¿En serio todos tus sentidos funcionan de maravilla? Pues felicidades, en serio. No obstante, es posible que alguna de las herramientas te resulte interesante o curiosa. Claro que también es probable que nunca las utilices, por lo que me voy a limitar a darte sólo una introducción a ellas y dejo en tus manos la tarea de seguir investigando, en caso de que las consideres útiles. Para abrir el Centro de accesibilidad, cuya ventana vemos en la figura 2.24, podemos activar Centro de accesibilidad en la categoría Apariencia y personalización del Panel de control. También lo encontramos en Todos los programas> Accesorios>Accesibilidad.

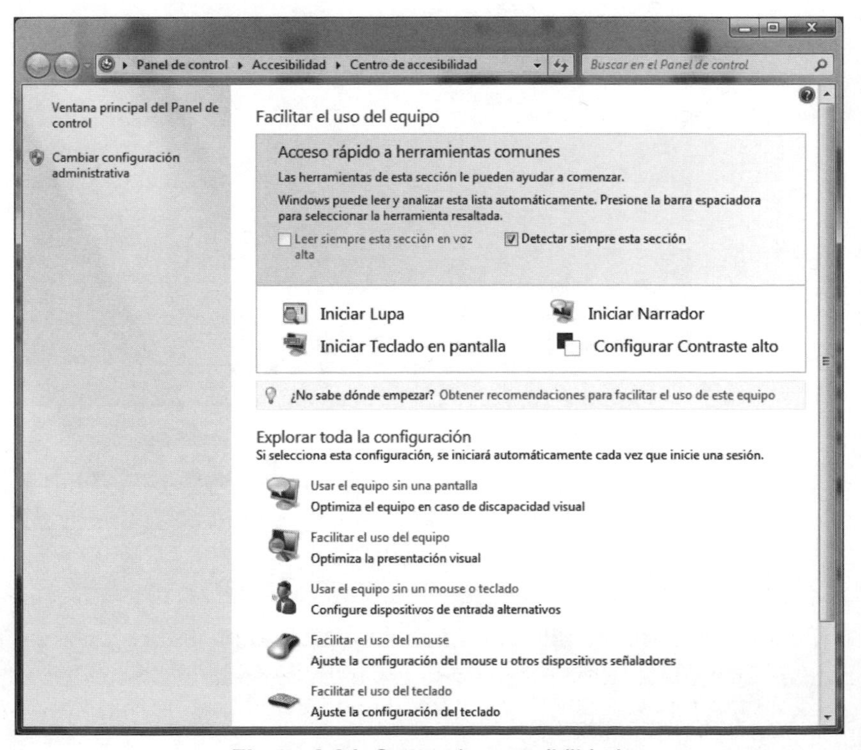

Figura 2.24. Centro de accesibilidad.

Por lo que respecta a las dos herramientas del Centro de accesibilidad que vamos a ver, las tenemos a nuestra disposición en la ventana de la figura 2.24 y también en Todos los programas>Accesorios>Accesibilidad.

Comencemos con Lupa que nos ofrece la posibilidad de ampliar una parte de la pantalla en una ventana independiente, algo muy útil para edición gráfica... y también para personas con problemas de vista.

Al iniciar Lupa, se abre la ventana de la figura 2.25. Cuando manejemos esta herramienta, observaremos en pantalla una lupa; al situar el puntero sobre ella, aparecerá un enlace que nos llevará de nuevo a esa ventana.

Figura 2.25. Lupa.

- Con **Alejar** y **Acercar** modificamos el nivel de zoom.
- En **Vistas** elegimos si se amplía toda la pantalla, sólo el contenido de una ventana (modo lente) o la sección por donde desplazamos el ratón (modo acoplado, que muestra la ampliación en la parte superior de la pantalla).
- En **Opciones** podemos ajustar el nivel de zoom, cambiar el tamaño de la ventana de ampliación, etc.

Windows 7 también nos permite escribir sin necesidad de tener un teclado físico conectado al equipo. Entonces, ¿cómo lo hacemos? Haciendo que aparezca en pantalla el teclado virtual de la figura 2.26, gracias a Iniciar Teclado en pantalla de la figura 2.24.

En ese teclado virtual seleccionaremos las teclas con el ratón u otro dispositivo señalador. Además, conforme vayamos escribiendo los caracteres de una palabra, en la parte superior de teclado iremos viendo diferentes posibilidades; si alguna coincide con la que deseamos escribir, la elegimos y así acabamos antes.

La herramienta Narrador lee texto de un documento y lo reproduce en voz alta; además de indicarnos las acciones que van teniendo lugar (teclas pulsadas, apertura de un cuadro de diálogo, etc.). Por desgracia, sólo está disponible en inglés, por el momento.

Figura 2.26. Teclado en pantalla.

Por defecto, para escribir debemos hacer clic en las teclas correspondientes; sin embargo, **Opciones** nos ofrece dos alternativas:

- Desplazarse sobre las teclas: Basta situar el puntero sobre la tecla, durante el periodo establecido, y entonces se escribe su carácter.
- Examinar las teclas: Permite escribir pulsando una sólo tecla (la barra espaciadora, por defecto) o un botón (del joystick, por ejemplo). El teclado en pantalla va leyendo el teclado, resaltando los bloques por los que pasa y vamos seleccionando la tecla o el botón hasta llegar al carácter deseado.

Si colocamos el puntero sobre el reloj del área de notificación, Windows 7 muestra la fecha actual.

El reloj

Ya sabemos que Windows 7 incluye un pequeño reloj digital, visible en la parte derecha de la barra de tareas, que indica siempre la hora. Además, si estamos muy pendientes del tiempo, también podemos colocar un gadget en el escritorio con un reloj analógico.

De todas formas, el asunto tampoco parece demasiado relevante, porque casi todo el mundo disponemos de otros varios relojes para ver en ellos la hora, ¿verdad? En efecto, pero el reloj de Windows 7 no se trata sólo de un adorno sin importancia. ¡Ni mucho menos!

Siempre que almacenamos un archivo, Windows 7 conserva la fecha en que ha tenido lugar tal operación. Gracias a ese dato, posteriormente podremos buscar los archivos modificados el mes pasado, localizar las páginas Web visitadas en los últimos días, recuperar versiones antiguas de algunos archivos, etc.

Además, algunos programas funcionan mal, o simplemente no funcionan, cuando el año en que vive nuestro equipo difiere bastante del real. Por ejemplo, el ordenador de Gustavo tenía la pila interna agotada y, cuando lo encendía, siempre consideraba que vivía en 2002; aunque te sorprenda, en esa situación su Windows Live Messenger se declaraba en huelga de brazos caídos. ¿Cómo solventó Gustavo el problema? Cambiando la pila, desde luego.

¿Verdad que ya ha quedado clara la importancia del reloj del ordenador? Aquello tan bonito de "reloj no marques las horas" queda muy bien en un bolero, pero el reloj de nuestro equipo debe marcar siempre la hora exacta.

Si hacemos clic sobre el reloj de la barra de tareas, se abre la ventana de la figura 2.27, donde vemos el calendario del mes actual y, en la parte derecha, un reloj, en formato analógico y digital.

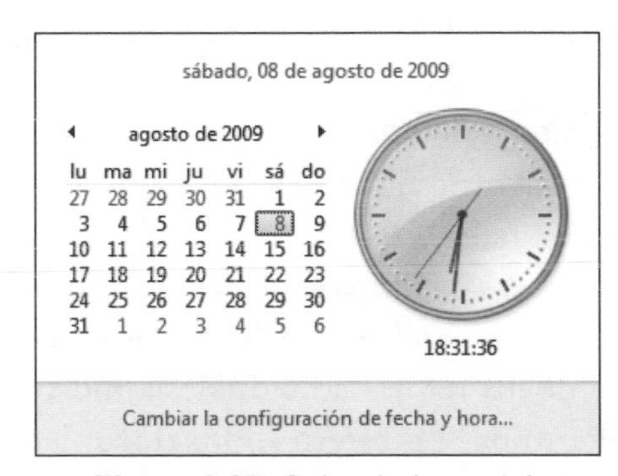

Figura 2.27. Calendario y reloj.

Cuando necesitemos cambiar la fecha y la hora, bien porque sea preciso o simplemente porque nos apetece, activaremos el enlace Cambiar la configuración de fecha y hora, que abre el cuadro de diálogo de la figura 2.28.

- La ficha Fecha y hora nos ofrece el botón **Cambiar fecha y hora**, para modificar sus valores, y **Cambiar zona horaria**, para establecer otra zona horaria.

Tan importante es la fijación de fecha y hora que sólo podemos cambiar estos datos desde una cuenta de administrador o, si es estándar, con su permiso (dentro de nada veremos este tema).

Figura 2.28. Cambiar la configuración de fecha y hora.

Si cambias los valores del mes y año, te resultará sencillo averiguar en qué día de la semana cayó o caerá cualquier fecha de unos años no demasiado lejanos. No olvides al final dejar la fecha actual.

- La ficha Relojes adicionales nos brinda la posibilidad de saber cuál es la hora en otras dos zonas horarias. Por ejemplo, si nuestra empresa tiene una sucursal en Tokyo y otra en Arizona, resulta muy útil conocer sus horas locales, por si precisamos contactar con una de las dos. Después de determinar en esta ficha las características de los relojes adicionales a mostrar, éstos aparecen cuando colocamos el puntero sobre el icono del reloj en el área de notificación o bien cuando hacemos clic sobre él, caso de la figura 2.29.
- La importancia de fijar la hora es tan alta, que existen servidores en Internet exclusivamente dedicados a mantener sus relojes en punto y, por defecto, Windows 7 sincroniza el reloj de nuestro equipo con un servidor horario de Internet una vez por semana. En la ficha Hora de Internet encontramos el botón **Cambiar la configuración**, que nos posibilita seleccionar otro servidor horario de Internet.

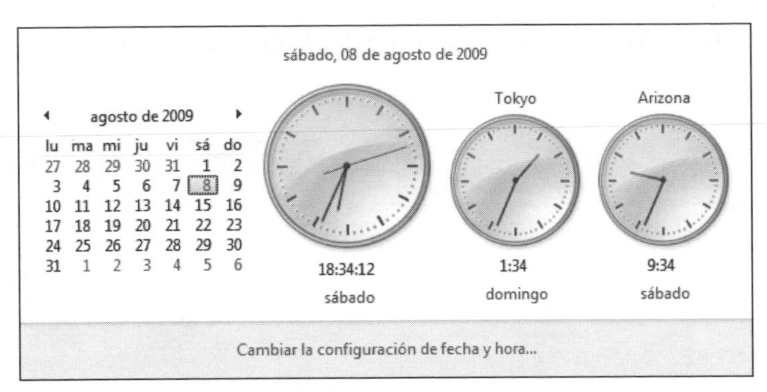

Figura 2.29. Dos relojes adicionales.

Cuentas de usuario

Es muy habitual que varias personas compartan un mismo ordenador, ya sea en la oficina o en su hogar. Si Windows 7 no permitiese crear cuentas de usuarios, todas las personas que usasen el mismo equipo entrarían en el mismo escritorio, podrían ver los documentos de las otras personas, acceder a su lista de favoritos en Internet, etc.

Afortunadamente, en Windows 7 podemos establecer cuentas de usuarios diferentes y, gracias a ellas, se evitan los inconvenientes anteriores, de modo que cada cual tiene su espacio reservado... e, incluso, puede protegerlo mediante una contraseña.

¡Cómo! ¿En serio eres tú la única persona que utiliza el ordenador? Te felicito, porque puedes usarlo siempre que te apetezca y eso es una gran ventaja. No veas los líos que se montan en la familia Pérez para decidir los turnos de acceso al ordenador.

De todas formas, aunque nadie más toque nuestro ordenador, no viene mal aprender a manejar las cuentas de usuario, porque podemos necesitarlas en nuestro lugar de trabajo.

Si el ordenador está compartido, entonces es imprescindible que sepamos administrar las cuentas de usuario para que cada persona tenga su propio rincón.

La gestión de las cuentas de usuario se realiza desde la ventana de la figura 2.30, que se abre activando, en el Panel de control,

Si la cuenta tiene asociada una contraseña, son tres las acciones sin icono. La tercera, como puedes deducir, es quitar la contraseña.

Si bien el último enlace de la figura 2.30 ofrece la posibilidad de desactivar el Control de cuentas de usuario, que está activo por defecto, es preferible no hacerlo, aunque nadie más toque nuestro equipo, para evitar descuidos tontos.

primero Cuentas de usuario y protección infantil y, después, Cuentas de usuario.

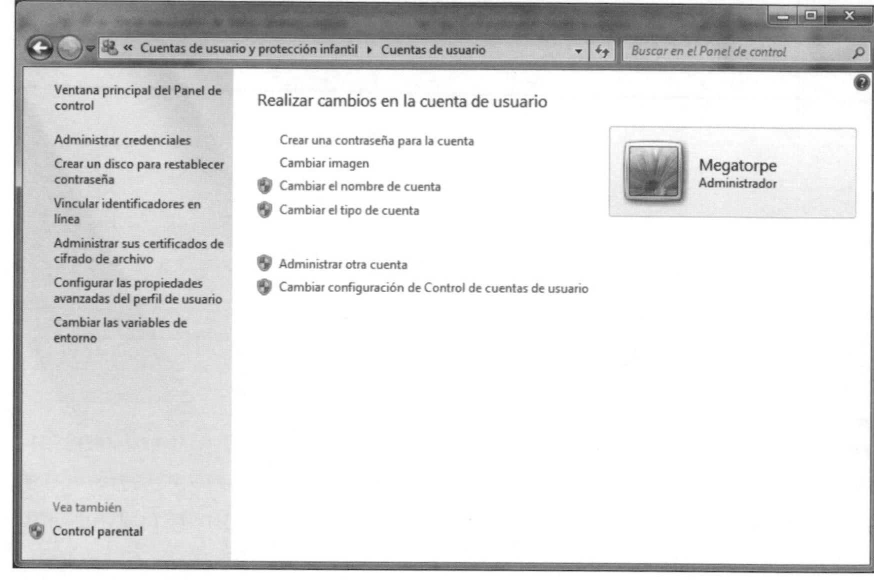

Figura 2.30. Realizar cambios en la cuenta de usuario.

Si observamos con atención la figura 2.30, comprobaremos que las dos primeras acciones no tienen a su izquierda un icono que sí aparece en las inferiores. Es la forma que tiene Windows 7 de indicarnos que están sujetas al Control de cuentas de usuario.

¿Y qué es eso del Control de cuentas de usuario? Vayamos por partes.

Windows 7 diferencia dos tipos de cuenta: Administrador y Usuario estándar. La primera nos permite hacer todo en el equipo: instalar programas y hardware, realizar modificaciones, controlar las cuentas de otros usuarios, etc. En cambio, quien dispone de una cuenta estándar sólo puede cambiar aquello que no afecte a otras cuentas o a la seguridad del equipo.

A lo largo del libro, supondremos que nuestra cuenta es de tipo Administrador, al igual que sucede en la figura 2.30 (se indica junto a la imagen que nos identifica).

El Control de cuentas de usuario es una herramienta para prevenir cambios no autorizados en el equipo y, de este modo, evitar acciones que podrían ser sumamente perjudiciales. Cuando vamos a hacer alguna modificación importante, Windows 7 se limita, ya que nuestra cuenta es de tipo Administrador, a pedirnos confirmación en contadas ocasiones, mediante un cuadro de diálogo.

En cambio, cuando se trata de una cuenta estándar, el Control de cuentas de usuario exige que alguien con privilegios de Administrador valide, introduciendo su contraseña, la acción que se pretende realizar.

¿Ha quedado claro todo lo anterior? Entonces vamos con los cambios que podemos llevar a cabo en nuestra cuenta.

Es posible visualizar el indicio de contraseña en la petición de contraseña; por tanto, no se te ocurra poner "nombre de mi perro", "mi mejor amiga", ni nada por el estilo.

- Crear una contraseña para la cuenta nos permite asignar una contraseña a nuestra cuenta, para impedir que otras personas entren en ella o controlar qué pretende instalar alguien con una cuenta estándar. Sólo tenemos que escribirla y, como se visualiza mediante puntos, volver a teclearla para evitar confusiones; también podemos indicar un cierto texto (indicio de contraseña) que nos ayude a recordar la contraseña si tenemos mala memoria. Eso sí, debemos tener presente que la contraseña diferencia mayúsculas y minúsculas, lo que nos obliga a tener cierto cuidado con la tecla **Bloq Mayús**.
- Cambiar imagen nos ofrece la posibilidad de sustituir la imagen que identifica la cuenta por otra. Podemos elegirla de la galería que incorpora Windows 7 o de las almacenadas en el equipo (la localizamos con Buscar más imágenes).
- Cambiar el nombre de cuenta nos brinda la oportunidad de modificar el identificador de nuestra cuenta.
- Cambiar tipo de cuenta ahora todavía no nos sirve para nada, pues nuestra cuenta es de tipo Administrador y no podemos cambiarla a estándar, porque siempre debe haber al menos una de Administrador en el equipo. Su utilidad es patente cuando se han creado más cuentas y queremos cambiar el tipo de una de ellas.

DEBERES

Introduce una contraseña en tu cuenta y cambia su imagen por otra más personal.

Administrar otra cuenta

Para crear otras cuentas de usuario, eliminarlas, cambiarlas, etc., en la ventana de la figura 2.30 debemos activar el enlace Administrar otra cuenta, que nos muestra las dos cuentas de usuario integradas, Administrador e Invitado, junto con el enlace el enlace Crear una nueva cuenta.

Al instalar Windows 7 se crean automáticamente las cuentas Administrador e Invitado. La primera es la nuestra y no se puede eliminar, con objeto de evitar problemas.

La cuenta Invitado está destinada a otras personas que no tienen cuenta en el equipo. Por ejemplo, si alguien nos pide el equipo un momento, para mirar su correo electrónico o visitar una página Web, lo más adecuado es que utilice la cuenta Invitado, en lugar de permitirle el acceso a la nuestra, tanto por cuestiones de seguridad como para preservar nuestra intimidad.

En principio, la cuenta Invitado está desactivada. Si consideramos que alguien más va a utilizar nuestro equipo ocasionalmente, podemos activarla sin más que hacer clic sobre ella y, en la siguiente ventana, en **Activar**.

¡Megarritual!

Seguidamente, vamos a ver los pasos que debemos seguir para crear una nueva cuenta de usuario. ¿No necesitas ninguna más? Da igual. Créala de todos modos para practicar. Siempre puedes eliminarla después.

1. Activamos primero el antedicho enlace Crear una nueva cuenta.
2. En la ventana de la figura 2.31, escribimos el nombre de la cuenta, que aparecerá en la pantalla de bienvenida de Windows 7 y en su menú Inicio. Por lo que respecta al tipo de cuenta, como no queremos dejar nuestro equipo en manos de otras personas, dejamos la opción por defecto, Usuario estándar, y nos reservamos la de Administrador.

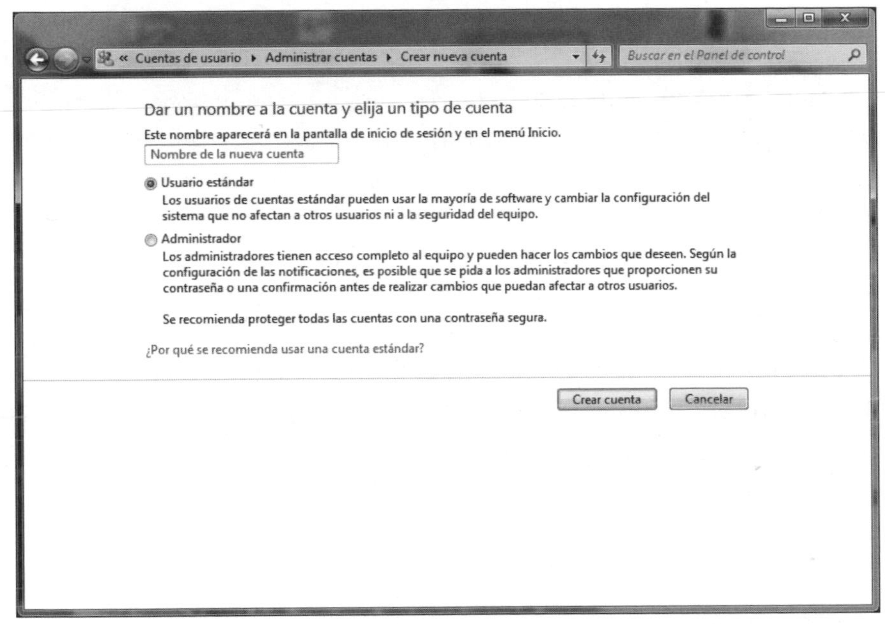

Figura 2.31. Para crear una nueva cuenta de usuario.

3. Hacemos clic en **Crear cuenta**.
4. Regresamos automáticamente a la ventana de cambio de cuentas, donde ya aparecerá la cuenta recién creada.

Ahora, si hacemos clic en la cuenta que acabamos de crear, pasamos a otra ventana donde podemos cambiar la imagen de la cuenta y asignarle una contraseña, acciones que también podrán realizarse desde la nueva cuenta, aunque sea estándar.

Además, tenemos la oportunidad de cambiar su nombre y tipo, configurar el Control parental (lo vemos enseguida) e, incluso, eliminar la cuenta.

¿Y qué pasa cuando se borra una cuenta? Que desaparece, claro está, aunque Windows 7 nos deja conservar algunos de sus archivos (los almacenados en su escritorio y sus carpetas Mis documentos, Mi música, etc.) en una carpeta de nuestro escritorio que tendrá el mismo nombre que la cuenta que vamos a borrar; sin embargo, no se conservan los mensajes de correo electrónico y otras cosas.

No borres una cuenta a la ligera... no se puede recuperar.

Cambiar de usuario

Bueno, acabamos de crear al menos una nueva cuenta de usuario y, si pasamos a ella, comprobaremos que tiene sus propias carpetas personales, su menú Inicio también será diferente y su escritorio podrá personalizarse de forma distinta al nuestro.

¿Y cómo se cambia de usuario? ¿Es preciso cerrar antes todas las aplicaciones abiertas? Vayamos primero con lo segundo.

Windows 7 nos permite abandonar nuestra cuenta manteniendo abiertas todas las aplicaciones; de esta forma, podemos ceder momentáneamente el equipo a otra persona para que realice alguna tarea desde su cuenta. Luego, cuando retornemos a nuestra cuenta, podremos seguir con lo que habíamos dejado a mitad.

Eso sí, siempre existe el riesgo de que la otra persona apague el equipo y perdamos información; por tanto, antes de abandonar nuestra cuenta siempre es recomendable que, aunque no cerremos las aplicaciones, sí guardemos todos los archivos que tengamos abiertos.

En cuanto a lo de pasar de una cuenta a otra, el procedimiento es similar al que veíamos en el capítulo anterior para cerrar el equipo, con alguna pequeña diferencia.

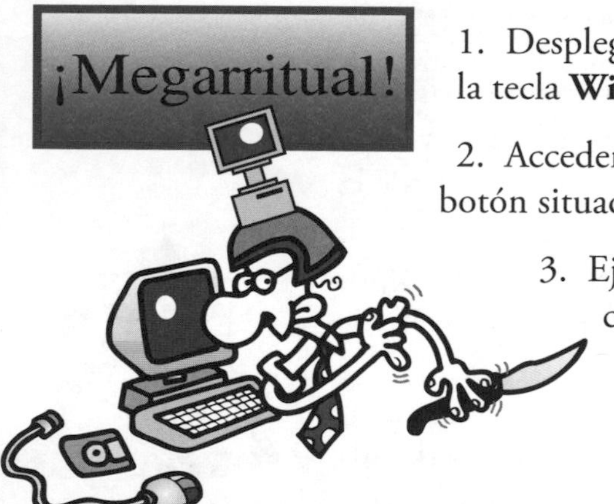

1. Desplegamos el menú Inicio, con el botón **Iniciar** o bien la tecla **Win**.

2. Accedemos al menú de la figura 2.32, haciendo clic en el botón situado a la derecha de **Apagar**.

3. Ejecutamos uno de los siguientes comandos, en función de qué nos interese hacer:

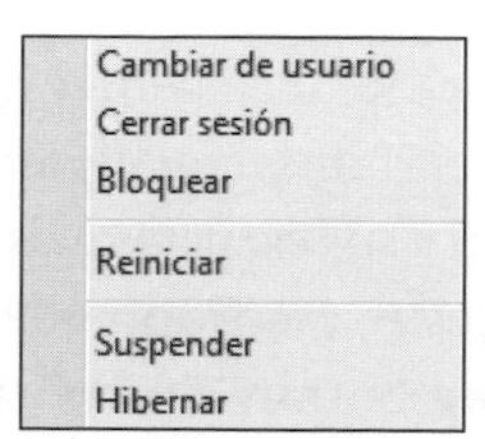

Figura 2.32. Para cambiar de cuenta.

- Cambiar de usuario abre la pantalla de bienvenida de Windows 7, con las diferentes cuentas existentes en el equipo. Desde ahí cada persona va a su respectiva cuenta, introduciendo su contraseña en caso de que la tuviera.
- Cerrar sesión cierra nuestra sesión actual. Si tenemos algún programa abierto, Windows 7 nos recuerda que es aconsejable cerrarlo.
- Bloquear es equivalente a cambiar de usuario con la salvedad de que aparece sólo nuestra cuenta para que introduzcamos la contraseña, junto con el botón **Cambiar de usuario** para acceder a las otras.

También bloqueamos la sesión con Win-L.

Un detalle final. ¿Qué sucede si decidimos apagar el equipo y hay otras sesiones abiertas? Pues que existe la posibilidad de que pierdan parte de su información; por ese motivo, Windows 7 nos lo recuerda con un aviso... Lo que hagamos después es cosa nuestra.

Control parental

El Control parental es una herramienta muy útil en hogares donde hay peques porque, gracias a ella, puede controlarse cuánto tiempo están ante el ordenador, con qué juegos se divierten o qué programas utilizan. Eso sí, el Control parental sólo podemos aplicarlo a una cuenta de tipo Usuario estándar.

Para configurar el Control parental, en el Panel de control activamos Cuentas de usuario y protección infantil>Control parental y, luego, seleccionamos la cuenta de tipo estándar a la deseamos colocar el Control parental que, por defecto, está desactivado. Por tanto, el primer paso es hacer clic en Activado. Inmediatamente los controles de configuración pasan a estar operativos, como sucede en la figura 2.33.

- Límites de tiempo muestra una cuadrícula semanal donde, con el ratón, seleccionamos el horario en que puede usarse el equipo desde esa cuenta. Cuando se esté utilizando dicha cuenta y falte poco para que finalice el periodo de tiempo fijado, se recibirá un aviso de ello y, llegado el momento crítico, si no ha cerrado su sesión, directamente se pasa a la pantalla de bienvenida.

- Juegos nos posibilita dejar jugar en esa cuenta a cualquier juego o, en caso contrario, bloquearlo o permitirlo en función de su tipo de contenido. Incluso podemos especificar exactamente a qué juegos se puede o no jugar.
- Permitir y bloquear programas específicos muestra un listado con los programas instalados en el equipo para que señalemos los permitidos, si decidimos que esa persona no puede usar todos ellos.

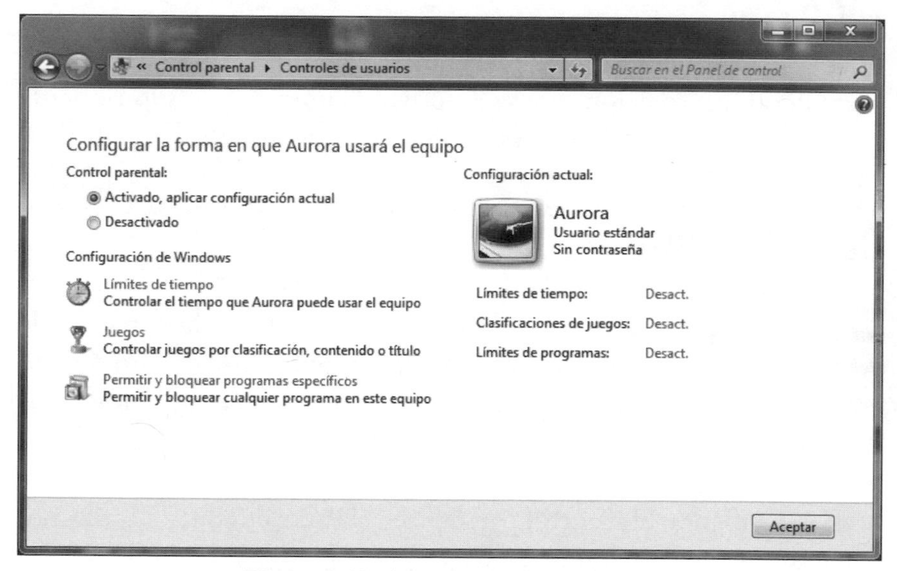

Figura 2.33. Control parental activado.

Las historias de Megajolmes

Cuando pasé a recoger a Esmeralda y divisé la mesa llena de papeles, donde estaba su sobrino Damián dándole al lápiz como un poseso, comprendí que nuestra cita corría peligro.

- ¿Qué le sucede? - pregunté preocupado por la salud mental del muchacho, que no cesaba de escribir y borrar, mientras repetía "éste tampoco" como si fuera un mantra.

- Nada, un problema que ha puesto en clase su profesora... Por desgracia, le he prometido que le ayudaría con los deberes. Hasta que no los termine, no podemos salir.

- ¿Y le quedan muchos ejercicios? Lo digo porque tenemos mesa reservada para dentro de una hora y, aunque cojamos un taxi, los veinte minutos no nos los quita nadie.

- Si sólo le falta ese problema - se disculpó con un mohín -. ¿No podrías echarle una mano? Parece sencillo, pero se nos está resistiendo.

- A ver, cuéntame de qué va.

- Pues resulta que su profe nació el veintisiete de septiembre de 1972. Ahora, escribe esa fecha con números, todos seguidos y sin separación. ¿Qué te sale?

- 2791972 - contesté enseguida -. ¡Qué curioso! Se trata de un número capicúa.

- Así es. La cuestión radica en averiguar cuántas fechas capicúas de esta forma hay en el siglo XXI.

Sólo tuve que reflexionar unos momentos y descubrí la respuesta, aunque también es verdad que tardé bastante más en lograr que la entendiera Damián. Tras dejarlo con sus padres todavía llegamos puntuales al restaurante.

CAPÍTULO 3

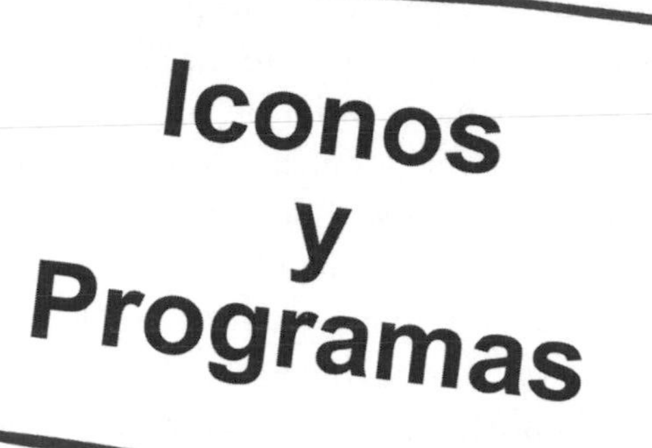
Iconos
y
Programas

...RENOMBRAS, CAMBIAS, INSTALAS...
TE CALLES, QUE MESCONCENTRAS...
SÓRDE-NES

Tras el oneroso incidente con las pesas, decidí que el hogar no era el mejor sitio para hacer deporte y consideré más conveniente ir a un gimnasio para ponerme en forma. Juan David me recomendó uno cercano al trabajo y así podía pasarme por él al terminar la jornada laboral; además, no cobraban matrícula y, si descubría que aquello no era lo mío, únicamente perdería una mensualidad.

El primer día me atendió un joven muy amable, que sólo en un brazo tenía más musculatura que yo en todo mi cuerpo. Su compañera no llegaba a ese extremo, pero también era evidente que había invertido muchas horas de gimnasio en modelar su escultural figura.

Tras un breve rato de charla, el monitor me diseñó un programa personalizado de ejercicios para que fuera cogiendo tono físico. El primer lugar de la lista lo ocupaba la cinta andadora, hacia la que me encaminé. ¡Madre mía! Aquello parecía una nave espacial. ¡Cuántas teclas y controles! Si hasta tenía una pantalla de televisión y todo.

- Coloco una velocidad baja y dentro de unos minutos la subiremos - afirmó con solemnidad, como si se tratase de una ceremonia real -. ¿Pongo la tele?

Pues no se estaba mal, la verdad. Caminando tranquilamente y viendo la tele, aunque tragarme un programa de higadillos no sea mi pasatiempo ideal. A los diez minutos ya no podía más, palabra. No, no me refiero a caminar, sino por las tonterías que soltaban en la tele. Así que miré atentamente el panel de control de la cinta andadora, deduje qué tecla servía para cambiar de programa (la etiqueta *Program* ayudó) y eso fue lo que hice.

Claro que para mí cambiar el programa equivalía a buscar otro canal televisivo, pero para la máquina significaba otra muy distinta... aumentar la velocidad de la cinta.

¡Cómo tuve que correr! Para colmo, se acercó la monitora a mi lado y no iba a quejarme por una carrerilla de nada. Así que me transformé en Filípides y seguí corriendo impertérrito, mirando el programa de telebasura.

Minutos después me quedé con la boca abierta, porque en pantalla estaba mi tía Teresa alabando mis enormes cualidades como escritor y el presentador estaba mostrando algunos de mis libros.

Cuando me vi a mí mismo transformado en todo un icono televisivo, me percaté de que estaba alucinando. Justo entonces, caí agotado al suelo... Al menos quien me hizo la respiración boca a boca fue la monitora.

¡Para iconos y programas, me quedo con los de Windows 7!

Ordenar y agrupar iconos

Como ya sabemos, un icono es la representación gráfica de un objeto (carpeta, archivo, dispositivo, etc.), que consta de una imagen y un nombre. La primera sirve, especialmente, para localizar los objetos de un tipo en concreto, ya que cada uno tiene una imagen diferente. Por ejemplo, en la figura 3.1 aparecen los iconos de una canción mp3, un documento de WordPad y una fotografía.

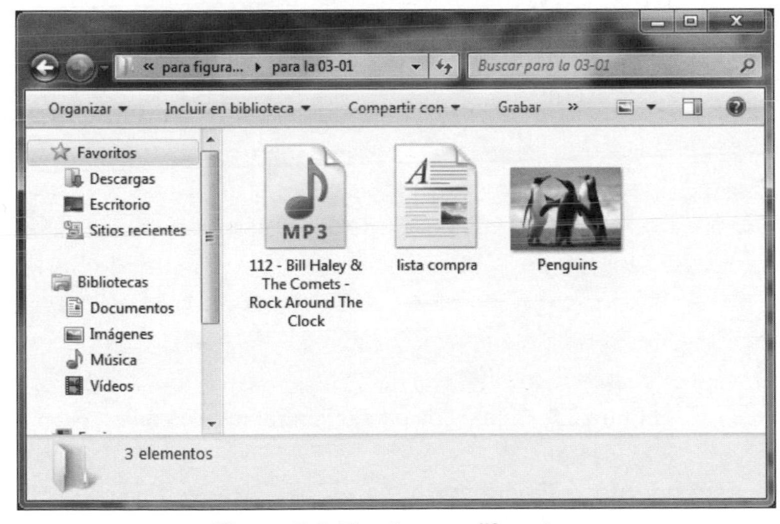

Figura 3.1. Tres iconos diferentes.

En algunas vistas, como Detalles, Mosaicos o Contenido, junto al icono se muestra cierta información sobre el archivo correspondiente. En las otras, sólo tenemos que colocar el puntero del ratón sobre él para obtener más información, al igual que vemos en la figura 3.2.

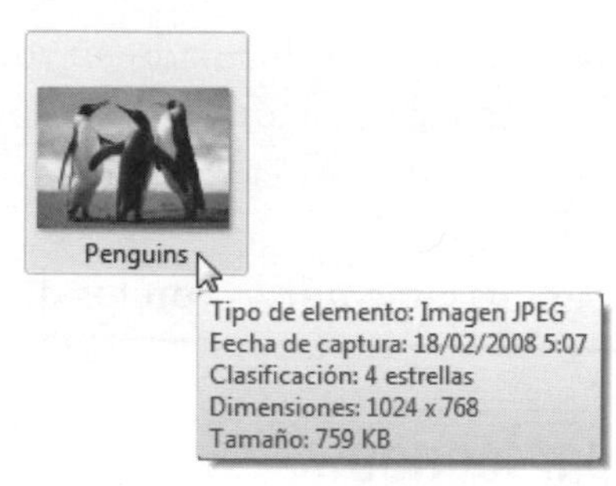

Figura 3.2. Es fácil conocer las características del archivo.

En principio, los iconos de una carpeta suelen verse ordenaditos, generalmente por su nombre; sin embargo, esa organización automática puede resultarnos un tanto rígida (aunque es muy cómoda) o quizás nos apetezca ordenarlos por su tamaño, tipo o fecha.

Para realizar estas acciones, disponemos de los comandos de la figura 3.3, a los que accedemos con Ordenar por del menú contextual de una zona vacía de la carpeta (también está en el menú Ver). Por ejemplo, si elegimos Tamaño, los iconos se ordenarán según el tamaño de sus correspondientes archivos.

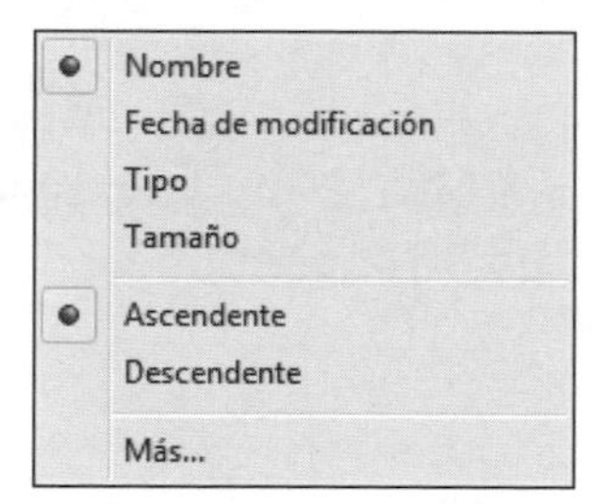

Figura 3.3. Comandos para organizar los iconos.

- Ascendente y Descendente nos permiten establecer en qué orden se muestran los iconos.
- Si volvemos a aplicar la misma ordenación, los iconos se presentan directamente en orden inverso.
- Más abre el cuadro de diálogo Elegir detalles. Los detalles seleccionados ahí podremos utilizarlos para las ordenaciones.

Si estamos en la vista Detalles, la forma más rápida de ordenar los iconos de una carpeta es hacer clic en el encabezado de la columna que nos interese (Nombre, Fecha de modificación, Tipo, etc.). Un nuevo clic establece el orden inverso al anterior... y si queremos cambiar el orden de los encabezados, sólo tenemos que arrastrarlos hasta su nueva posición.

Además, mediante la flecha que hay a la derecha de cada encabezado desplegamos un menú con nuevas opciones, que varían en función del encabezado. Si activamos algunas de las casillas que hay a la izquierda del cuadro que se abre, en la ventana sólo aparecerán los elementos que satisfagan las condiciones; de esta forma, aunque tengamos muchos archivos presentes, resulta muy sencillo seleccionar los elementos que cumplen unas determinadas características.

Cuando establecemos una condición de esta forma, el encabezado incluirá después una marca, para indicarnos que se ha realizado una selección y no todos los elementos de la ventana están visibles.

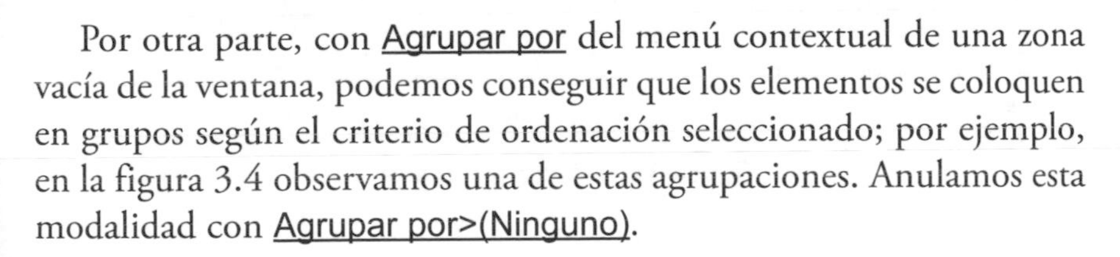

Por otra parte, con Agrupar por del menú contextual de una zona vacía de la ventana, podemos conseguir que los elementos se coloquen en grupos según el criterio de ordenación seleccionado; por ejemplo, en la figura 3.4 observamos una de estas agrupaciones. Anulamos esta modalidad con Agrupar por>(Ninguno).

- Si hay muchos elementos en la carpeta, a veces resulta interesante que aparezca el nombre de los diferentes grupos, pero no sus elementos. Para lograrlo, en el menú contextual de una zona vacía ejecutamos Ver>Contraer todos los grupos... y con Ver> Expandir todos los grupos recuperamos la visión de los contenidos.
- Si en una carpeta hay imágenes o vídeos y el tamaño de los iconos es mediano o mayor, el propio icono nos permite identificar el archivo. En este caso, podemos omitir su nombre en pantalla, con Ver>Ocultar nombres de archivos (repitiendo el proceso aparece el nombre de nuevo).

En la esquina superior derecha de las bibliotecas encontramos **Organizar por**, que nos brinda diversas modalidades para organizar sus elementos.

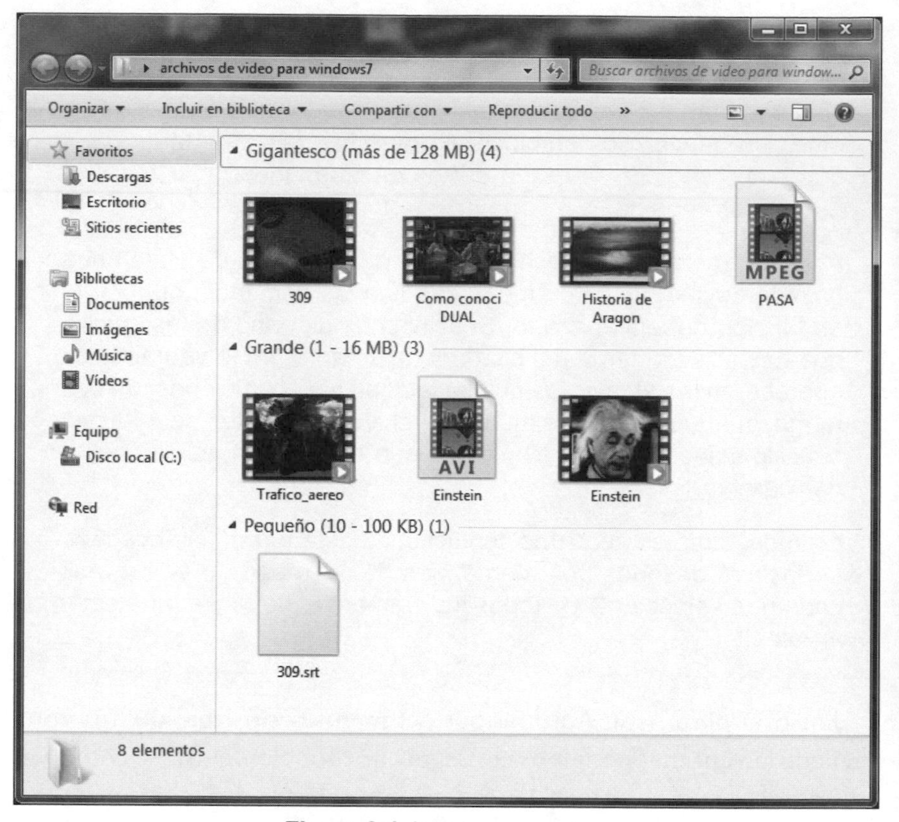

Figura 3.4. Iconos agrupados.

Por último, si desplegamos el menú contextual de una zona vacía del escritorio, en Ver aparecen nuevos comandos (los dos últimos ya los vimos en el capítulo anterior):

- Mediante uno de los tres comandos superiores elegimos el tamaño de los iconos. Como es lógico, escogeremos el que más cómodo nos resulte.
- Activando Organizar iconos automáticamente se ubican los iconos en columnas y, de este modo, resulta fácil localizar uno en concreto, especialmente si están ordenados. Yo prefiero mi propia organización, así que tengo esta opción desactivada... pero todo es cuestión de gustos, como siempre.

- Windows 7 divide el escritorio en una cuadrícula invisible y, si tenemos activada la opción Alinear iconos a la cuadrícula, cuando desplazamos cualquier icono se ajusta a esa cuadrícula, de forma que los elementos siempre se ven perfectamente puesto que no pueden solaparse.

Operaciones con iconos

Seguidamente vamos a comentar las operaciones más habituales que se realizan con iconos.

Eso sí, debemos tener presente que todo cuanto hagamos con un icono, en realidad lo estamos haciendo con el archivo correspondiente... salvo que se trate de un acceso directo (más adelante trataremos este tema).

Como ya sabemos, la operación más elemental, abrir un icono, sólo nos exige hacer clic sobre él o un doble clic, según cómo hayamos establecido las opciones de carpeta.

Antes de pasar a las demás operaciones, tenemos que detenernos en la selección de iconos, porque nos puede ahorrar bastante trabajo. Por ejemplo, si queremos borrar muchos iconos, en lugar de ir de uno en uno, primero los seleccionamos y, luego, los borramos de un plumazo; si vamos a copiarlos en un disco, también es más cómodo seleccionarlos con anterioridad.

TRUCO MÁGICO

Si hacemos clic en una zona vacía de la ventana, anulamos cualquier selección previa.

Seleccionar iconos

Para seleccionar un único icono, sólo tenemos que colocar el puntero sobre él (o hacer clic, según nuestra configuración de las carpetas) y aparece resaltado. Además, en el Panel de detalles se muestra cierta información sobre él.

Windows 7 nos ofrece varias alternativas para seleccionar más de un icono de una carpeta y es interesante que las manejemos con cierta soltura, porque la selección múltiple es una de las operaciones más comunes.

Si nos interesa seleccionar casi todos los iconos de una ventana donde hay bastantes, lo más cómodo es seleccionar los que no interesan y, luego, en el menú Edición (quizás tengamos que pulsar Alt para hacerlo visible) ejecutar Invertir selección.

- Si los iconos están contiguos, sólo tenemos que hacer clic en una esquina del espacio ocupado por los iconos y arrastrar el ratón hasta la esquina opuesta. Todos los iconos que estén delimitados por el rectángulo que hemos trazado, quedarán seleccionados.
- Si los iconos que nos interesan son consecutivos, basta con seleccionar el primero y, manteniendo pulsada la tecla **Mayús**, el último.
- Si los iconos que deseamos seleccionar no son contiguos, podemos irlos escogiendo de uno en uno manteniendo pulsada la tecla **Control**.
- Podemos seleccionar todos los iconos mediante Organizar>Seleccionar todo o **Control-E**.

Por último, cuando el número de elementos es muy alto, algo común en nuestras carpetas que contienen fotografías o colecciones de música digital, antes de aplicar los métodos anteriores para seleccionar iconos, suele ser conveniente agruparlos, tal y como hemos visto en el apartado anterior.

Renombrar y eliminar iconos

Si metemos la pata en alguna operación, con Organizar>Deshacer o Control-Z volvemos a la situación anterior.

Cuando deseemos cambiar el nombre de un icono previamente seleccionado, Windows 7 nos brinda varios métodos para editar el nombre del icono y, de esa forma, poder sustituirlo por el que escribamos a continuación.

- Pulsar **F2**.
- En el menú contextual del icono, elegir Cambiar nombre.
- Ejecutar Organizar>Cambiar nombre.

¿Y qué pasa si seleccionamos varios archivos y cambiamos el nombre de uno de ellos? Pues si son de diferente tipo, todos pasan a tener el nombre que hayamos escrito; cuando los tipos coincidan, tendrán ese mismo nombre con el añadido de (1), (2), (3), etc.

Otra operación muy común es eliminar uno o varios iconos. Una vez seleccionemos aquellos que nos interesa suprimir, también disponemos de varias alternativas.

Nunca toques los archivos que desconozcas. Si cambias el nombre, borras o mueves un archivo misterioso, es posible que algún programa no funcione.

- Pulsar la tecla **Supr**.
- En el menú contextual de cualquier icono seleccionado, elegir Eliminar.
- Ejecutar Organizar>Eliminar.

En todos los casos, por defecto, Windows 7 nos mostrará una ventana informativa similar a la de la figura 3.5 para pedir nuestra conformidad y, de esta forma, evitar borrados accidentales.

Si tenemos a la vista la Papelera de reciclaje, también podemos eliminar iconos sin más que arrastrarlos hasta ella y, cuando la Papelera de reciclaje aparezca resaltada, como en la figura 3.6, soltamos el botón del ratón. En este caso, como es evidente nuestra intención, no aparece la ventana de conformidad.

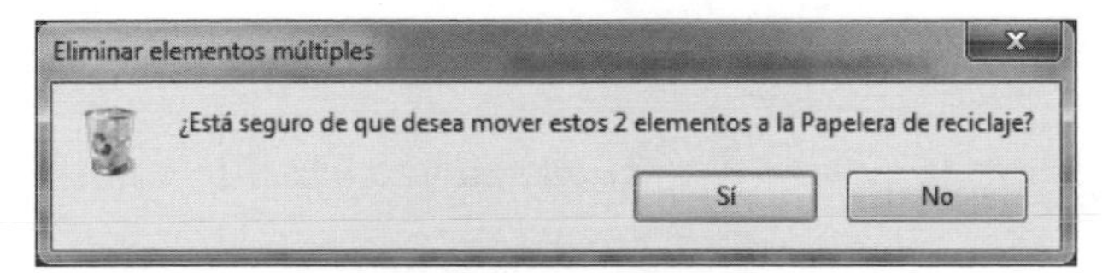

Figura 3.5. Cuidado con el borrado.

Figura 3.6. Tirando algo a la papelera.

Mover y copiar iconos

Mover y copiar iconos son dos operaciones que se realizan con cierta frecuencia, para llevar archivos de una carpeta a otra o a un disco.

Por el momento, nos olvidamos de esta última modalidad, ya que se tratará bastante a fondo en el capítulo 5, y nos vamos a centrar en los iconos presentes en las carpetas del disco duro.

En primer lugar, debe quedar clara la diferencia entre mover y copiar. Aunque ambas acciones permiten trasladar iconos de una carpeta a otra, al moverlo desaparece el icono de su ubicación original y, en cambio, al copiarlo permanece.

Visualmente también se diferencia copiar de mover, como observamos en la figura 3.7. Durante la copia, al arrastrar el puntero se añade el símbolo +; en cambio, éste símbolo es sustituido por una flecha al mover algo.

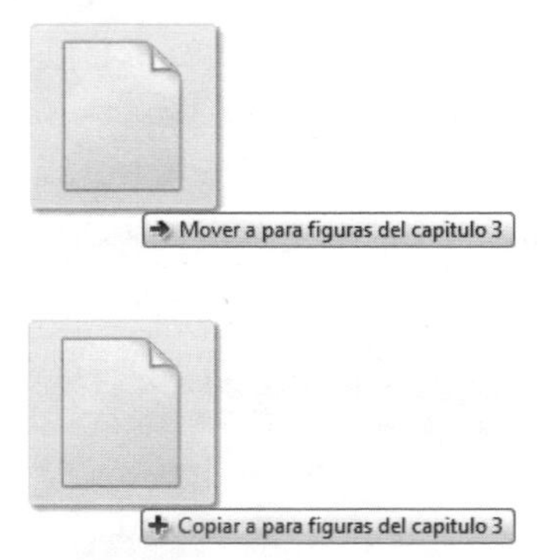

Figura 3.7. Moviendo / Copiando.

Para copiar dentro de la misma unidad de disco, al arrastrar debemos mantener pulsada la tecla Control.

¿Y qué debemos hacer para copiar o mover? Sólo tenemos que seleccionar los iconos que nos interesen y, después, elegir uno de los siguientes caminos:

- Si las carpetas de origen y destino están visibles en pantalla, lo más cómodo es arrastrar los iconos de una carpeta a otra. En principio, cuando los iconos están en distinta unidad de disco se copian y si están en la misma se mueven; es decir, si arrastramos un icono de una carpeta a otra del escritorio, dejará de estar ubicado en su carpeta origen.
- Si las carpetas no están visibles o no tenemos ganas de arrastrar, podemos utilizar los comandos Cortar y Copiar (están en

el menú contextual de los iconos y en Organizar) o sus correspondientes combinaciones de teclas **Control-X** y **Control-C**. Ambos comandos copian el archivo en memoria, si bien Cortar lo elimina de la carpeta origen. Una vez cargado en memoria, podemos pegarlo en cualquier carpeta con el comando Pegar (**Control-V**), presente en Organizar y en el menú contextual de la carpeta.

- En el menú Edición tenemos los comandos Mover a la carpeta y Copiar a la carpeta, para realizar las acciones que estamos comentando. En ambos casos, se abre una ventana donde debemos indicar el sitio de destino.

La Papelera de reciclaje

Cuando suprimimos un elemento no desaparece definitivamente de nuestro equipo, sino que se mueve a la Papelera de reciclaje. Por este motivo, en cualquier momento podemos recuperarlo de una forma muy sencilla:

1. Abrimos la Papelera de reciclaje que, como vemos en la figura 3.8, es similar a cualquier carpeta.
2. Seleccionamos el icono o iconos que deseamos recuperar.
3. Hacemos clic en **Restaurar este elemento** o **Restaurar los elementos seleccionados** de la barra de herramientas. También podemos ejecutar Restaurar, presente en su menú contextual y en el menú Archivo.

Tras restaurar un elemento, volvemos a encontrarlo en su carpeta de procedencia. De hecho, si después de borrar el elemento también hubiésemos eliminado la carpeta que lo contenía, Windows 7 la crearía por su cuenta para colocar allí el icono restaurado.

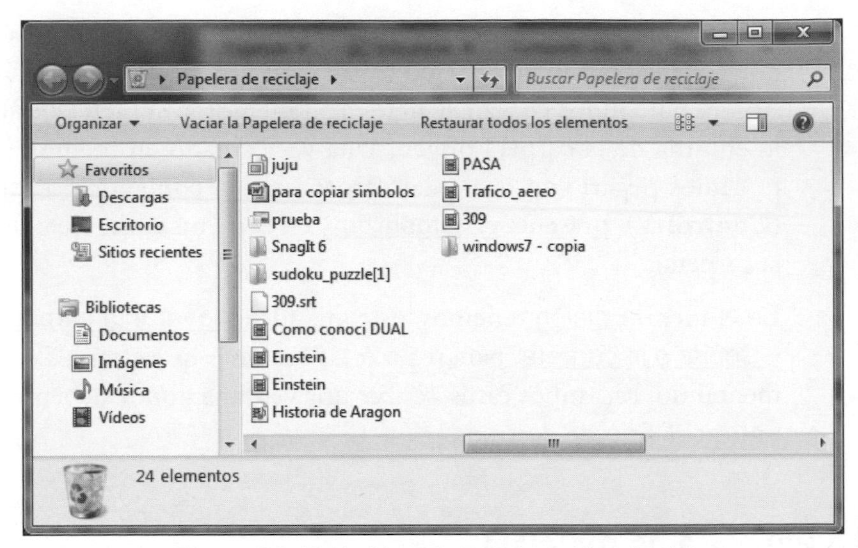

Figura 3.8. Está abierta la Papelera de reciclaje.

No olvidemos, eso sí, que en determinadas ocasiones el elemento eliminado no pasa a la Papelera de reciclaje y, por tanto, se pierde definitivamente.

- Cuando borramos un archivo de un disquete (¿todavía alguien los utiliza?).
- Si lo eliminamos con la combinación **Mayús-Supr**.
- Si lo arrastramos a la Papelera de reciclaje manteniendo pulsada **Mayús**.
- Cuando lo suprimimos desde un programa que está diseñado para MS-DOS.
- Si el tamaño del elemento a borrar supera la capacidad de la Papelera de reciclaje.

¿Y qué es, en realidad, la Papelera de reciclaje? Simplemente una carpeta más del equipo, si bien tiene una capacidad limitada; cuando se sobrepasa, va eliminando los archivos más antiguos para dejar sitio a los nuevos.

Aunque las características prefijadas para la Papelera de reciclaje son bastante adecuadas, también podemos configurarlas a nuestro gusto. Sólo tenemos que desplegar su menú contextual y, con Propiedades, abrir el cuadro de diálogo de la figura 3.9, donde podemos cambiar la configuración de la Papelera de reciclaje (nunca lo hago).

Si en el equipo hay dos discos duros, cada uno tiene su propia Papelera de reciclaje.

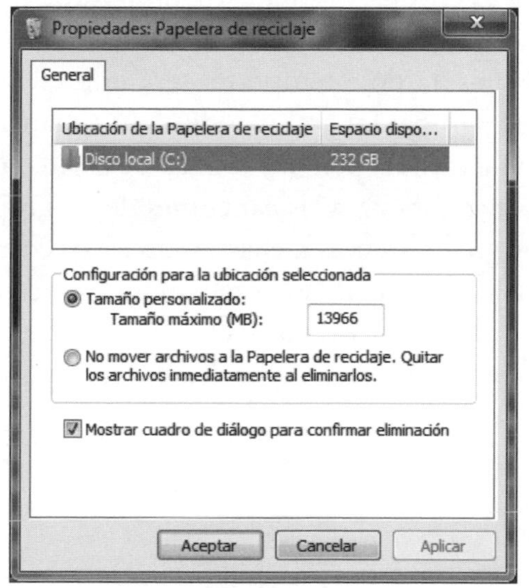

Figura 3.9. Propiedades de la Papelera de reciclaje.

Claro que algunos discos duros están abarrotados de archivos y tienen menos espacio libre que una playa en verano. En estos casos es interesante vaciar de vez en cuando la Papelera de reciclaje y, de esta forma, al eliminar definitivamente los archivos que contiene, liberamos el espacio que ocupaban.

Para realizar esta operación podemos ejecutar Vaciar Papelera de reciclaje de su menú contextual o abrir la papelera y pulsar **Vaciar la Papelera de reciclaje** de la barra de herramientas.

¿Y si no queremos quitar de forma definitiva todos los archivos de la Papelera de reciclaje sino sólo algunos?

Pues hacemos lo de siempre: los seleccionamos y, a continuación, ejecutamos Eliminar, que está disponible en su menú contextual y en **Organizar**.

Operaciones con carpetas

Windows 7, como ya sabemos, nos permite agrupar iconos para trabajar cómodamente con carpetas que contienen multitud de elementos. Sin embargo, eso no significa que debamos guardar miles y miles de archivos en una misma carpeta, porque una organización tan caótica nos dificultaría sobremanera su gestión.

En otras palabras, tarde o temprano será imprescindible que creemos carpetas para agrupar los archivos de alguna manera. Por ejemplo, podemos crear una carpeta para las recetas de cocina, otra para las fotografías de la playa, otra para las canciones de un grupo musical, etc. Lógicamente, luego llevaremos a ellas los archivos correspondientes.

¿Y cómo se crea una carpeta? Pues tenemos varios caminos para crear una carpeta vacía, dentro de otra o en el escritorio. En todos ellos, nada más crearla, caso de la figura 3.10, teclearemos su nombre.

Figura 3.10. Carpeta recién creada.

- En el menú contextual de una zona vacía mediante Nuevo>Carpeta.
- Hacer clic en **Nueva carpeta** de la barra de herramientas de la carpeta.
- En el menú Archivo, con Nuevo>Carpeta.

Personalizar una carpeta

Como vemos en la figura 3.11, los iconos que asigna Windows 7 a las carpetas son muy atractivos visualmente cuando contienen archivos gráficos, vídeos o similares, pero dejan algo que desear cuando se trata de otro tipo de archivos.

Figura 3.11. Carpetas con diferente contenido.

Para identificar mejor el contenido de una carpeta, podemos cambiar la apariencia de la propia carpeta, representándola mediante una imagen o sustituyendo su icono.

¿Y cómo lo hacemos? Debemos ir a la ficha Personalizar del cuadro de diálogo de la figura 3.12, por cualquiera de los caminos siguientes:

- Si la carpeta está abierta, ejecutamos Personalizar esta carpeta, que se encuentra en el menú contextual de una zona vacía de la carpeta y en el menú Ver.
- Si la carpeta no está abierta, con Propiedades de su menú contextual entramos en la ficha General del cuadro de diálogo de la figura 3.12 y, luego, sólo tenemos que hacer clic en la ficha Personalizar.

TRUCO MÁGICO

La ficha General del cuadro de diálogo Propiedades de una carpeta nos indica cuántos elementos contiene y el espacio que ocupan.

Figura 3.12. Ficha para personalizar la carpeta.

En la parte superior de dicha ficha podemos elegir una clase en Optimizar esta carpeta para, de modo que se apliquen características especiales a la carpeta, como las que incorpora Windows 7 para trabajar con imágenes y música. Si activamos la casilla Aplicar también esta plantilla a todas las subcarpetas, ¿verdad que está claro lo que sucederá? Si queremos elegir una imagen para mostrar en el icono de la carpeta, hacemos clic en **Elegir archivo** y se abrirá un cuadro de diálogo para que seleccionemos la imagen. Con **Restaurar predeterminado** retornamos a la presentación habitual.

Por último, el botón **Cambiar icono** nos abre el cuadro de diálogo de la figura 3.13 donde podemos sustituir su icono por otro, con objeto de diferenciar la carpeta visualmente. Eso sí, dejará de aparecer la vista previa del contenido de la carpeta.

¿Y si después del cambio no nos acaba de convencer el resultado? Siempre podemos recuperar la configuración inicial con **Restaurar predeterminados** de la figura 3.13.

Figura 3.13. Cambio de icono.

Las modalidades de Windows 7 orientadas al ámbito empresarial incluyen la funcionalidad Versiones anteriores y, como existe la posibilidad que tu versión sea una de esas, te comento su utilidad, ya que guarda relación con la ficha Versiones anteriores del cuadro de diálogo de la figura 3.12.

Como nadie es infalible, tarde o temprano acabamos metiendo la pata y modificamos accidentalmente un archivo o carpeta sin darnos cuenta, lo que puede conllevar la pérdida de datos muy importantes. Si en el terreno personal las consecuencias de este descuido suponen una desgracia, en el laboral pueden ocasionar un cataclismo económico. Imagina, por ejemplo, que desaparecen clientes de la base de datos o que la relación de cobros pendientes ha encogido sobremanera porque alguien borró varias páginas por equivocación sin percatarse de ello.

Por ese motivo, Windows 7 realiza periódicamente instantáneas del disco duro y va guardando los cambios efectuados en los archivos. Gracias a ello, podemos recuperar fácilmente las versiones anteriores de un documento que hemos cambiado por descuido, de un archivo con los datos de clientes que presenta errores de lectura, etc.

Para efectuar esta acción, abrimos el cuadro de diálogo Propiedades de un archivo o carpeta (con Propiedades de su menú contextual, por ejemplo) y vamos a su ficha Versiones anteriores o, lo que resulta más rápido, ejecutamos Restaurar versiones anteriores de su menú contextual.

Cuando hay versiones anteriores disponibles, se listan todas ellas y, una vez seleccionada la que interesa, podemos abrirla, copiarla en otro sitio o restaurarla, con los botones **Abrir**, **Copiar** o **Restaurar** situados en la parte inferior de la ventana.

Carpetas comprimidas

Muchos de los archivos que se descargan desde sitios Web están comprimidos en archivos zip para disminuir el espacio que ocupan y es preciso saber descomprimirlos para poder utilizarlos. Por otra parte, a veces nos interesará comprimir nuestros archivos antes de enviarlos por e-mail o subirlos a un sitio Web, para que la transferencia tarde menos y evitar limitaciones de tamaño.

Para facilitar la gestión de elementos comprimidos Windows 7 incorpora las llamadas carpetas comprimidas, que se utilizan de forma similar a las normales, si bien su icono es distinto, como observamos en la figura 3.14. Además, también son diferentes internamente, ya que una carpeta comprimida es, en realidad, un archivo zip.

Figura 3.14. Icono de una carpeta comprimida.

¿Y cómo comprimimos los datos? Como siempre, tenemos varias alternativas para hacer las cosas.

- Podemos crear una carpeta comprimida vacía con Nuevo>Carpeta comprimida (en zip), que está en el menú contextual de una zona vacía de la carpeta y en el menú Archivo. Luego, basta con arrastrar los elementos que deseemos hasta esa carpeta comprimida, pudiendo añadir otros cualesquiera más adelante. Eso sí, tengamos en cuenta que, por defecto, al arrastrar elementos a una carpeta comprimida se copian, no se mueven.
- Si nos interesa comprimir varios elementos previamente seleccionados, ejecutamos Enviar a>Carpeta comprimida (en zip), disponible en su menú contextual y en el menú Archivo. Se creará automáticamente, en el lugar donde estemos, una carpeta comprimida que incluirá todos los elementos seleccionados. Sencillo, ¿verdad?

La forma más rápida de comprimir una carpeta, tarea bastante habitual, es ejecutar Enviar a>Carpeta comprimida (en zip) de su menú contextual.

¿Y realmente se gana espacio al comprimir? Pues depende del tipo de archivos que comprimamos. Así, con los ejecutables o las imágenes jpeg apenas se logra reducción de tamaño; en cambio, con los documentos o las imágenes bmp sí que se consigue una notable disminución de tamaño (si no sabes qué significan las siglas anteriores, no te preocupes; a lo largo del libro las iremos viendo).

Después de averiguar cómo se comprimen archivos o carpetas, nos toca analizar el proceso inverso; es decir, cómo extraemos elementos de una carpeta comprimida.

- Si sólo queremos descomprimir unos cuantos elementos de una carpeta comprimida, la abrimos en la forma habitual, seleccionamos los elementos y, seguidamente, los arrastramos hasta la carpeta deseada, donde se copiarán.
- Para descomprimir toda la carpeta, si la tenemos abierta, lo más cómodo es hacer clic en **Extraer todos los archivos**; si está cerrada, normalmente ejecutaremos Extraer todo de su menú contextual. En ambos casos luego, en la ventana de la figura 3.15, podemos seleccionar otra carpeta como destino (con **Examinar**) y decidir si, tras extraerlos, se muestran o no los archivos. Finalmente, hacemos clic en **Extraer**.

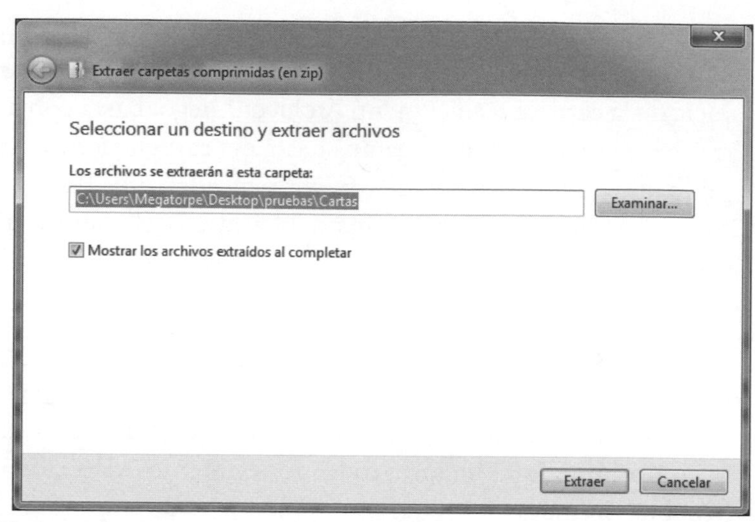

Figura 3.15. Para extraer todo el contenido de una carpeta comprimida.

Programas

Aunque Windows 7 incorpora una serie de útiles aplicaciones, como veremos en los siguientes capítulos, es de suponer que, tarde o temprano, acabaremos instalando en el equipo otros programas adiciones, como Office, un antivirus, juegos más potentes (¿recuerdas el Control parental?), etc.

La mayoría de las aplicaciones llevan su propio programa de instalación y sólo tenemos que seguir sus instrucciones (meter el disco en la lectora y poco más) para instalar el software en nuestro ordenador.

Por otra parte, muchos de los programas que se ofrecen gratuitamente en Internet, se descargan en un archivo ejecutable y basta activarlo para proceder a su instalación. Otros están comprimidos en formato zip (es decir, en una carpeta comprimida); para instalarlos, extraemos sus archivos a una carpeta no comprimida y ejecutamos el archivo de instalación correspondiente... generalmente su nombre será Setup.

¿Y cómo eliminamos un programa que hayamos instalado? Desde la ventana de la figura 3.16 del Panel de control, a la que llegamos mediante Programas>Programas y características.

TRUCO MÁGICO

Para evitarnos problemas, antes de instalar cualquier programa es recomendable cerrar todas las aplicaciones que tengamos abiertas... antivirus incluidos.

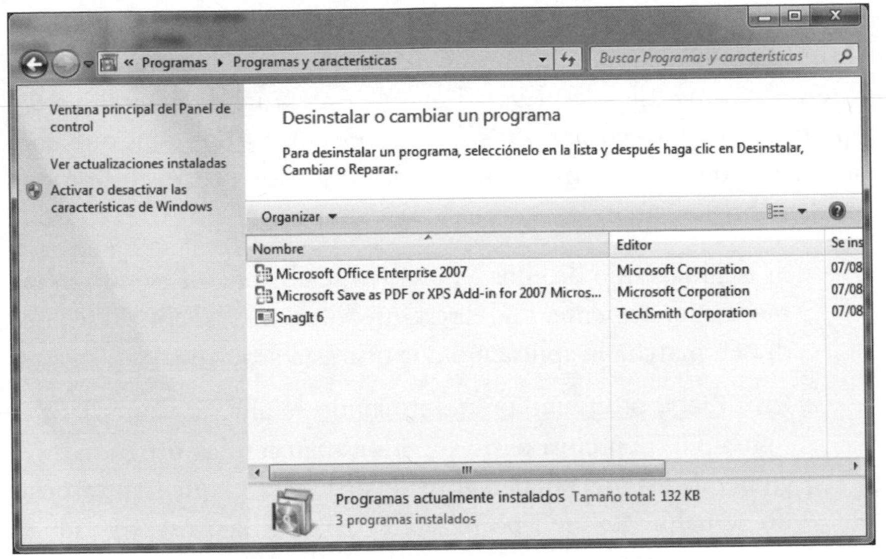

Figura 3.16. Desinstalar un programa.

¡NO LO HAGAS!

Nunca quites software de tu ordenador suprimiendo la carpeta donde crees que se encuentra. Siempre debes hacer las desinstalaciones desde el Panel de control o ejecutando el programa de desinstalación del software, si lo lleva.

Una vez seleccionado el programa de la lista, podemos desinstalarlo, cambiarlo o repararlo (no en todos), haciendo clic en el correspondiente botón.

Programas predeterminados

Cuando tengamos varias aplicaciones instaladas en nuestro equipo, nos encontraremos con la particularidad de que un determinado tipo de archivos puede abrirse con más de un programa. De hecho, sin instalar nada en Windows 7, resulta que un documento de texto podemos abrirlo con el Bloc de Notas, pero también con WordPad; una fotografía con Paint y con el Visualizador de fotos; etc.

En principio, esto de poder abrir un archivo con diversos programas no tendría que suponer ningún inconveniente sino todo lo contrario, pero mucha gente es un tanto descuidada a la hora de instalar cosas y ni siquiera lee lo que pone en pantalla, limitándose a hacer clic en **Siguiente**. En este caso, es muy probable que la nueva aplicación se "apodere" de determinados tipos de archivos y se ponga en marcha

El botón Programas predeterminados del menú Inicio amplia sobremanera las opciones para establecer programas predeterminados, asociar programas a tipos de archivos, etc.

en lugar de la que nos apetece cuando abrimos uno de esos archivos. Cuando nos suceda algo similar, siempre podemos volver a la situación anterior, sin más que desplegar el menú contextual de un archivo del tipo que nos está causando molestias y ejecutar Abrir con, que abre un menú donde se listan los programas instalados en el equipo que pueden abrir ese archivo.

- Si elegimos uno de ellos, el archivo se abrirá con ese programa momentáneamente. En las restantes ocasiones, al abrirlo se pondrá en marcha la aplicación a la que está asociado.
- Con Elegir programa predeterminado se abre la ventana de la figura 3.17, en cuya parte superior aparecen los programas recomendados que pueden abrirlo (se destaca el que tiene asociado actualmente ese tipo de archivos) y debajo otros varios (o ninguno). Si dejamos activada la casilla inferior, el programa que elijamos ahora será el que abrirá, a partir de este momento, todos los archivos de ese tipo.

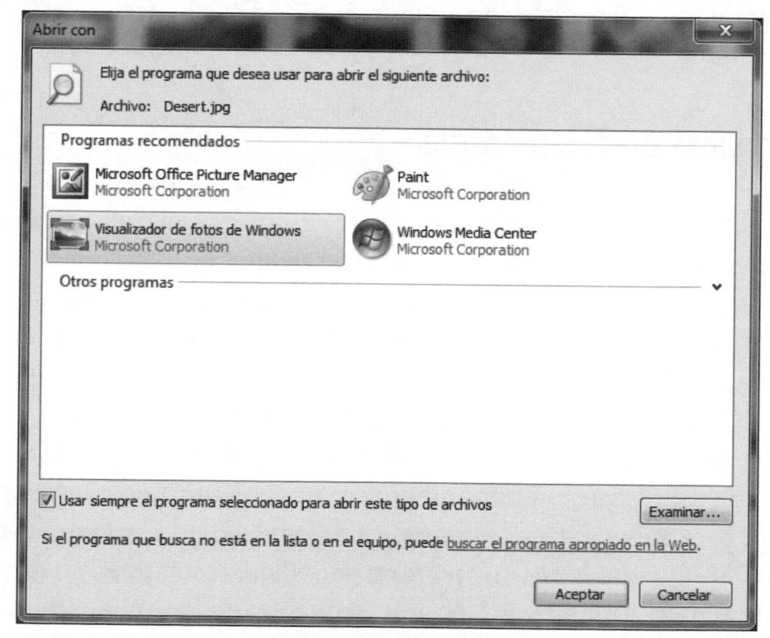

Figura 3.17. Abrir con.

Compatibilidad

Algunos viejos programas, especialmente juegos y pequeñas aplicaciones, requerían que la pantalla estuviese configurada a 256 colores y/o que su resolución fuese de 640 x 480. Como es fácil suponer, estos programas de hace una década o más es probable que no funcionen en Windows 7. En muchas ocasiones el problema no tiene solución, porque nuestro sistema operativo es ahora de 64 bits en lugar de 32 o porque el juego se apoderaba de zonas de la memoria que ya no están libres, por ejemplo. No obstante, hay veces en que sí es posible volver a recuperar ese tipo de software, haciendo la siguiente prueba:

1. Localizamos el icono que debemos activar para iniciar el programa.
2. En su menú contextual, seleccionamos Propiedades y nos desplazamos a la ficha Compatibilidad, mostrada en la figura 3.18.

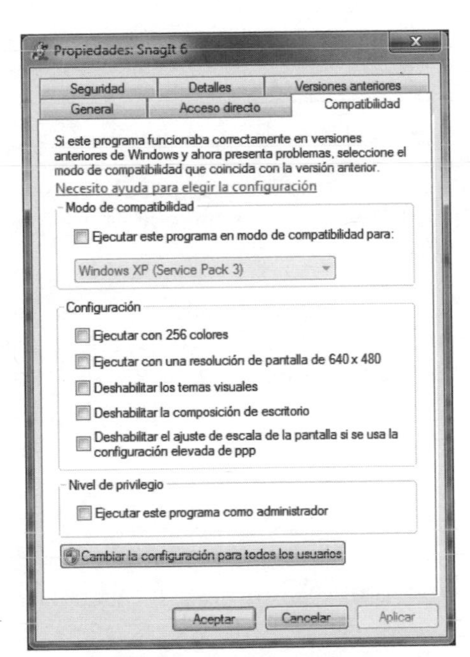

Figura 3.18. Compatibilidad.

3. Activamos la casilla Ejecutar este programa en modo compatibilidad para y elegimos la versión de Windows en que funcionaba el programa.

4. En la sección Configuración activamos las casillas que consideremos oportunas y hacemos clic en **Aceptar**.

Si conseguimos que el programa funcione (algo que no siempre sucede), cuando lo cerremos la pantalla recuperará sus anteriores características.

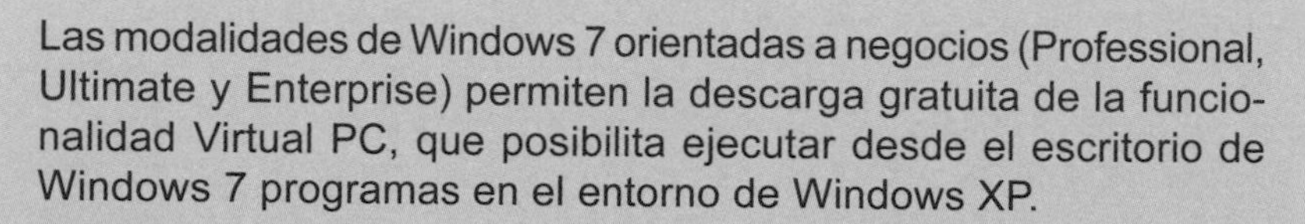

Las modalidades de Windows 7 orientadas a negocios (Professional, Ultimate y Enterprise) permiten la descarga gratuita de la funcionalidad Virtual PC, que posibilita ejecutar desde el escritorio de Windows 7 programas en el entorno de Windows XP.

Gracias a esta especie de emulador, las empresas que todavía emplean programas antiguos, que únicamente son operativos con Windows XP, pueden seguir utilizándolos en Windows 7.

La dirección donde se oferta esta aplicación, denominada Windows Virtual PC, es:

http://www.microsoft.com/windows/virtual-pc/

Eso sí, antes de descargar e instalar el software preciso para trabajar en Windows XP Mode es aconsejable comprobar si nuestro ordenador admite esta virtualización.

Para averiguarlo, en la misma página disponemos de pequeñas utilidades (para procesadores Intel o AMD) que, una vez instaladas en el equipo, nos permitirán determinar si nuestra CPU soporta esa modalidad de trabajo.

Los juegos

Los juegos que incorpora Windows 7 no llegan a la categoría visual de los juegos que copan las listas de ventas, pero eso no quiere decir que sean malos, ni mucho menos. Se trata de unos juegos más o menos sencillos que tienen un doble objetivo: familiarizarnos con Windows 7 y pasar buenos ratos con ellos.

Para acceder a los juegos de Windows 7, disponemos del botón **Juegos** del menú Inicio, que nos presenta sus iconos. Basta activar el que nos interese y podremos comenzar a jugar, tal como vemos en la figura 3.19.

Emplea la cabeza y no te obsesiones con los juegos, que conozco a mucha gente que ha invertido más horas en el Buscaminas y el Carta blanca que en los estudios o la lectura... y eso sí que no.

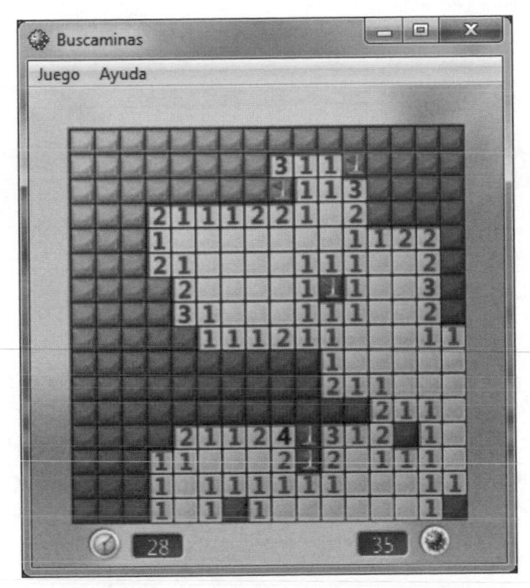

Figura 3.19. El clásico Buscaminas.

Aunque algunas personas me han comentado que sería conveniente explicar los juegos de Windows 7 detalladamente, hay diversas razones que, en mi opinión, desaconsejan esa medida.

- No quiero privarte del placer de descubrir por tu cuenta cómo se juega a cada uno. En caso de que te atasques, siempre puede consultar la ayuda que incluye el propio juego.
- El número de páginas de este libro es limitado. Todas aquellas que dedicase a los juegos serían a cambio de omitir otros temas que pueden tener mayor interés.
- Algunos juegos son demasiado difíciles para mí.

En algunas ediciones de Windows 7 los juegos que incluye están desactivados inicialmente... Da poca sensación de laboriosidad estar en el trabajo jugando solitarios, ¿no crees?

Sin embargo, es muy sencillo activarlos:

1. En el Panel de control vamos a Programas>Programas y características.
2. En el lateral izquierdo hacemos clic en el enlace Activar o desactivar las características de Windows.
3. En el cuadro de diálogo que se abre, activamos la casilla Juegos y hacemos clic en **Aceptar**.

Accesos directos

Recordemos que, con Anclar a la barra de tareas y Anclar al menú Inicio, podemos conseguir un rápido acceso a los programas que más utilicemos.

Ya sabemos que el menú Inicio nos permite acceder a cualquiera de los programas que tenemos instalados en el equipo. Si su icono aparece en el lado izquierdo, ya está a mano; en caso contrario, con el cuadro inferior de búsqueda o Todos los programas localizamos fácilmente el programa que nos interesa.

No obstante todavía podemos ahorrarnos algo de trabajo, porque Windows 7 nos brinda la posibilidad de crear accesos directos a las aplicaciones que deseemos, de modo que sólo tenemos que activar su correspondiente acceso directo para abrirla. Además, también podemos crear accesos directos a carpetas o unidades, de modo que su apertura será cuestión de un mero clic, sin la necesidad de localizarlas previamente.

¿Y qué es exactamente un acceso directo? Pues, como su nombre indica, se trata de un icono que, al activarlo, abre un programa, carpeta, etc. Visualmente, se distingue el icono de un acceso directo por llevar una flecha en su esquina inferior izquierda; por ejemplo, en la figura 3.20 vemos el icono de un acceso directo a Internet Explorer.

Por lo general, se colocan los accesos directos en el escritorio, para facilitar su rápida activación, aunque también podemos ubicarlos en cualquier carpeta. Los creemos en el escritorio o en una carpeta, no cuesta nada arrastrarlos después de un sitio a otro.

Cuando hacemos alguna operación con un acceso directo (cambiarle el nombre, eliminarlo, etc.), sólo afecta al acceso directo, no al elemento al que enlaza.

Figura 3.20. Icono de un acceso directo.

Crear accesos directos

El método más cómodo y rápido para crear en el escritorio un acceso directo a un elemento es mediante su menú contextual. Por ejemplo, supongamos que deseamos crear un acceso directo al Buscaminas.

1. Localizamos el juego en el menú Inicio.
2. Desplegamos su menú contextual.
3. Ejecutamos Enviar a>Escritorio (crear acceso directo). ¡Ya tenemos el acceso directo en el escritorio!

Este camino es muy sencillo y será el que utilicemos habitualmente; además, también nos sirve para crear accesos directos a carpetas, archivos, etc., ya que sólo tenemos que buscar el icono del elemento y repetir los pasos anteriores. No obstante, Windows 7 aún nos ofrece más posibilidades para crear accesos directos.

- Desplegando el menú contextual de un elemento y ejecutando la opción Crear acceso directo, obtenemos un acceso directo en la carpeta actual y, si nos te interesa, podemos arrastrarlo a otro lugar.
- En el menú contextual del escritorio o carpeta abierta, mediante Nuevo>Acceso directo se abre una ventana donde debemos indicar la ubicación del elemento para el cual vamos a obtener el acceso directo. Si no la sabemos de memoria, la localizamos con **Examinar**.

Para crear en el escritorio un acceso directo a una unidad de disco y, así, abrirla o copiar archivos en ella sin más que arrastrar sus iconos hasta allí, sólo tenemos que abrir Equipo y arrastrar el icono de la unidad hasta el escritorio.

- Si, manteniendo pulsado el botón secundario del ratón, arrastramos un icono hasta el escritorio o carpeta, al soltar el ratón nos aparece el menú de la figura 3.21, donde Crear iconos de acceso directo aquí crea un acceso directo al icono arrastrado.

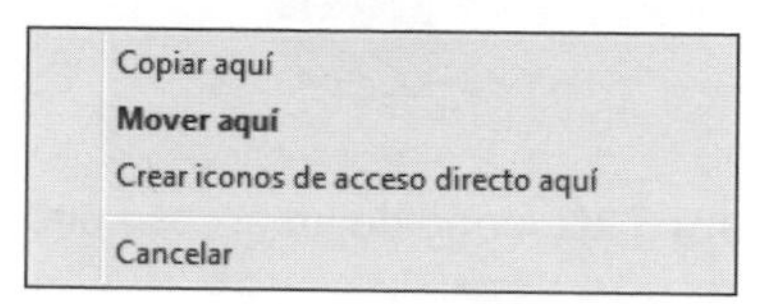

Figura 3.21. Icono arrastrado con el botón secundario.

Carpeta Inicio

Para finalizar con este apartado, veamos una cuestión que resulta interesante para muchas personas. Se trata de la posibilidad que nos brinda Windows 7 de hacer que un determinado elemento se abra nada más comenzar; por ejemplo, podemos conseguir que al iniciar el equipo se ponga en marcha ese juego con el que tanto disfrutamos, que se abra la novela que estamos escribiendo, etc.

Esto se debe a que, cuando iniciamos nuestra sesión en Windows 7, automáticamente se activan los elementos que están en la carpeta Inicio... no en el menú Inicio sino en Todos los programas>Inicio. Basta con ir ahí y comprobaremos si algo se ejecuta al iniciar sesión.

Para describir el proceso de inicio inmediato, aprovecharemos el icono del Buscaminas creado en el escritorio y vamos a suponer que deseamos disfrutar de este juego siempre que entremos en Windows 7. Lógicamente, se trata de un mero ejemplo, así que luego suprimiremos su icono de la carpeta Inicio (con Eliminar de su menú contextual).

1. Vamos a Todos los programas>Inicio.
2. Ejecutamos Abrir de su menú contextual. En el caso de que hubiera algún icono, también podemos eliminarlo desde aquí.
3. Arrastramos el acceso directo del Buscaminas a la carpeta Inicio. Recordemos que si deseamos conservarlo también en el escritorio, debemos mantener pulsada la tecla **Control** en el arrastre.

Si reiniciamos el equipo, al volver a entrar en nuestra cuenta comprobaremos que el Buscaminas se abre inmediatamente. ¡Qué divertido!

Carpeta Acceso público

Imaginemos que otra persona utiliza nuestro equipo y queremos pasarle unas fotografías, documentos, canciones, etc. Siempre podríamos grabar los archivos en un disco, como veremos en el capítulo 5; sin embargo, ¿por qué no utilizar el propio equipo, que resulta más cómodo?

¿Y tenemos que darle nuestra contraseña? ¡Claro que no!

Resulta que Windows 7, para facilitar el intercambio de información entre personas que manejan un mismo equipo, incluye la carpeta Acceso público que, tal y como vemos en la figura 3.22, tiene una estructura similar a la de las carpetas personales.

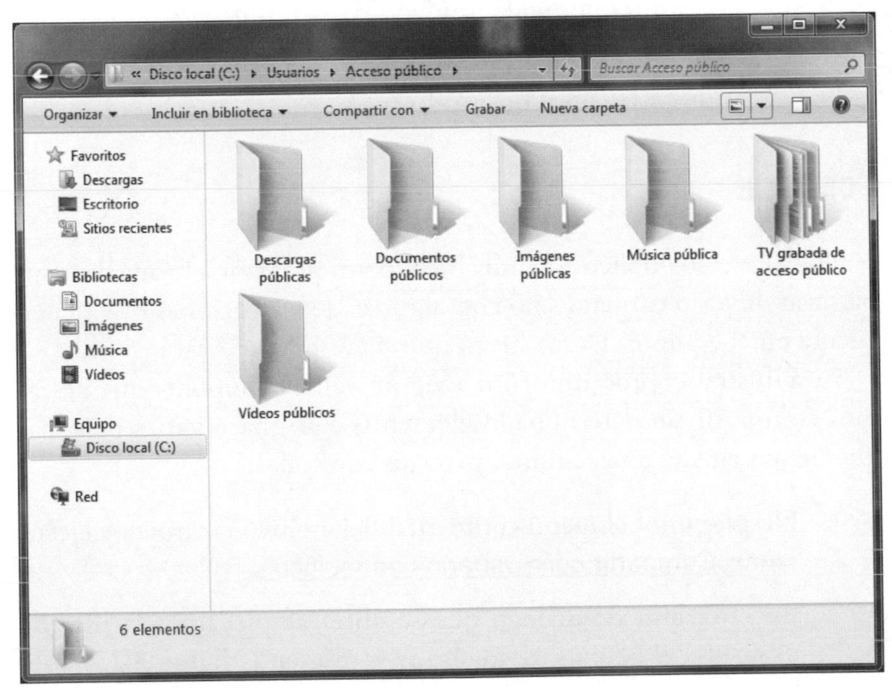

Figura 3.22. Acceso público.

Mucho cuidado con lo que compartes. Recuerda siempre que toda persona con cuenta en el equipo podrá acceder a ese material, así que no se te ocurra colocar ahí cosas demasiado personales.

Eso sí, debemos tener muy en cuenta que la carpeta Acceso público está a disposición de todas las personas que tienen cuenta de usuario en el equipo y no permite pasar algo sólo a una persona, excluyendo a las demás. Cuando deseemos compartir cualquiera de nuestros archivos o carpetas con las demás personas que tienen cuenta en nuestro equipo, sólo tenemos que copiar esos elementos en la carpeta de Acceso público que consideremos más apropiada. Es decir, basta con abrir la ventana de la figura 3.22 y arrastrar hasta allí (manteniendo pulsada la tecla **Control**) lo que pretendamos hacer público. Después, cualquier persona que abra las carpetas públicas tendrá a su disposición todo su contenido. ¿Y cómo se abre la carpeta Acceso público? El método más rápido quizás sea el siguiente:

¡Megarritual!

1. Abrimos **Equipo**, que seguramente estará en el escritorio; en caso contrario, lo encontramos en el menú Inicio o en el Panel de navegación de cualquier carpeta.
2. Entramos en la unidad de disco duro.
3. Hacemos clic en **Usuarios** y ahí encontramos la carpeta que andábamos buscando.

Compartir

Lo del acceso público está muy bien, pero, ¿no habría forma de compartir archivos o carpetas sólo con algunas de las personas que tienen cuenta en el equipo? ¡Desde luego que sí! Windows 7 está en todo.

Para ilustrar el procedimiento a seguir, vamos a suponer que deseamos compartir un determinado elemento con una o varias personas que tienen cuenta en el equipo, pero no con todas.

1. Desplegamos el menú contextual del archivo o carpeta y ejecutamos Compartir con>Usuarios específicos.
2. En el cuadro de diálogo que se abre, desplegamos la lista de usuarios del equipo, al igual que vemos en la figura 3.23, y seleccionamos quien nos interesa.

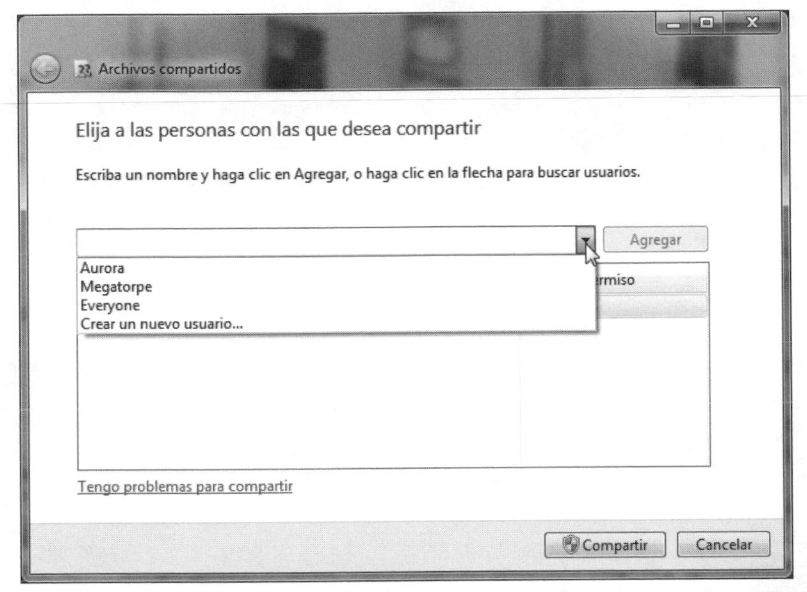

Figura 3.23. Para compartir un archivo.

¡Megarritual!

3. Hacemos clic en **Agregar**.
4. El nombre del usuario aparece en la lista inferior y, en principio, sólo podrá ver el archivo, porque su nivel de permiso es Lectura. Haciendo clic en él, podemos darle permiso de Lectura y escritura... o quitarlo de la lista.
5. Repetimos los tres pasos anteriores si queremos añadir nuevas personas.
6. Hacemos clic en **Compartir**.
7. Tras una breve espera, se nos indica que el archivo está compartido, al igual que sucede en la figura 3.24, donde se nos ofrece la posibilidad de enviar por correo electrónico la ruta del archivo a los usuarios con quienes vamos a compartirlo. Utilicemos ese método o cualquier otro (llamada de teléfono, SMS, etc.), de alguna manera tienen que saber dónde se encuentra nuestro archivo, ¿no crees?
8. Hacemos clic en **Listo**... y listo.

Cuando seleccionamos un elemento compartido, en el Panel de detalles se informa de ello.

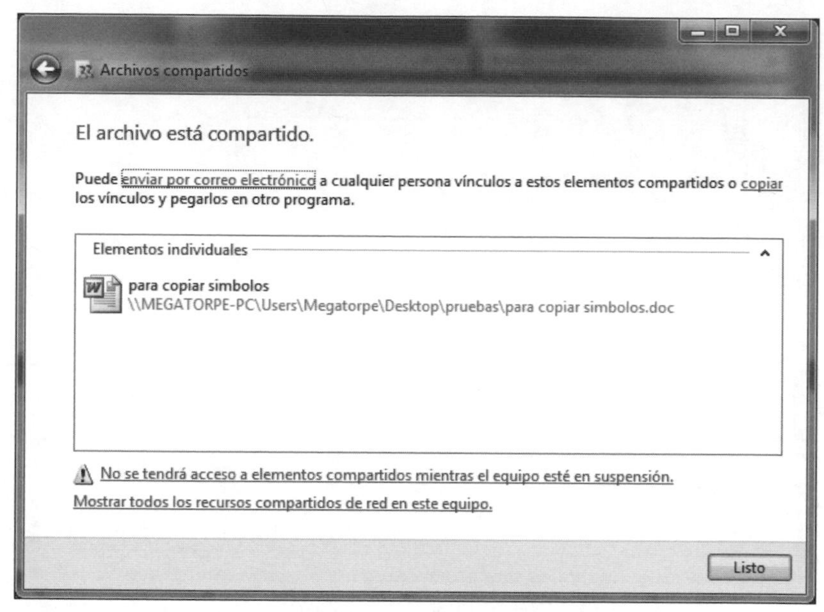

Figura 3.24. El archivo está compartido.

Ya tenemos el archivo compartido. Ahora bien, ¿qué debe hacer una de las personas con permiso para acceder a él desde su propia cuenta?

La persona con quien compartimos nuestro archivo únicamente tiene acceso a él. Los demás archivos de nuestro equipo están fuera de su alcance... salvo que los compartamos.

1. Abrir **Equipo**.
2. En la unidad de disco local, ir a **Usuarios**.
3. Entrar en la carpeta correspondiente a nuestra cuenta.
4. Desplazarse hasta la carpeta donde se encuentra nuestro archivo (por algo le hemos comunicado su ruta con anterioridad) y podrá leerlo o modificarlo, según el permiso que hayamos establecido.

Cuando deseemos variar nuestra configuración de compartir, solamente tenemos que desplegar el menú contextual del archivo e ir a Compartir con. Si optamos por Nadie dejamos de compartirlo con todo el mundo; con Usuarios específicos podremos modificar los permisos o cesar de compartirlo con algunas personas de la lista, o bien añadir nuevas.

Las historias de Megajolmes

Durante el viaje de regreso, tras nuestra estancia en aquella magnífica casa rural, hicimos una parada a mitad de camino, para descansar un rato y tomar un refrigerio. Fue Matilde quien se percató de la canción que estaba sonando en la emisora que tenían puesta en el bar.

- ¡Qué maravilla! Los Platters.

- "Smoke Gets In Your Eyes", si no me equivoco.

- Habría sido imperdonable que fallases, tratándose de todo un clásico... ¿Sabías que la compusieron Jerome Kern y Otto Harbach para el musical "Roberta" de 1933?

- Eres una enciclopedia musical andante - reconocí impresionado por sus conocimientos -. Y la canción preciosa... eso de que "cuando tu corazón está ardiendo, el humo ciega tus ojos" me parece poesía pura.

- Hablando de humo, eso me recuerda que todavía llevo por el bolsillo la caja de cerillas que pedí para la chimenea.

Teatralmente, sacó la citada caja y desparramó los fósforos sobre la mesa.

- ¡Qué casualidad! - exclamó poco después -. Observa que hay catorce... Es trivial lograr humo con ellas, desde luego, pero, ¿sabrías obtenerlo si fuesen palillos en lugar de cerillas?

CAPÍTULO 4

ACCESORIOS
...MUY, MUY
MUY, MUY,
MERITORIOS
ENDILUEGO
BURROWSAKI

¡PONEOS
EL CASCO!

Como mi experiencia con la práctica deportiva estaba resultando desastrosa, por decirlo suavemente, me pareció conveniente volver a las andadas; es decir, dedicarme a pasear, puesto que todo el mundo afirma que caminar es el mejor deporte.

No negaré que sea verdad, pero supongo que todo depende de por dónde se camine. Pasear por el centro de la ciudad, rodeado de coches que no se cesan de evacuar gases contaminantes por su tubo de escape, me parece poco sano, la verdad, y a mi regreso a casa siempre tenía la garganta hecha polvo.

Por no hablar del peligro que encerraban aquellas caminatas para mi economía. En una o dos horas dando vueltas, ¿sabes la cantidad tan ingente de escaparates que se cruzan en el camino? Tantas tentaciones eran demasiado para mí e invariablemente acababa cayendo en alguna.

En uno de mis vagabundeos me topé con un local donde anunciaban campamentos deportivos para adultos y me dije que podría ser interesante informarme de qué iba aquello.

La primera impresión era magnífica, y no lo digo por la pelirroja que estaba en el mostrador del fondo, a cuyos lados se encontraban dos fuentes de agua mineral. Conforme me acercaba hacia ella, su sonrisa crecía por momentos.

- Buenas tardes - dije mientras, atendiendo a su indicación gestual, me sentaba en un magnífico sillón -. Quería informarme sobre su campamento deportivo para adultos y...

Eso fue todo cuanto pude hablar, porque cogió ella la palabra y empezó a describir las excelencias de su producto. Me gustó que se celebrase en un lago de USA, porque así pondría a tono mi inglés, y también que varios de los entrenadores hubiesen sido olímpicos en sus años mozos, porque daba un baño de seriedad a todo el proyecto.

Saqué mi bloc de notas para ir anotando lo más importante, pero ante su "no hace falta que tome notas, ahora se lo imprimo" cesé en mi imitación de un detective televisivo. Con sólo pulsar un botón, su láser en color de última generación imprimió un folleto que parecía recién salido de una imprenta. ¡Qué calidad en las fotografías!

Eso sí, el precio en dólares, claro está. Así que tuve que acudir a mi calculadora para transformarlo en euros. ¡Qué pasada!

- Como es lógico - continuó la pelirroja -, los billetes de avión no están incluidos en el precio, aunque sí todos los accesorios que se precisan, como cascos, protectores, etc.

Ahí la tuve que interrumpir, porque aquello no me sonaba muy bien, y le pregunté sobre los deportes que se practicaban en el campamento. Algunos nombres me sonaban, aunque no los ubicaba bien, pero otros, como Inline skating, BMX Freestyle, etc., me resultaban totalmente desconocidos y así se lo comenté.

- No se preocupe - dijo con una sonrisa resplandeciente -. Seguro que su hijo sí sabe de qué se trata.

Balbucí una excusa y abandoné sonrojado el local.

¡Me gustan más los accesorios de Windows 7!

WordPad

Windows 7 incluye un sencillo procesador de texto, WordPad, con el que podemos redactar una carta, escribir los asuntos pendientes, anotar los cumpleaños, etc.

Sin embargo, sus prestaciones no alcanzan las de un procesador de textos de categoría, como Microsoft Word, de modo que si piensas dedicarte a la escritura profesional, te olvidarás de WordPad y te pasarás a Word, sin lugar a dudas.

Claro que muchas personas tienen más que suficiente con WordPad que, como viene incluido en Windows 7, no precisa un desembolso adicional.

Por este motivo es muy interesante saber manejarlo y, además, todo cuanto aprendamos sobre WordPad nos servirá para Word, si acabamos instalándolo... y los documentos que escribamos en WordPad podremos leerlos directamente desde Word.

Para abrir WordPad, debemos ir al menú Inicio y comenzar a escribir su nombre en el campo de búsqueda o bien localizarlo en Todos los programas>Accesorios (o activar su acceso directo, si lo hemos creado). Sea cual sea el camino seguido, tendremos en pantalla la ventana de la figura 4.1.

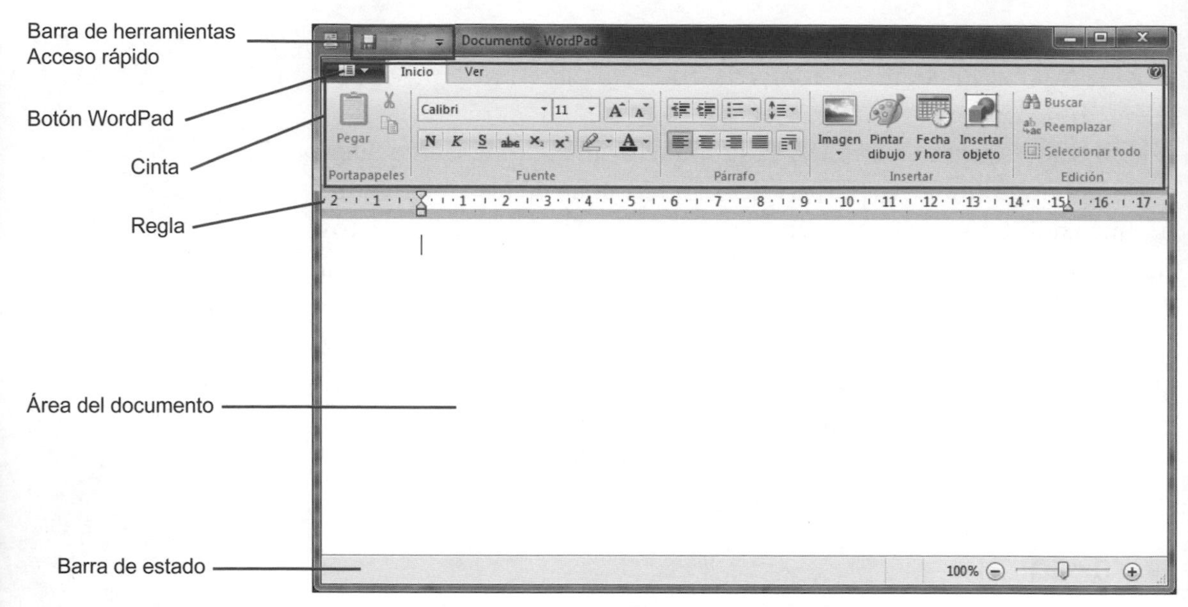

Figura 4.1. WordPad.

Si hacemos doble clic sobre el nombre de una ficha de la cinta, ocultamos ésta; repitiendo el proceso, volvemos a mostrarla. Cuando la cinta está oculta, un simple clic en el nombre de una ficha la muestra momentáneamente.

- Al hacer clic sobre el botón **WordPad** accedemos a diversas opciones, las cuales nos permiten abrir un archivo, guardarlo, imprimirlo, etc.
- La barra de herramientas Acceso rápido incluye, por defecto, botones para guardar el documento actual y deshacer o rehacer las tareas de edición. Haciendo clic en el botón de su derecha podemos personalizar a nuestro gusto esta barra de herramientas.
- La cinta, que consta de las fichas Inicio y Ver, ha sustituido a las antiguas barras de herramientas y menús, cuya operatividad dejaba mucho que desear.
- A la derecha de la barra de estado disponemos de unos controles para ajustar el visionado del texto. La misma función tienen las opciones del grupo Zoom de la ficha Ver.

Ahora ya podríamos escribir lo que nos apeteciese, sin preocuparnos de la forma (formato, en lenguaje informático) del texto ni de sus características, ya que siempre podremos modificarlas más adelante. Sin embargo, es preferible hacer bien las cosas desde el principio y, antes de comenzar a teclear, vamos a indicarle a WordPad las características de la edición.

¡Megarritual!

1. Es conveniente seleccionar previamente las dimensiones y orientación del papel, si es que llevamos idea de imprimirlo. Para ello, hacemos clic en el botón **WordPad** y activamos Configurar página, que abre el cuadro de diálogo de la figura 4.2. Ahí seleccionamos el tamaño del papel (al hacer clic en la flecha de la derecha se despliegan las opciones), su orientación y los márgenes que habrá de separación entre el texto y los bordes del papel. El esquema de la parte superior refleja cómo resultaría la impresión de acuerdo con las elecciones que vayamos haciendo.

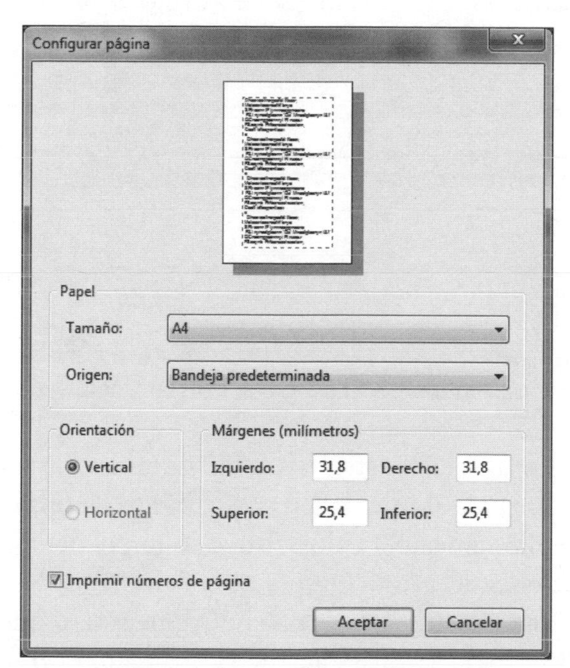

Figura 4.2. Configurar la página.

2. Podemos utilizar la regla para modificar la anchura del espacio disponible para escribir. A izquierda y derecha de la regla, en

Si la regla está oculta, para hacerla aparecer sólo tenemos que activar la casilla Regla de la ficha Ver.

Si tu impresora no admite color, es preferible que te olvides de utilizar colores en aquellos documentos que vayas a imprimir. En pantalla quedarán bien, pero en papel es muy probable que no.

su parte inferior, hay unas lengüetas deslizantes, con las que modificamos el espacio de escritura sin más que arrastrarlas. La lengüeta superior izquierda nos permite ajustar el sangrado de párrafo, ese espacio en blanco que se deja al comenzar un párrafo (vemos un ejemplo en la figura 4.3). ¿Y qué es un párrafo? Pues el texto que hay entre dos puntos y aparte.

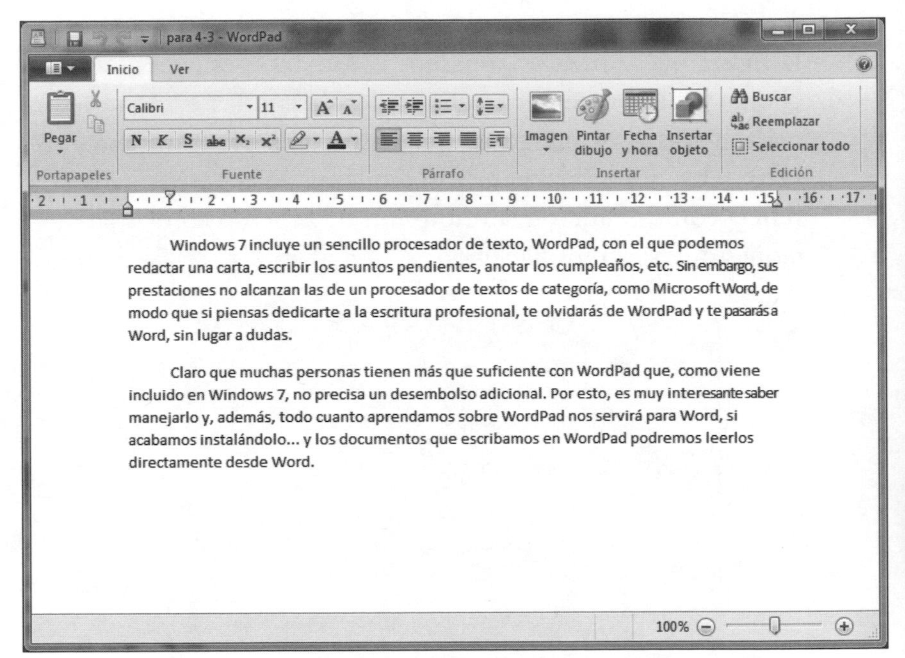

Figura 4.3. El sangrado está en 1 cm.

3. Elegimos las características de la fuente (así es como se denomina en informática al tipo de letra) que vamos a utilizar; es decir, su tipo, estilo, tamaño y color. Esta elección podemos hacerla con las opciones del grupo Fuente de la ficha Inicio. Si más adelante seleccionamos otra fuente en el documento, lo que escribamos a continuación se ajustará a dicha fuente, pero el formato de lo anterior permanecerá inmutable.
4. Indicamos, con el correspondiente botón del grupo Párrafo de la ficha Inicio, qué alineación queremos para el texto con

respecto a los márgenes (justificar indica que se ajusta de forma simultánea a izquierda y derecha). También establecemos ahí el interlineado; es decir, la separación que habrá entre las líneas del texto.

5. Si nos interesa escribir datos en columnas (tenemos un ejemplo en la figura 4.4), nos resultará útil fijar alguna tabulación, para ir a la posición marcada con sólo pulsar la tecla **Tab**. Podemos establecer las tabulaciones directamente en la regla, sin más que hacer clic en la situación donde nos interesa fijarla. ¿Y cómo suprimimos una tabulación? Lo más rápido es arrastrarla fuera de la regla.

Las características fijadas en los pasos 4 y 5 anteriores también podemos hacerlas en el cuadro de diálogo que se abre al hacer clic en el botón Párrafo del grupo Párrafo (el situado en su esquina inferior derecha) o bien al ejecutar Párrafo del menú contextual del área del documento.

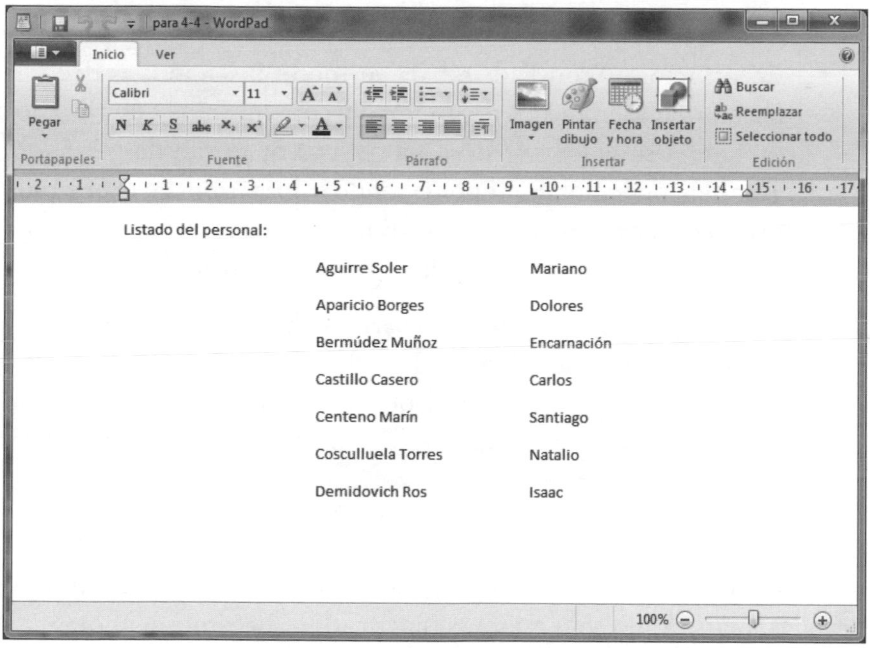

Figura 4.4. Tabulaciones en 4,5 y 9,5.

¿Todo listo? Entonces ha llegado el momento de comenzar a escribir. Teclea lo que te apetezca o, si no se te ocurre nada, copia diez o doce líneas de cualquier texto para practicar. Eso sí, es aconsejable tener muy en cuenta lo siguiente:

- No debemos preocuparnos por el paso de una línea a otra, pues lo hace WordPad automáticamente. Sólo pulsaremos **Intro** cuando deseemos cambiar de párrafo.
- Con la tecla **Supr** borramos el carácter situado a la derecha del cursor parpadeante vertical y con la tecla **Retroceso** el situado a su izquierda.
- Podemos desplazarnos por el texto con las teclas de edición o el ratón, para modificar lo que deseemos o, simplemente, para leer lo ya escrito. En este último caso, si continuamos escribiendo, el nuevo texto aparecerá a continuación de donde estuviera el cursor, que no necesariamente coincide con la ubicación donde tenemos fijada la vista o con la posición del puntero del ratón.
- En principio, WordPad trabaja en modo inserción; es decir, si hacemos clic en medio de un texto y comenzamos a escribir, los caracteres situados a la derecha del cursor se van desplazando. También podemos optar por el modo sobrescribir, en el que cada nuevo carácter sustituye al que hubiera a su derecha. Para pasar de una modalidad a otra, pulsamos la tecla **Insertar**.
- Con el botón **Deshacer** de la barra de herramientas Acceso rápido, que equivale a **Control-Z**, deshacemos la última acción realizada; al hacer clic en él de nuevo, deshacemos la acción anterior y, así, sucesivamente. El botón **Rehacer** (**Control-Y**) realiza el proceso inverso.

¿Ya hemos terminado de escribir? Entonces, es el momento de guardar el documento. Bueno, en realidad podríamos guardarlo antes o después, pero, como sólo estamos practicando, hagámoslo ahora.

Al hacer clic en el botón **Guardar** (o bien pulsar **Control-G** o en el botón **WordPad** activar Guardar), se abre el cuadro de diálogo de la figura 4.5. En él debemos escribir el nombre que tendrá nuestro archivo y, si lo deseamos, cambiamos su ubicación (Documentos es un buen sitio) y su tipo (rtf también está bien). Con **Intro** o **Guardar**, almacenamos nuestro primer documento.

Figura 4.5. Cuadro de diálogo para guardar un documento.

Cuando guardamos un documento en formato de texto enriquecido (rtf, *rich text format*), podremos leerlo desde cualquier procesador de textos, tanto en PC como en Mac, y conservará las características de la fuente.

El tipo Documento XML abierto de Office corresponde a archivos docx, que surgieron en Office 2007. El tipo Texto de OpenDocument genera archivos odt, conocidos por su inclusión en OpenOffice.

Los otros tres tipos que nos ofrece WordPad para nuestros documentos, generan un archivo de tipo txt, que sólo conserva los caracteres del texto y, por tanto, puede abrirse en cualquier procesador de textos, aunque será preciso volver a maquetar el escrito.

El formato MS-DOS utiliza un conjunto de 256 caracteres diferente al de Windows 7, si bien sus primeros 128 caracteres son comunes. La diferencia se aprecia, sobre todo, en las eñes y vocales acentuadas. Por ejemplo, si abrimos en un editor de texto (como el Bloc de notas, que veremos pronto) un documento guardado en formato MS-DOS, aparecerán unos símbolos extraños en sustitución de las eñes y vocales acentuadas.

Finalmente, el tipo Unicode es un estándar de codificación de caracteres, desarrollado por el Consorcio Unicode, para ser válido en casi todos los idiomas del mundo. Admite 65.536 caracteres, ya que almacena cada uno en 2 bytes.

Es aconsejable ir guardando el archivo cada cierto tiempo, mientras lo estamos editando, para evitar que un corte en el suministro de energía eléctrica nos haga perder información. Una vez que lo hayamos guardado con un nombre, para volverlo a guardar más adelante, sólo tenemos que pulsar el botón **Guardar**.

Ahora, con objeto de seguir practicando, cerramos WordPad.

Modificar un documento

Como vamos a continuar experimentando con WordPad, ejecutaremos de nuevo esta aplicación. Supongamos que nos interesa modificar el documento que acabamos de guardar; por tanto, será necesario abrirlo previamente.

Para abrir cualquier archivo, en el botón **WordPad** activamos Abrir o pulsamos **Control-A**. En ambos casos se abre un cuadro de diálogo donde debemos localizar el archivo que vamos a abrir.

Una vez que tengamos abierto en WordPad el contenido del documento, para modificar el formato de un fragmento de texto ya escrito basta con seleccionarlo y, seguidamente, establecer las características del formato en la forma habitual.

¿Y cómo se selecciona una parte del texto? Sólo tenemos que hacer clic en su principio o final y arrastrar el ratón hasta el otro extremo. Como se observa en la figura 4.6, el texto seleccionado aparece resaltado en inverso.

En la parte derecha de la ventana que se despliega al hacer clic en el botón WordPad aparecen los últimos archivos abiertos en WordPad. Para abrir uno de ellos, lo más rápido es seleccionarlo ahí.

- Los cambios de fuente que realicemos sólo afectan al texto seleccionado; el resto, permanece igual. Sin embargo, si la selección comprende parte de un párrafo, las modificaciones en el formato de párrafo (sangría, ajuste, etc.) se aplican a todo el párrafo.

- En el menú contextual de una selección también encontramos los comandos para cambiar el formato de su párrafo.
- Para seleccionar todo el contenido del documento, lo más rápido es pulsar **Control-E**, que equivale a la opción Seleccionar todo del grupo Edición de la ficha Inicio.
- Con un doble clic seleccionamos la palabra completa sobre la que se encuentra el puntero. Con un clic adicional, seleccionamos el párrafo que la contiene.
- Anulamos una selección sin más que hacer clic en cualquier parte del texto.

No pulses una tecla mientras tienes algo seleccionado, porque sustituirás toda la selección por el carácter correspondiente a la tecla pulsada. Si metes la pata, no olvides el botón Deshacer.

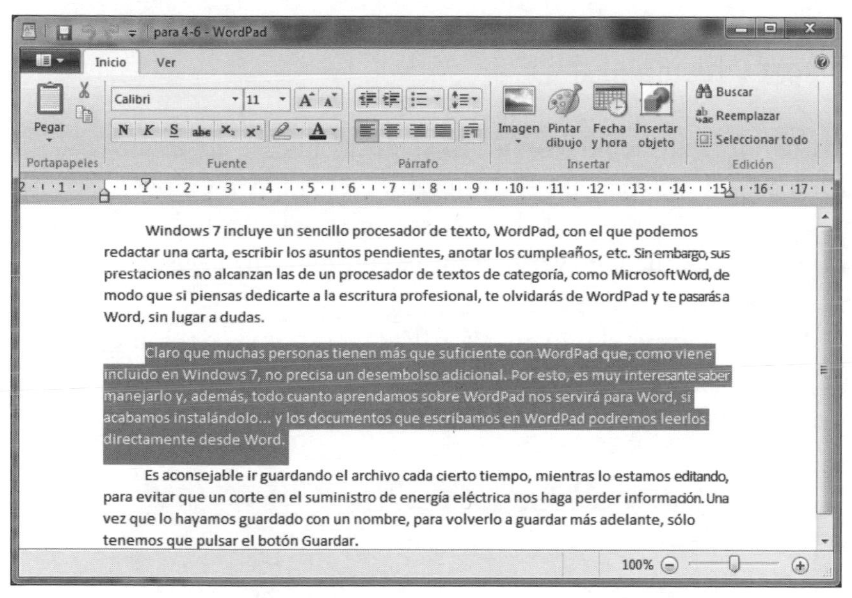

Figura 4.6. Seleccionado el segundo párrafo.

También podemos utilizar en nuestros escritos la clásica técnica de cortar/copiar y pegar que ya conocemos de los archivos. Una vez seleccionado un texto, cuando queramos efectuar alguna de las acciones siguientes, hacemos clic sobre la correspondiente opción del grupo Portapapeles de la ficha Inicio o bien ejecutamos su respectivo comando en el menú contextual de la selección.

Para cambiar de sitio un texto seleccionado, basta con arrastrarlo hasta la posición deseada. Si nos interesa copiar la selección, mantendremos pulsada la tecla Control durante el arrastre.

- **Cortar** pasa el texto a la memoria y lo suprime del documento.
- **Copiar** pasa el texto a la memoria, manteniéndolo en el documento.
- **Pegar** copia el contenido de la memoria en la posición donde está el cursor.

En cualquier momento podemos guardar el documento con otro nombre, de modo que conservemos también el original. Para conseguirlo, en el botón **WordPad** activamos Guardar como y, tras elegir su tipo, en el cuadro de diálogo cambiamos el nombre del archivo.

Buscar y reemplazar

Cuando sólo hemos escrito unas pocas líneas, no resulta muy difícil localizar una palabra en concreto, ¿verdad? Sin embargo, conforme aumenta el número de líneas escritas se acrecienta la dificultad de la búsqueda y puede llevar bastante tiempo localizar visualmente una palabra.

Para facilitarnos el trabajo, WordPad incorpora la opción Buscar del grupo Edición de la ficha Inicio, que equivale a **Control-B**. Por cualquiera de ambos caminos, se abrirá el cuadro de diálogo de la figura 4.7.

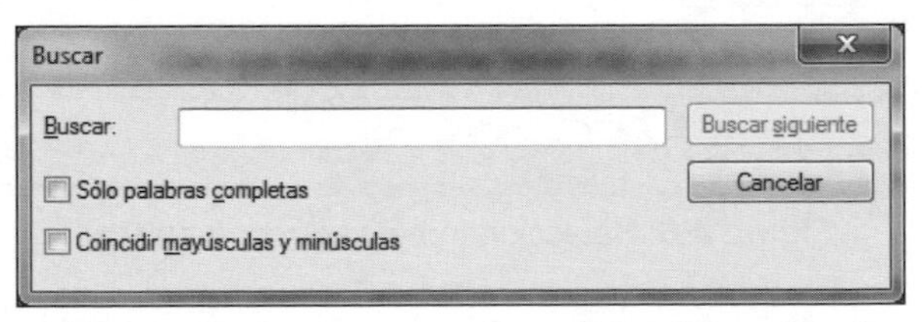

Figura 4.7. Para buscar con rapidez y comodidad.

- En Buscar escribimos la palabra o grupo de caracteres que deseamos localizar en el documento. Pulsando **Intro** o haciendo clic en Buscar siguiente se irán mostrando las sucesivas apariciones del criterio de búsqueda.

- Por defecto WordPad busca los caracteres, independientemente de que formen una palabra completa o no; por ejemplo, si el criterio de búsqueda es *una*, localizaría *una* pero también *alguna*, *luna*, *tunante*, etc. Si preferimos que no suceda esto, activaremos la casilla Sólo palabras completas.
- Por defecto, WordPad no establece diferencias entres mayúsculas y minúsculas a la hora de buscar. Si queremos que las considere distintas, y así *pilar* y *Pilar* no se consideren iguales en la búsqueda, activaremos la casilla Coincidir mayúsculas y minúsculas.

El comando Reemplazar del grupo Edición es muy similar al anterior pero, seguramente, más útil de cara a corregir errores. Supongamos, por ejemplo, que hemos escrito *Pepe* varias veces a lo largo de un escrito y, de pronto, nos damos cuenta de que no queda muy apropiado llamar así al director general, al que sólo conocemos de vista. Siempre podríamos buscar todas las apariciones de *Pepe* y sustituirlas manualmente por *Don José*, desde luego; sin embargo, es más cómodo y eficaz encargar esa tarea a WordPad.

Cuando activamos Reemplazar del grupo Edición de la ficha Inicio (**Control-R**) se abre el cuadro de diálogo que observamos en la figura 4.8, que es muy similar al de la figura 4.7, si bien incorpora algunas novedades.

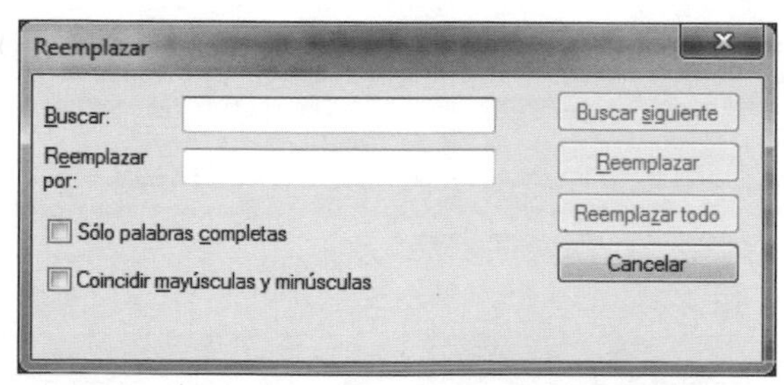

Figura 4.8. Para reemplazar cómodamente.

- En Reemplazar por introducimos el texto que sustituirá al que escribamos en Buscar.

- Una vez encontrado el criterio de búsqueda, con **Buscar siguiente** omitimos el reemplazamiento y se busca una nueva aparición; con **Reemplazar** se sustituye el texto buscado por el alternativo y se busca su siguiente aparición; con **Reemplazar todo** localiza todas las apariciones del texto especificado y lo cambia por el nuevo.

Últimos detalles

Si observamos la ventana de la figura 4.9, comprobaremos que el texto escrito sobrepasa el margen fijado en la regla. ¿Cómo es posible? Sencillamente, porque WordPad nos ofrece tres opciones diferentes para ver el texto escrito en pantalla, de modo que nos resulte más cómoda su edición. Eso sí, la elección que hagamos sólo afectará a la visión del texto en pantalla, no a la forma en que se imprime, que es la misma en los tres casos.

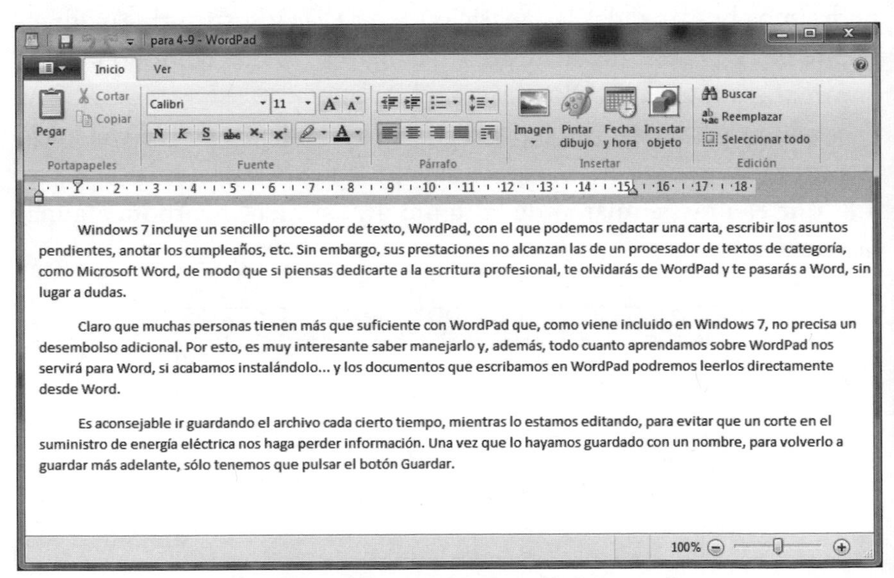

Figura 4.9. Texto fuera de la regla.

Para seleccionar una modalidad de visión u otra, hacemos clic en Ajuste de línea de la ficha Ver.

- Sin ajuste de línea presenta cada párrafo en una línea, sin tener en cuenta los márgenes o el tamaño de la página o de la ventana.
- Ajustar a la ventana muestra el texto ajustado a las dimensiones de la ventana para aprovechar al máximo el espacio. Si cambiamos el tamaño de la ventana, el texto se reajusta automáticamente.
- Ajustar a la regla coloca el texto de acuerdo con los márgenes de la página; es decir, así se verá el texto cuando lo imprimamos.

Cuando escribamos listas, es posible preceder cada elemento con una viñeta, tal y como se aprecia en la figura 4.10.

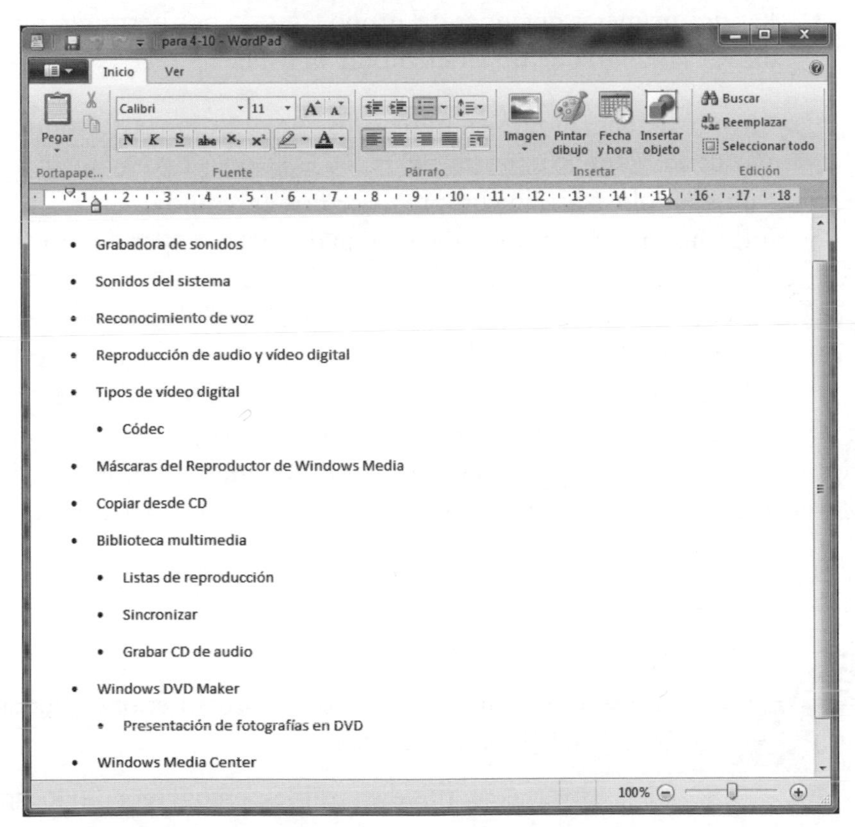

Figura 4.10. Lista con viñetas.

Para añadir viñetas, simplemente hacemos clic en la opción Iniciar una lista del grupo Párrafo de la ficha Inicio; repitiendo el proceso anulamos esta forma de escritura.

- Tras cada elemento de la lista, pulsando **Intro** pasamos a la siguiente línea, donde automáticamente se coloca la viñeta.
- Para terminar de introducir elementos con viñeta y volver a la escritura normal, basta pulsar **Intro** dos veces.
- Haciendo clic en la flecha situada a la derecha de la opción Iniciar una lista, se nos ofrecen diferentes formas de numerar la lista. También están disponibles en el comando Listas del menú contextual.
- Las dos primeras opciones del grupo Párrafo nos permiten modificar la sangría de un elemento de la lista.

Por último, detengámonos en uno de los comandos más desconocidos de WordPad: Pegado especial del menú Edición. ¿Y para qué sirve? Veamos un ejemplo y, así, lo comprenderemos enseguida.

Supongamos que deseamos copiar en un documento parte del texto contenido de una página Web (en el capítulo 8 trataremos la navegación por Internet a fondo). Si lo copiamos de la página Web y lo pegamos directamente en WordPad, podemos encontrarnos con algo como lo mostrado en la figura 4.11. Normalmente nos interesará que desaparezcan del documento los hipervínculos, formatos y posibles códigos extraños, que no suelen causar más que rompimientos de cabeza, y, de este modo, quedarnos con el texto puro y duro, que luego maquetaremos como más nos guste.

¡Megarritual!

Cuando suceda así, en lugar de copiar y pegar, haremos esto:

1. Copiamos el texto de la página Web.
2. En WordPad, hacemos clic en la parte inferior de Pegar y ejecutamos Pegado especial.
3. De las diversas ofertas disponibles, escogemos Texto sin formato.

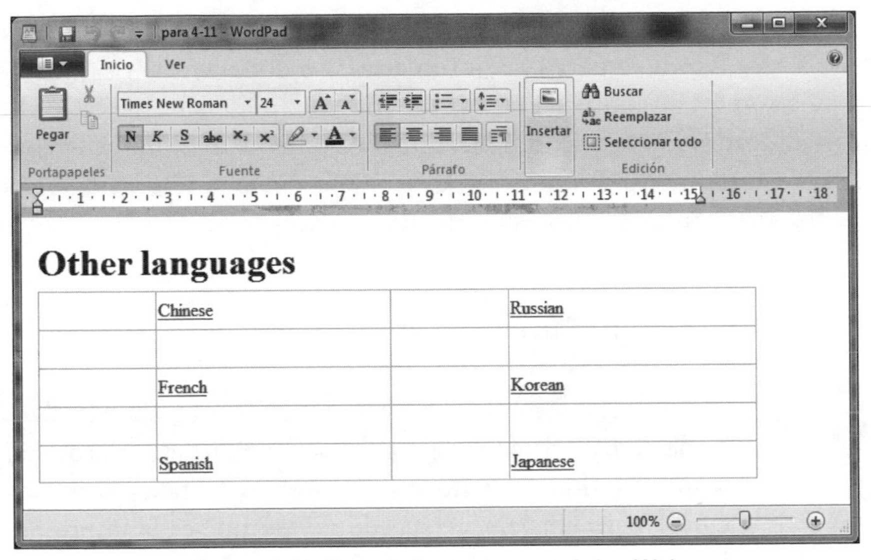

Figura 4.11. Pegado texto de una página Web.

Como observamos en la figura 4.12, la diferencia es notable, pues ahora únicamente tenemos el texto, sin otro aditamento.

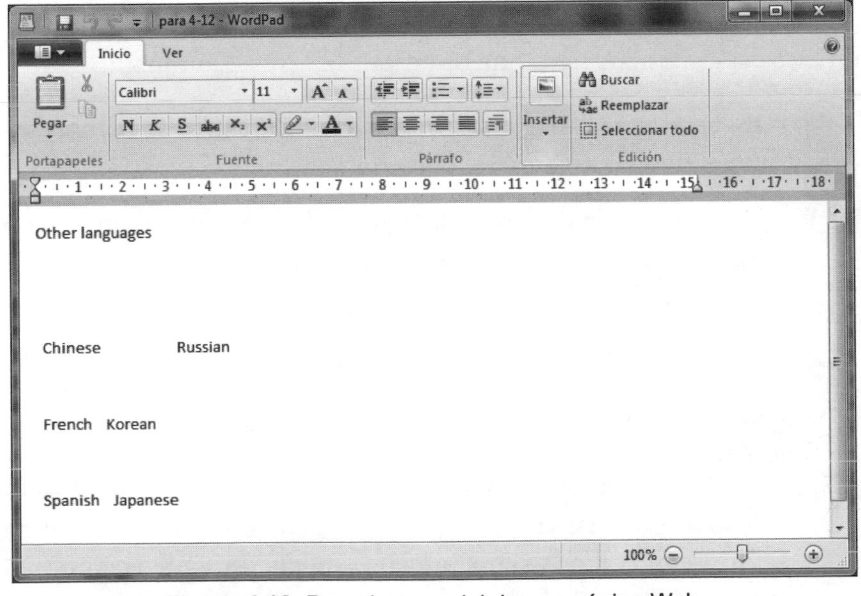

Figura 4.12. Pegado especial de una página Web.

Con Imagen del grupo Insertar podemos insertar fotografías en nuestros documentos de WordPad.

Con esto hemos visto las herramientas y opciones fundamentales que ofrece WordPad para escribir un atractivo documento. ¿Y qué hacemos con él? Si sólo nos interesa tenerlo en el ordenador para leerlo y modificarlo, nuestra tarea ha terminado; sin embargo, mucha gente todavía imprime sus escritos, así que en los siguientes apartados nos vamos a centrar en la impresión de documentos.

Instalar una impresora

Cuando adquirimos una nueva impresora USB (*Universal Serial Bus*), tenemos que conectarla al equipo para poder utilizarla, claro está, y, seguidamente, Windows 7 la debe reconocer como tal... Al menos eso dice la teoría, pero no siempre sucede así, porque cada impresora es un mundo.

¿Y cuál es mi recomendación? Pues leer con atención su manual de instalación y hacer lo que allí se dice. Es la única manera de evitarnos complicaciones.

Sin embargo, en ocasiones la instalación da problemas o hemos suprimido la impresora sin querer o se trata de una inalámbrica o Bluetooh. En estos casos, quizás haya que optar por la instalación manual.

¡Megarritual!

1. En el menú Inicio hacemos clic en Dispositivos e impresoras, situado en su lateral derecho.
2. Como podemos ver en la figura 4.13, disponemos del botón **Agregar una impresora**, sobre el que haremos clic para iniciar el asistente que nos ayudará en el proceso.
3. Seleccionamos Agregar una impresora local (si no es USB) o Agregar una impresora de red, inalámbrica o Bluetooh, según sea el caso.
4. Supongamos, por ejemplo, que se trata de una impresora local (en la otra alternativa debemos tener encendida la impresora). En la siguiente ventana del asistente elegimos el puerto recomendado y hacemos clic en **Siguiente**.

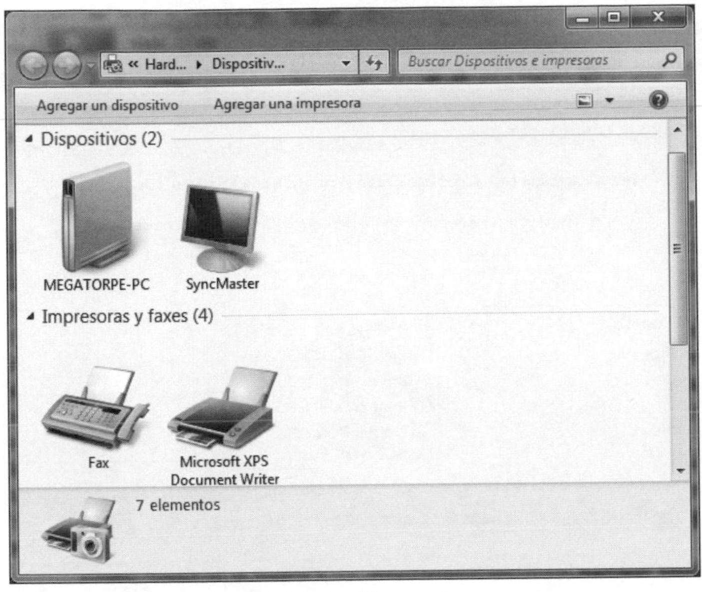

Figura 4.13. Dispositivos e impresoras.

Si tu impresora es anterior a Windows 7 y no tienes sus controladores actualizados, búscalos en el sitio Web del fabricante.

5. En la ventana de la figura 4.14, se nos ofrece un amplio listado de impresoras, donde buscamos la nuestra. ¿Y si no aparece? Hacemos clic en el botón **Usar disco** para emplear los controladores proporcionados por la empresa fabricante.
6. En la siguiente ventana escribimos un nombre para designar la impresora y decidimos si será considerada como predeterminada.
7. Para comprobar que todo ha ido bien, después se nos ofrece la impresión de una página de prueba.
8. Con **Finalizar** damos por acabado el proceso.

Si abrimos de nuevo la ventana de la figura 4.13, comprobaremos que ahora ya está nuestra impresora ahí, junto con el Fax y Microsoft XPS Document Writer (veremos enseguida los documentos XPS), como observamos en la figura 4.15. Con las opciones presentes en el menú contextual de la impresora, podemos cambiar fácilmente de impresora predeterminada, establecer las preferencias de impresión, configurar sus propiedades, etc.

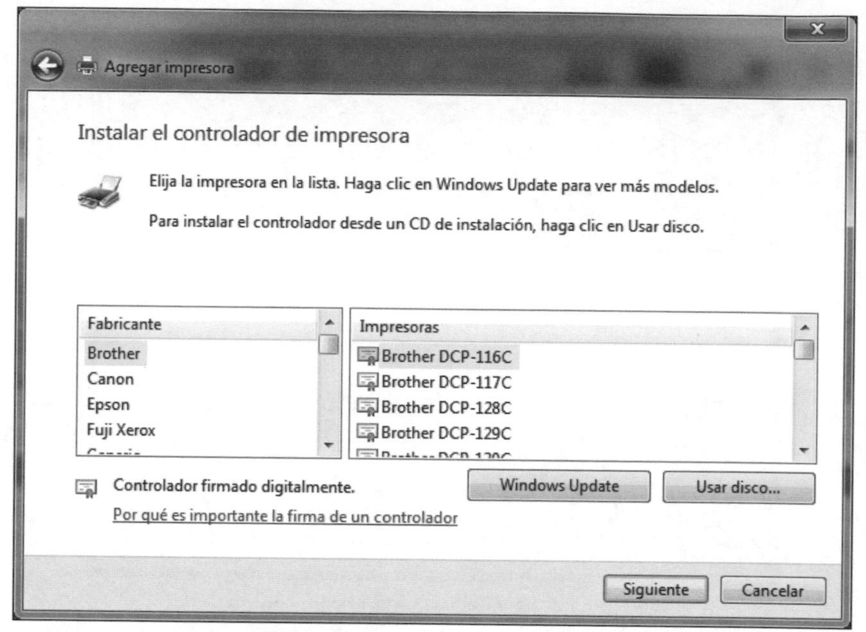

Figura 4.14. Listado de fabricantes e impresoras.

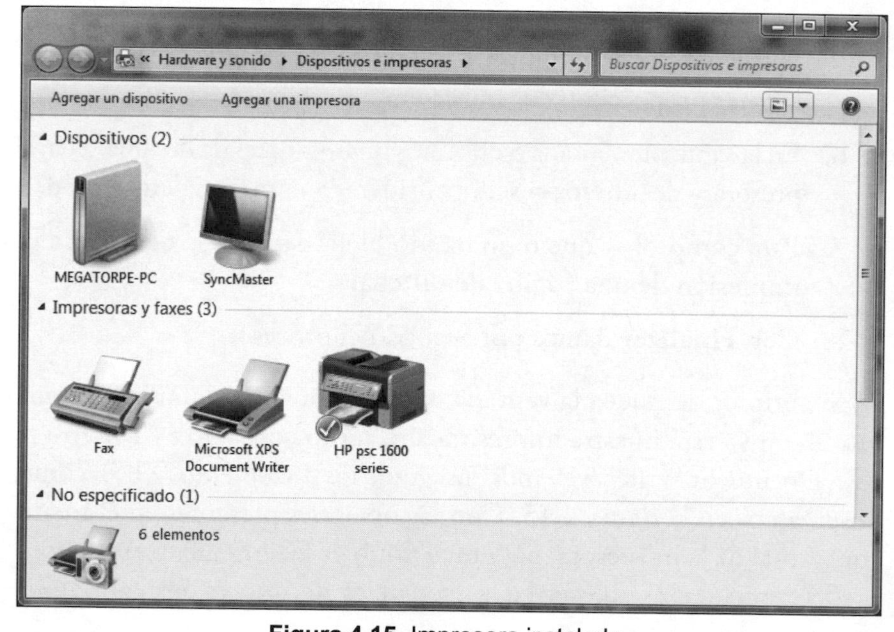

Figura 4.15. Impresora instalada.

Imprimir un documento

Antes de imprimir cualquier documento es aconsejable hacer una vista previa, de modo que veamos en pantalla cómo resultaría la impresión. De esta forma ahorraremos tiempo y dinero... y los árboles nos lo agradecerán. Para ver en pantalla cómo quedarán las páginas impresas de nuestro documento, en WordPad hacemos clic en el botón **WordPad** y en Imprimir optamos por Vista previa de impresión. Tendremos en pantalla algo similar a lo mostrado en la figura 4.16.

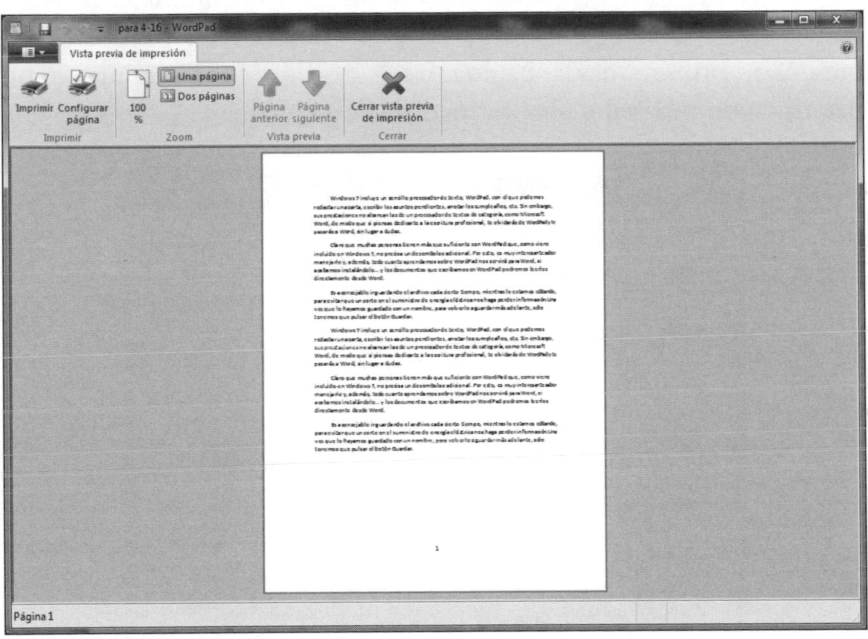

Figura 4.16. Vista previa de impresión.

- Si hacemos clic sobre la página, el puntero se transforma en una lupa, que nos permite aumentar o bien disminuir la escala de visión.
- Con Página siguiente y Página anterior vamos de una página a otra del documento. La misma finalidad tienen las teclas **AvPág** y **RePág**.

- Las opciones Dos páginas y Una página muestran la vista previa de dos páginas simultáneamente o de una sola.
- Si detectamos alguna cosa que no nos gusta, con Cerrar vista previa de impresión volvemos al modo de edición para corregir cuanto consideremos oportuno.

¿Ya todo esté perfecto? Entonces hacemos clic en Imprimir de la figura 4.16 o, si hubiéramos cerrado esa ventana, hacemos clic en el botón **WordPad** y en Imprimir optamos por Imprimir.

Se abrirá el cuadro de diálogo de la figura 4.17, donde todavía tenemos más opciones para configurar la impresión: seleccionar otra impresora, imprimir todas las páginas o sólo aquellas comprendidas en un determinado intervalo, obtener más de una copia, etc.

Figura 4.17. Cuadro de diálogo Imprimir.

Con Control-P abrimos directamente el cuadro de diálogo de la figura 4.17.

Al hacer clic sobre **Imprimir**, comienza el proceso de impresión y aparecerá el icono de la impresora en el área de notificación de la barra de tareas. Si lo activamos, se abrirá una ventana análoga a la mostrada en la figura 4.18.

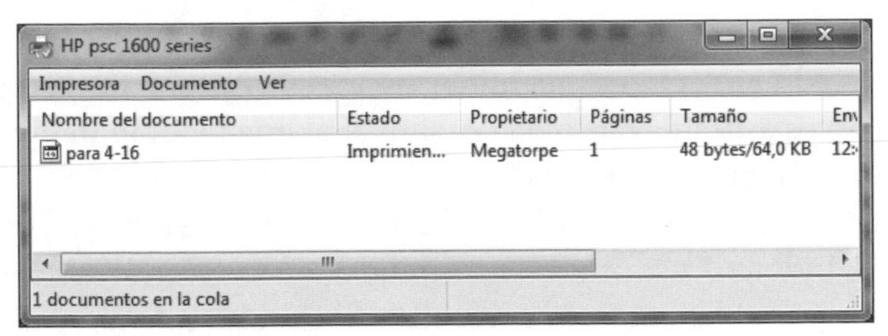

Figura 4.18. Algo se está imprimiendo.

Tanto en el menú Impresora como en el menú contextual del documento, hay disponibles comandos para detener el proceso momentáneamente (Pausar la impresión) o suprimir toda la cola de impresión (Cancelar todos los documentos).

pdf son las siglas de *Portable Document Format* (formato de documento portátil) y fue desarrollado por Adobe Systems.

Documentos XPS

Los archivos pdf son muy comunes en Internet, debido a que se pueden leer en cualquier plataforma, no sólo en Windows, y, sobre todo, porque no son modificables (al menos no resulta tan sencillo hacerlo como alterar un documento). Por este motivo, muchos artículos, convocatorias, boletines oficiales, etc., se distribuyen en pdf, para tener la seguridad de que no sufren modificaciones ajenas durante su distribución por Internet. Hasta hace poco años el tipo pdf ha sido el rey indiscutible de esta clase de documentos; sin embargo, la situación está cambiando con la aparición de los documentos XPS (o archivos de tipo xps), que son la alternativa presentada por Microsoft al pdf.

XPS son las siglas de *XML Paper Specification*, donde XML corresponde a *eXtensible Markup Language* (lenguaje de marcado extensible), un lenguaje que comenzó a desarrollarse en 1998 para superar las carencias y limitaciones del popular HTML, que es el acrónimo de *Hyper-Text Markup Language* (lenguaje de marca de hipertexto).

¡Menuda sopa de letras!

Las características de los documentos XPS son parecidas a las de los archivos pdf; es decir, nos permiten crear archivos que no podrán ser alterados, su aspecto en pantalla es similar al que tendrán impresos, se visualizan en cualquier equipo, etc.

Entonces, ¿qué ventajas ofrece el tipo xps frente al pdf? La principal es que Windows 7 nos brinda la posibilidad de leer y crear archivos xps directa y gratuitamente, sin necesidad de instalar software adicional en el equipo, como es imprescindible hacer en el caso de los pdf, cuya creación, además, puede conllevar un cierto desembolso económico.

En resumen, al tipo pdf le ha salido un adversario de mucho peso con el xps, ya que éste último está incorporado a Windows 7, tiene una calidad igual o superior y no obliga ni a pagos extra ni a instalar programas adicionales. ¿Y cómo creamos un documento XPS? Muy fácilmente, como veremos a continuación:

¡Megarritual!

1. Cuando estemos en cualquier aplicación de Windows 7 (como WordPad, por ejemplo) y nos interese conservar nuestro trabajo en un archivo xps, abrimos el cuadro de diálogo Imprimir (generalmente con **Control-P**) y, al igual que vemos en la figura 4.19, seleccionamos la impresora Microsoft XPS Document Writer.

Figura 4.19. Elegimos la impresora Microsoft XPS Document Writer.

2. Hacemos clic en el botón **Imprimir** y se abre el conocido cuadro de diálogo Guardar como, donde introducimos el nombre que tendrá el archivo y especificamos la carpeta donde se guardará.
3. Con un clic sobre **Guardar**, se genera entonces el documento XPS que contiene lo que hemos escrito en WordPad, dibujado en Paint, etc.

Ahora, si vamos a la carpeta que hemos señalado como ubicación en el paso 2, encontraremos el icono del documento XPS recién creado que, como vemos en la figura 4.20, muestra un esbozo de su contenido e incluye un dibujito identificativo en su esquina inferior derecha.

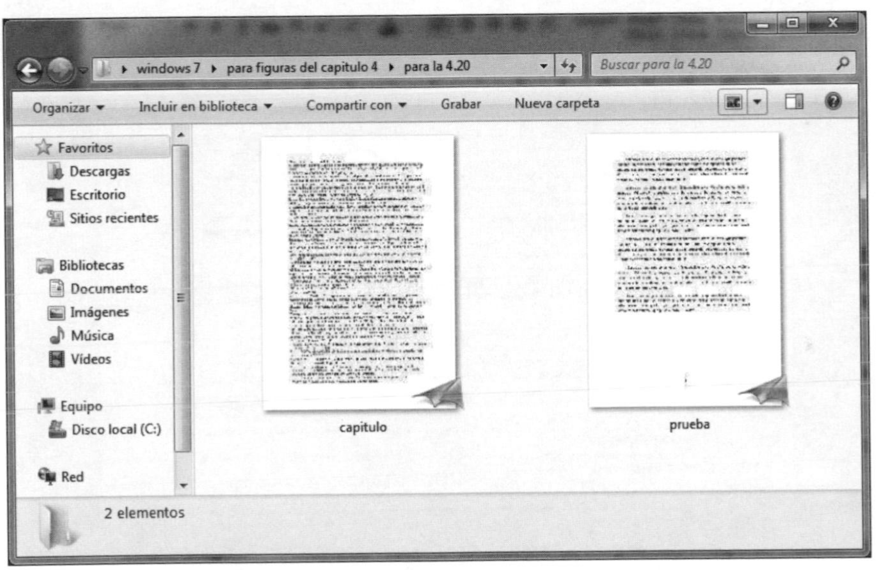

Figura 4.20. Iconos de dos documentos XPS.

Con F11 vemos el documento XPS a pantalla completa. Una nueva pulsación de F11 retorna la ventana a su tamaño anterior.

¿Y cómo vemos un archivo xps? Sólo tenemos que abrirlo y se pondrá en marcha el visor de XPS que nos muestra el contenido del documento XPS. Como observamos en la figura 4.21, la ventana del visor de XPS incorpora dos barras de herramientas.

- La superior incluye Archivo, Permisos y Firmas, mediante los cuales podemos, respectivamente, abrir/guardar/imprimir el archivo xps, gestionar sus permisos y firmarlo digitalmente, para certificar que no se ha cambiado desde su firma. A su derecha disponemos de botones para mostrar el panel de esquema, imprimir el documento XPS, cambiar el zoom de visionado y un campo para poder buscar un determinado texto en el documento XPS.

- La barra de herramientas inferior nos permite desplazarnos a otras páginas del documento XPS y ajustar el tamaño de visión (al disminuirlo vemos varias páginas simultáneamente).

Crea un documento XPS a partir de cualquiera de tus documentos de WordPad y, luego, practica con las herramientas que nos ofrece su visor.

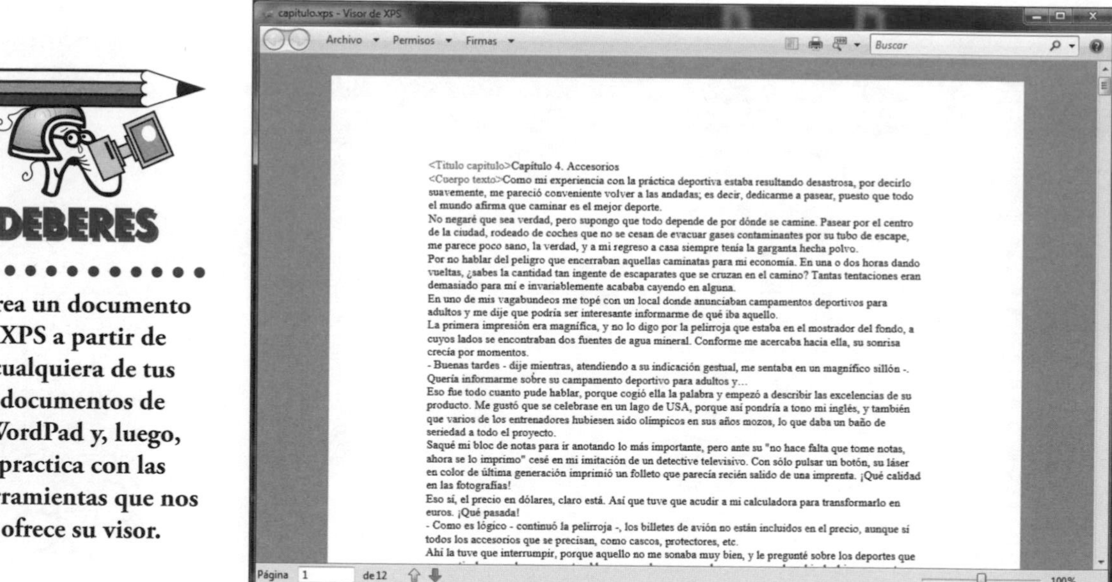

<Titulo capitulo>Capítulo 4. Accesorios
<Cuerpo texto>Como mi experiencia con la práctica deportiva estaba resultando desastrosa, por decirlo suavemente, me pareció conveniente volver a las andadas; es decir, dedicarme a pasear, puesto que todo el mundo afirma que caminar es el mejor deporte.
No negaré que sea verdad, pero supongo que todo depende de por dónde se camine. Pasear por el centro de la ciudad, rodeado de coches que no se cesan de evacuar gases contaminantes por su tubo de escape, me parece poco sano, la verdad, y a mi regreso a casa siempre tenía la garganta hecha polvo.
Por no hablar del peligro que encerraban aquellas caminatas para mi economía. En una o dos horas dando vueltas, ¿sabes la cantidad tan ingente de escaparates que se cruzan en el camino? Tantas tentaciones eran demasiado para mí e invariablemente acababa cayendo en alguna.
En uno de mis vagabundeos me topé con un local donde anunciaban campamentos deportivos para adultos y me dije que podría ser interesante informarme de qué iba aquello.
La primera impresión era magnífica, y no lo digo por la pelirroja que estaba en el mostrador del fondo, a cuyos lados se encontraban dos fuentes de agua mineral. Conforme me acercaba hacia ella, su sonrisa crecía por momentos.
- Buenas tardes - dije mientras, atendiendo a su indicación gestual, me sentaba en un magnífico sillón -. Quería informarme sobre su campamento deportivo para adultos y...
Eso fue todo cuanto pude hablar, porque cogió ella la palabra y empezó a describir las excelencias de su producto. Me gustó que se celebrase en un lago de USA, porque así pondría a tono mi inglés, y también que varios de los entrenadores hubiesen sido olímpicos en sus años mozos, lo que daba un baño de seriedad a todo el proyecto.
Saqué mi bloc de notas para ir anotando lo más importante, pero ante su "no hace falta que tome notas, ahora se lo imprimo" cesé en mi imitación de un detective televisivo. Con sólo pulsar un botón, su láser en color de última generación imprimió un folleto que parecía recién salido de una imprenta. ¡Qué calidad en las fotografías!
Eso sí, el precio en dólares, claro está. Así que tuve que acudir a mi calculadora para transformarlo en euros. ¡Qué pasada!
- Como es lógico - continuó la pelirroja -, los billetes de avión no están incluidos en el precio, aunque sí todos los accesorios que se precisan, como cascos, protectores, etc.
Ahí la tuve que interrumpir, porque aquello no me sonaba muy bien, y le pregunté sobre los deportes que

Figura 4.21. Viendo un documento XPS.

Bloc de notas y Notas rápidas

El Bloc de notas es un sencillo editor de texto que podemos utilizar para leer y modificar toda clase de archivos de texto, tanto los que tienen tipo txt como otros varios, que aun siendo de texto poseen distinta extensión, como bat, ini, etc.

¿Y qué ventajas tiene el Bloc de notas frente a WordPad? Si bien el primero se abre más rápidamente y ocupa menos recursos del sistema que WordPad, en los equipos modernos esta consideración apenas tiene importancia. La verdadera utilidad del Bloc de notas radica en que es un editor de texto y deshecha todos los códigos extraños.

Por ejemplo, ya sabemos que si copiamos parte del texto contenido de una página Web y lo pegamos directamente en WordPad, podemos encontrarnos con códigos extraños que no suelen causar más que rompimientos de cabeza. En WordPad los evitamos efectuando un pegado especial en lugar del habitual; en cambio, en el Bloc de notas todavía resulta más sencillo, pues el pegado normal elimina todos esos códigos extraños.

En resumen, el Bloc de notas es un editor de texto muy útil y, además, muy sencillo de manejar. Para abrirlo, en el menú Inicio iremos a Todos los programas>Accesorios y lo activamos allí; también lo localizamos comenzando a teclear su nombre en el cuadro de búsqueda del menú Inicio.

Su empleo todavía es más sencillo que el de WordPad, así que no tendremos el menor problema en manejar esta aplicación, cuya ventana se muestra en la figura 4.22.

TRUCO MÁGICO

Si creamos un nuevo archivo en el Bloc de notas y colocamos como primera línea del texto los caracteres .LOG (así, en mayúsculas), cada vez que abramos el archivo se añadirá de forma automática la fecha y hora del sistema a su final. De esta forma, podemos llevar cómodamente un registro de actividades.

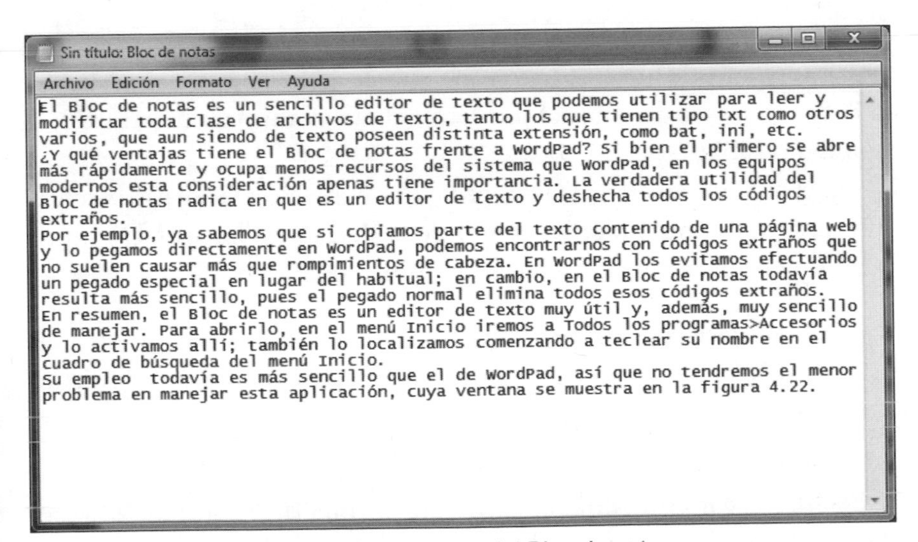

Figura 4.22. Ventana del Bloc de notas.

Mi amigo Rogelio tenía la costumbre de crear un texto en el Bloc de notas donde iba escribiendo algunas cosas que tenía pendientes, como pasarse por su Banco, telefonear a un familiar, comprar un regalo de cumpleaños, confeccionar la lista de la compra, etc. El problema es que no siempre se acordaba de abrir el archivo y eso le ocasionaba algún que otro problema. Desde que le comenté que usara las notas rápidas de Windows 7, ya no le ha vuelto a ocurrir.

El accesorio Notas rápidas es el equivalente virtual a las notas adhesivas que tanto pululan por oficinas y despachos. Sólo tenemos que activarlo (está en Todos los programas>Accesorios) e inmediatamente tendremos en el escritorio una nota, como la mostrada en la figura 4.23, donde podemos escribir aquello que deseamos, ya sea con el teclado o manualmente, si disponemos de un Tablet PC.

Figura 4.23. Nota rápida vacía.

Observemos los dos botones que aparecen en la parte superior de la nota rápida (situaremos el puntero del ratón ahí para mostrarlos, si no están visibles).

Haciendo clic en el de la izquierda, que equivale a **Control-N**, creamos una nueva nota rápida; con el de la derecha (**Control-D**) suprimimos la nota, si confirmamos su eliminación.

- Como sucede con cualquier otra ventana, podemos variar el tamaño y ubicación de una nota rápida siguiendo el procedimiento habitual.
- Hay disponibles varios colores para las notas rápidas. Basta con desplegar el menú contextual de la zona de escritura y ahí elegimos por el nuevo color.

- Una vez seleccionado parte del texto de una nota rápida, podemos cambiarlo a negrita, cursiva, subrayarlo o tacharlo con las combinaciones de teclas **Control-B**, **Control-I**, **Control-U** y **Control-T**, respectivamente. Repitiendo la misma combinación, retornamos al formato anterior.
- Otras combinaciones de teclas que afectan al texto seleccionado son **Control-Mayús-A** (pasa a mayúsculas), **Control-Mayús-L** (cambia a formato lista), **Control-Mayús-,** (reduce el tamaño) y **Control-Mayús-.** (aumenta el tamaño).

Por ejemplo, en la nota rápida de la figura 4.24 podemos apreciar el efecto de algunas de las combinaciones anteriores.

Practica un poco con las notas rápidas, ¿de acuerdo?

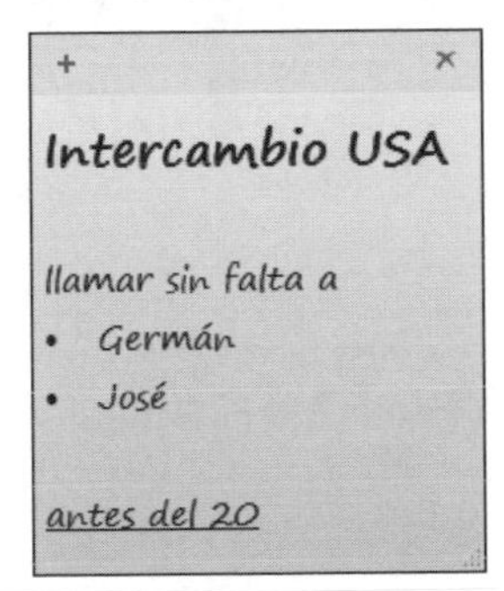

Figura 4.24. Nota rápida.

Mapa de caracteres

Hasta el momento hemos podido insertar en nuestros documentos de WordPad y textos del Bloc de notas cualquier carácter que esté disponible en el teclado. Sin embargo, Windows 7 incluye muchos otros caracteres que también podemos incluir en nuestros documentos, gracias a una nueva herramienta: el Mapa de caracteres.

Localizamos el Mapa de caracteres en Todos los programas>Accesorios>Herramientas del sistema o, lo que resulta más rápido, comenzando a teclear *Mapa de caracteres* en el cuadro de búsqueda del menú Inicio.

Al activar esta herramienta, se abrirá la ventana mostrada en la figura 4.25. Utilizando la barra de desplazamiento lateral vamos viendo los diferentes caracteres que hay en la fuente actual.

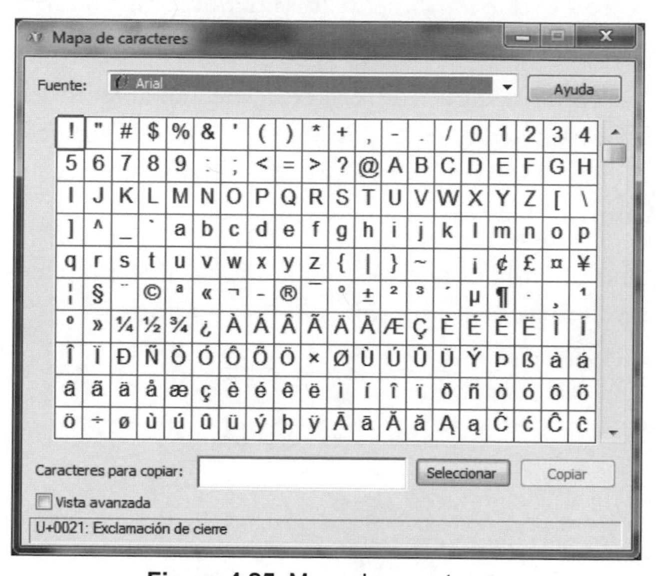

Figura 4.25. Mapa de caracteres.

La pulsación de teclas de las combinaciones del Mapa de caracteres siempre debemos hacerla en el teclado numérico.

¿Y cómo cambiamos de fuente? Haciendo clic en la flecha situada a la derecha del campo Fuente, desplegamos el listado de fuentes disponibles y seleccionamos la nueva (seguro que en Wingdings te entretienes un buen rato).

Al hacer clic sobre un carácter lo ampliamos, como vemos en la figura 4.26.

Arrastrando el ratón o manejando los cursores, iremos viendo ampliados los diferentes caracteres.

Si nos fijamos bien observaremos que algunos caracteres muestran una combinación de teclas en la parte derecha de la barra de estado; por ejemplo, en la figura 4.26 es **Alt-0174**. Recordando esa combinación numérica, podemos escribir el carácter correspondiente en cualquier aplicación de Windows 7.

Sólo tenemos que mantener pulsada la tecla **Alt** y, en el teclado numérico, pulsar sucesivamente **0**, **1**, **7** y **4**.

Al soltar **Alt**, tendremos insertado el carácter en el documento, en la presentación de PowerPoint, etc.

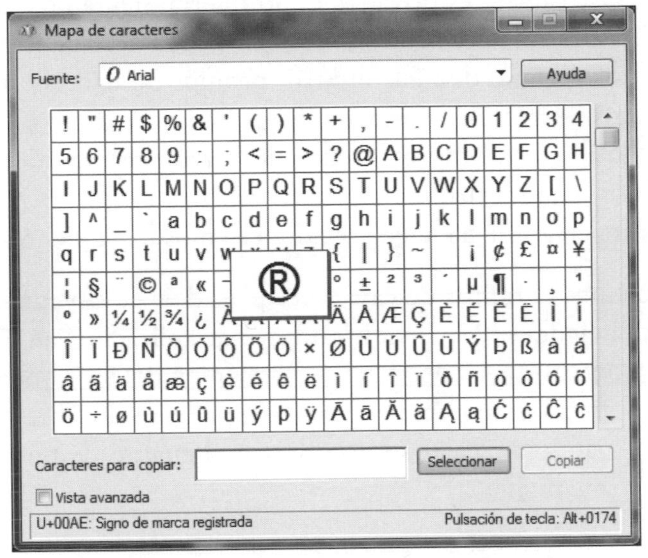

Figura 4.26. Un carácter ampliado.

DEBERES

Inserta en alguno de tus documentos de WordPad varios de los símbolos del Mapa de caracteres que más te gusten.

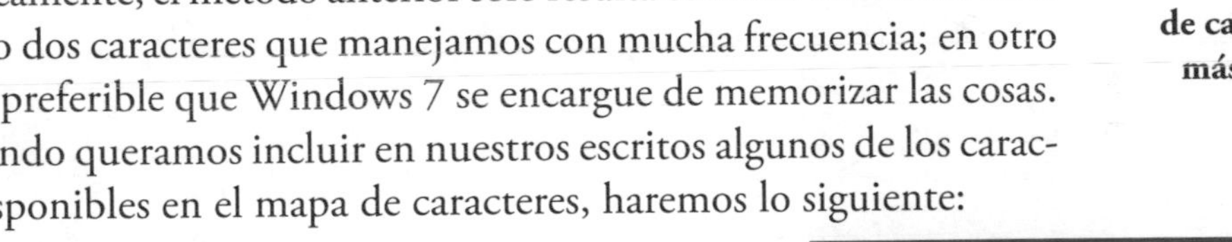

Lógicamente, el método anterior sólo resulta cómodo cuando se trata de uno o dos caracteres que manejamos con mucha frecuencia; en otro caso, es preferible que Windows 7 se encargue de memorizar las cosas. Así, cuando queramos incluir en nuestros escritos algunos de los caracteres disponibles en el mapa de caracteres, haremos lo siguiente:

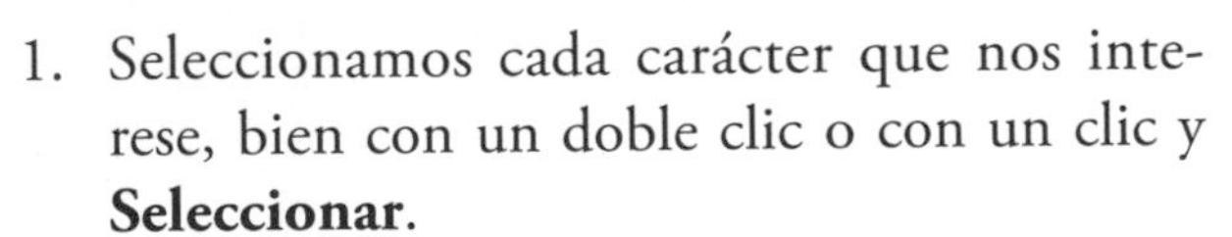

1. Seleccionamos cada carácter que nos interese, bien con un doble clic o con un clic y **Seleccionar**.
2. Los caracteres seleccionados se presentan en el campo inferior Caracteres para copiar. Si alguno sobra, podemos suprimirlo en la forma habitual.
3. Con el botón **Copiar** pasamos esos caracteres a la memoria del ordenador.
4. Abrimos el texto y pegamos los caracteres.

Editor de caracteres privados

El Editor de caracteres privados es otra herramienta de Windows 7 y podría considerarse como un complemento del Mapa de caracteres, pues nos permite diseñar nuestros propios caracteres o modificar algunos existentes. De este modo, podemos crear un carácter con el logotipo de la empresa (reducido, claro está), un ideograma o, incluso, nuestra firma.

¡Megarritual!

Para crear un carácter privado hacemos lo siguiente:

1. Abrimos el Editor de caracteres privados, cuya ventana vemos en la figura 4.27. Encontramos esta aplicación en Todos los programas>Accesorios>Herramientas del sistema del menú Inicio; como siempre, también podemos localizarla comenzando a teclear su nombre en el cuadro de búsqueda del menú Inicio.

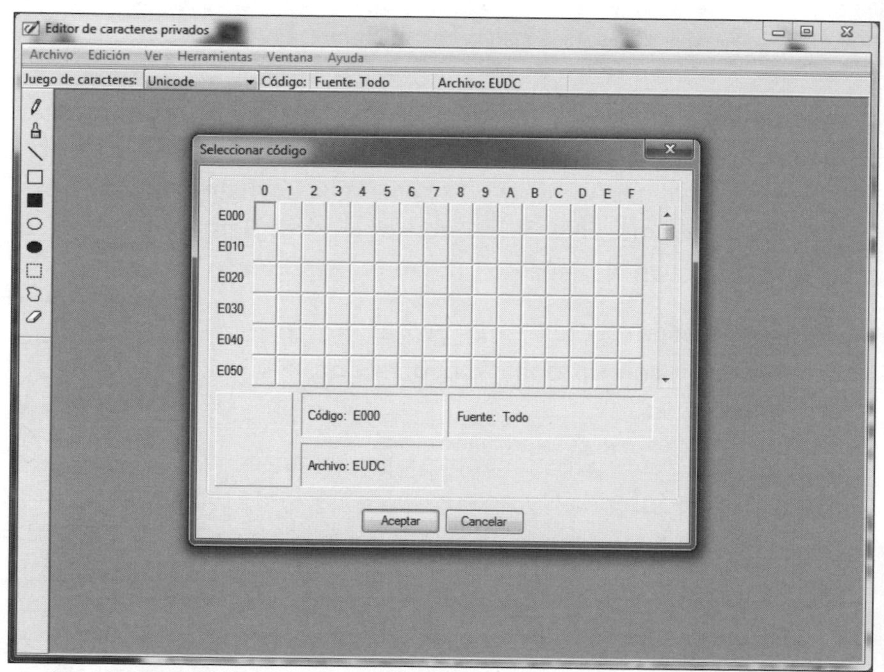

Figura 4.27. Ventana del Editor de caracteres privados.

2. Hacemos clic en el recuadro correspondiente al código que tendrá el carácter que vamos a diseñar. Por ejemplo, elegimos el primero que está libre y hacemos clic en **Aceptar**.

3. Pasamos a la cuadrícula donde dibujaremos nuestro carácter, para lo que disponemos de las sencillas herramientas del lateral izquierdo.

4. Cuando nuestra obra maestra esté finalizada (mis habilidades para el dibujo son nulas, como se deduce de la figura 4.28), ejecutamos Archivo>Vínculos de fuente.

5. Tras confirmar, con **Sí**, que deseamos guardar el carácter, debemos decidir si lo tendremos disponible con todas las fuentes del sistema o sólo con aquellas que seleccionemos. Por ejemplo, activemos Vincular con todas las fuentes y hagamos clic en **Aceptar**.

6. Ya podemos cerrar el Editor de caracteres privados.

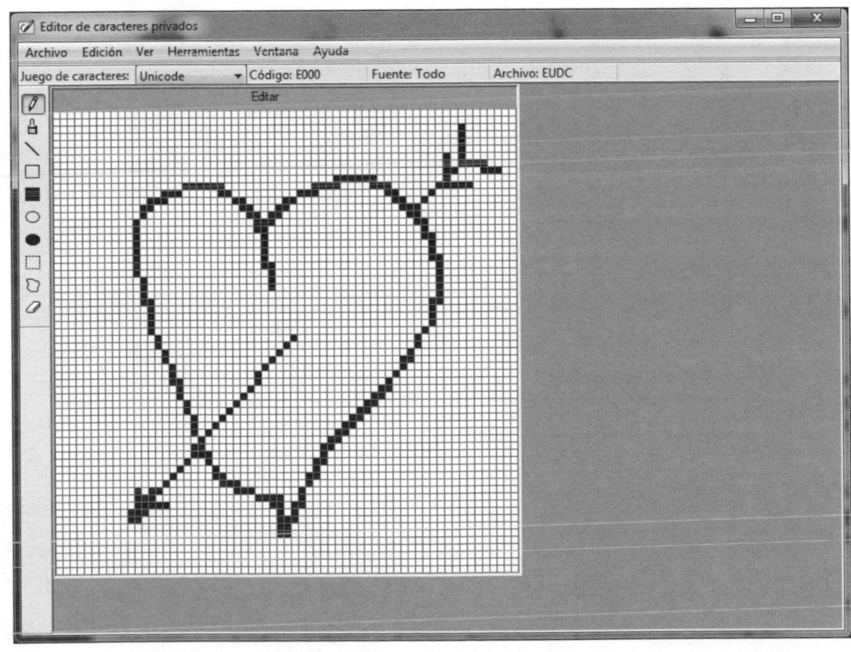

Figura 4.28. Carácter diseñado.

Una vez que hemos creado un carácter privado, ¿cómo hacemos para insertarlo en cualquier aplicación? El procedimiento a seguir es muy sencillo:

¡Megarritual!

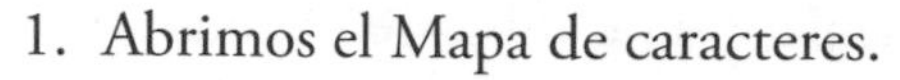

1. Abrimos el Mapa de caracteres.
2. Desplegamos la lista de Fuente y seleccionamos aquella a la que hemos vinculado el carácter, que tenga el añadido "(Caracteres privados)". En caso de que lo hubiésemos vinculado a todas ellas, la fuente a buscar sería, como en la figura 4.29, Todas las fuentes (Caracteres privados).
3. Ahora ya sólo tenemos que seguir el método habitual para incluir nuestro propio carácter en cualquier aplicación.

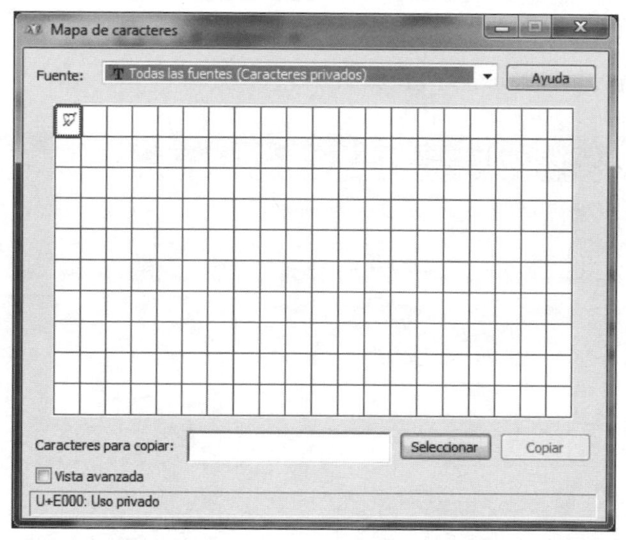

Figura 4.29. Todas las fuentes (Caracteres privados).

DEBERES

¿Te apetece diseñar algún carácter propio? ¿Serías capaz de crear algo reconocible juntando cuatro o cinco caracteres propios?

Un último detalle. Al pegar un carácter propio en el Bloc de notas, una nota rápida o WordPad, no habrá problemas; sin embargo, al hacer lo mismo en Word es posible que no se vea bien. Cuando nos ocurra esto, debemos seleccionar el carácter en Word y cambiar su fuente por otra a la que sí esté vinculado.

Fuentes

Como ya sabemos, una fuente es el tipo de letra que se emplea para mostrar texto en pantalla o imprimirlo. Hasta ahora hemos estado usando las fuentes incorporadas en Windows 7, pero existen muchas otras fuentes disponibles en Internet que podemos utilizar en nuestros escritos, ya sea porque nos parecen atractivas, caso de la mostrada en la figura 4.30, o porque nos permiten escribir en idiomas ya desaparecidos, en un lenguaje muy especializado, etc. Antes de pasar a ver cómo podemos instalar fuentes adicionales en Windows 7, interesa saber cómo se clasifican, para así tener bien claro cuáles nos interesan realmente.

En inglés el término *font* (fundición) aludía a los moldes de letras que se utilizaban en imprenta para componer libros, periódicos, etc. Alguien, que no debía saber mucho de idiomas, lo tradujo por "fuente", supongo que debido a razones fonéticas, y así se ha quedado desde entonces.

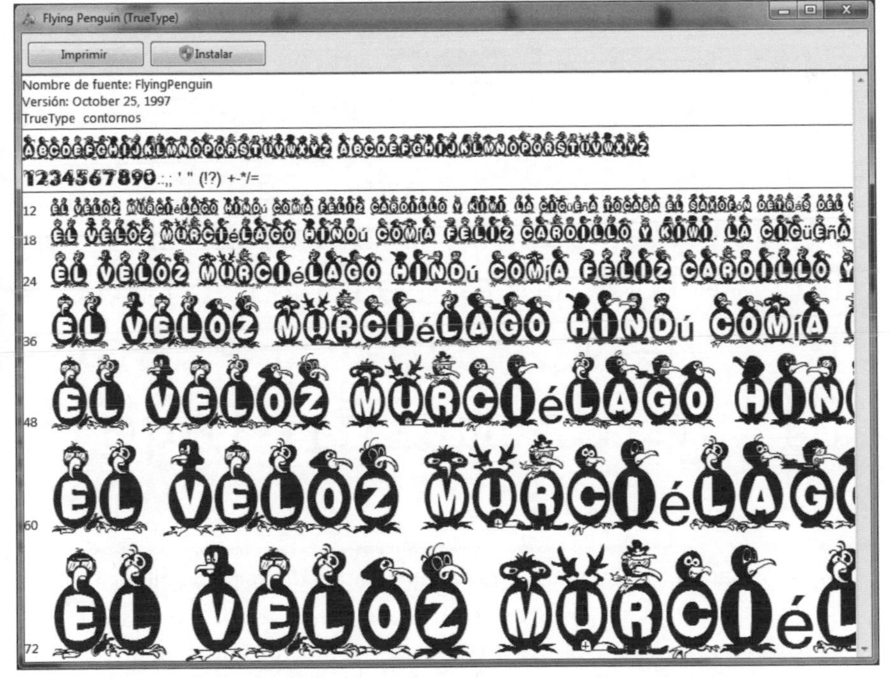

Figura 4.30. Simpática fuente, completamente gratuita.

- Fuentes de contorno: Se obtienen a partir de comandos que dibujan perfectamente los caracteres a cualquier tamaño, tanto en pantalla como en impresora. Se almacenan en archivos de tipo ttf, ya que estas fuentes se denominan TrueType. También pertenecen a este grupo las fuentes OpenType, que son una extensión de TrueType.

- Fuentes de mapa de bits: Se generan a partir de los puntos que forman cada carácter y, por ese motivo, su calidad deja mucho que desear cuando se amplía su tamaño, como podemos apreciar en la figura 4.31. Se almacenan en archivos de tipo fon y, siempre que podamos, nos olvidaremos de ellas.
- Fuentes vectoriales: Se usan, sobre todo, en programas gráficos y dibujan los caracteres mediante fórmulas matemáticas; por ejemplo, en Windows 7 son fuentes vectoriales Modern, Roman y Script. Ya están prácticamente en desuso.

Algunas impresoras incorporan sus propias fuentes, que se adjuntan a las de Windows 7 durante la instalación del periférico. Podemos utilizarlas en la forma habitual, pero su impresión sólo será perfecta con ese modelo de impresora.

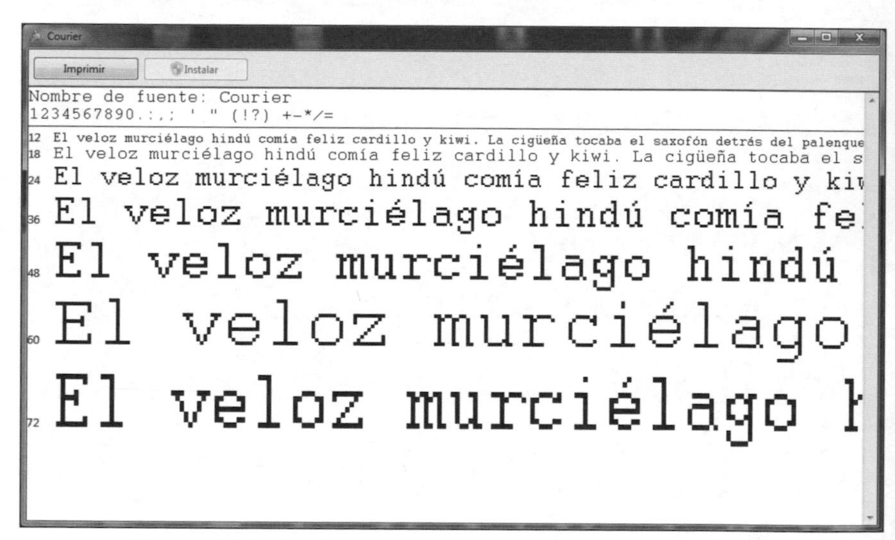

Figura 4.31. Courier Normal es una fuente de mapa de bits.

Como es lógico, las fuentes que más nos interesarán serán las del primer tipo, ya que ofrecen una excelente calidad. ¿Y dónde las conseguimos? Pues, como casi siempre, en Internet. Por ejemplo, en las siguientes direcciones encontraremos muchas fuentes gratuitas, algunas tan curiosas como las que nos permiten escribir en fenicio, jeroglífico, navajo, etc.

http://www.webfxmall.com/fonts/
http://www.sil.org/computing/fonts/
http://www.historian.net/files.htm

Habitualmente la fuente se nos ofrece en una carpeta comprimida (archivo zip) que debemos descargar y, después de descomprimirla como vimos en el capítulo anterior, dispondremos del correspondiente archivo ttf.

A partir de este momento, Windows 7 nos ofrece dos alternativas para instalar esa fuente y poderla utilizar en todas las aplicaciones:

- Desplegamos el menú contextual del archivo ttf y ejecutamos Instalar.
- Abrimos la carpeta Fuentes, que vemos en la figura 4.32, ya sea buscándola en el Panel de control o, lo que resulta más rápido, tecleando *Fuentes* en el cuadro de búsqueda del menú Inicio. Luego, sólo tenemos que arrastrar el icono del archivo ttf hasta esa carpeta.

Muchas fuentes gratuitas están diseñadas para el alfabeto inglés y no reconocen las vocales acentuadas ni las eñes.

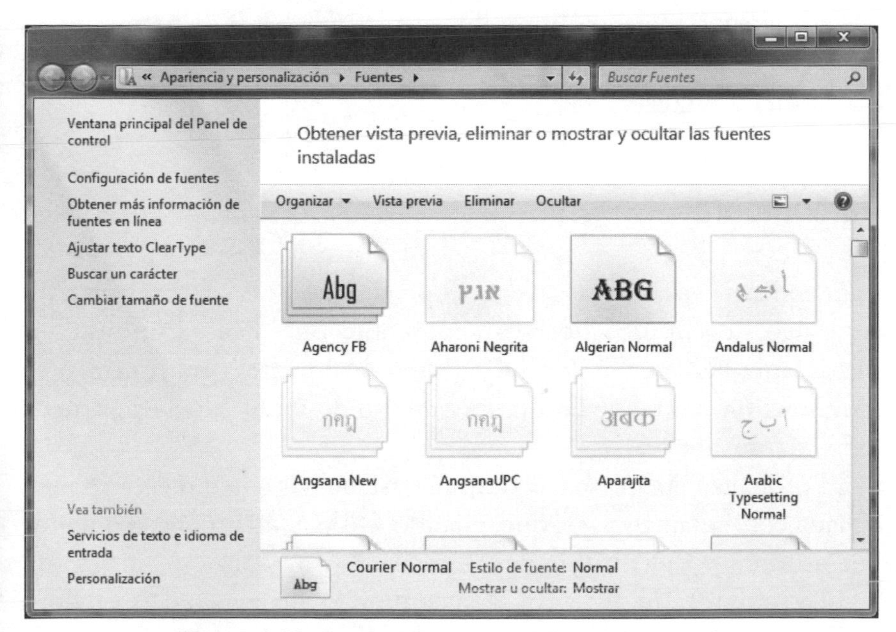

Figura 4.32. Carpeta Fuentes del Panel de control.

Detengámonos un momento en esta carpeta Fuentes, ya que algunas de sus opciones resultan interesantes:

- Si activamos el icono de una fuente, Windows 7 nos mostrará un modelo de ella a diversos tamaños (en la figura 4.31 hemos visto un ejemplo). En caso de que se trate de una familia de fuentes (su icono consta de varios papeles superpuestos), pasamos a las fuentes que la conforman, de las que también podemos obtener una muestra.
- Si presentamos el contenido de la carpeta en la vista Detalles, podremos ver para qué grupo de lenguas es adecuada cada fuente y qué empresa la ha diseñado.
- El enlace Cambiar tamaño de fuente, situado en el lateral izquierdo de la ventana, nos permite cambiar el tamaño del texto en pantalla.
- Para desinstalar una fuente que no nos interesa ya, sólo tenemos que seleccionarla en la carpeta Fuentes y pulsar **Supr** o ejecutar Eliminar, que está disponible tanto en la barra de herramientas de la carpeta como en el menú contextual de la fuente y en el menú Archivo.

Para mostrar el menú Archivo, cuando no está visible, basta con pulsar la tecla Alt.

Calculadora

En época de vacas flacas a veces es preciso apretarse el cinturón y mi amigo Rogelio decidió en su momento que debía disminuir sus gastos, aunque, ¿en qué gastaba el dinero realmente? Para controlar su economía fue anotando en un documento de WordPad el importe de todo cuanto compraba.

El problema era que hacía después las cuentas a mano y, claro está, se liaba continuamente, así que, cuando me lo comentó, le recomendé que utilizara la Calculadora de Windows 7.

El asunto mejoró un poco, pero como Rogelio es algo despistado, a menudo se confundía al teclear los números cuando debía pasarlos de

WordPad a la Calculadora, y viceversa. Al enterarme, le dije que emplease la clásica técnica de copiar y pegar y, desde que me hizo caso, su control de gastos marcha a la perfección.

Como cualquier otro accesorio, encontramos la Calculadora en Todos los programas>Accesorios o comenzando a teclear su nombre en el cuadro de búsqueda del menú Inicio. En la figura 4.33 observamos su ventana.

Figura 4.33. Una magnífica calculadora.

Windows 7 nos ofrece cuatro modalidades de la Calculadora y podemos cambiar de una a otra mediante los comandos del menú Ver. Seguidamente vamos a ver cómo manejar la más sencilla, que corresponde a la figura 4.33, y nos olvidaremos de las otras tres, que dejamos para especialistas... Lo siento; éste no es el lugar más apropiado para hablar de logaritmos, cosenos, desviación estándar, factoriales, etc.

- Los números y los operadores aritméticos habituales podemos introducirlos con el ratón o mediante el teclado. Para obtener el resultado de la operación, pulsaremos **Intro** o el botón =.
- Si nos confundimos al introducir las expresiones, para corregir el error disponemos de los tres botones situados sobre el teclado numérico: **←**, **CE** y **C** que eliminan, respectivamente, el último dígito, el último número y el cálculo actual.

- Inicialmente, los números se presentan con todas sus cifras seguidas. Si preferimos verlos con el separador de miles (por ejemplo, 12.345 en lugar de 12345), ejecutaremos Ver>Número de dígitos en grupo.

- La utilidad de las otras cuatro teclas del bloque central de la Calculadora se detalla en la figura 4.34 y aluden al número del visor. La única que quizás precise un comentario es la relativa al porcentaje, que muestra de esta forma el resultado de una multiplicación; así, por ejemplo, como 25 por 6 es 150, que es 1,5%, obtendremos precisamente 1,5 tras multiplicar 25 por 6 y pulsar esa tecla en lugar de **Intro**.

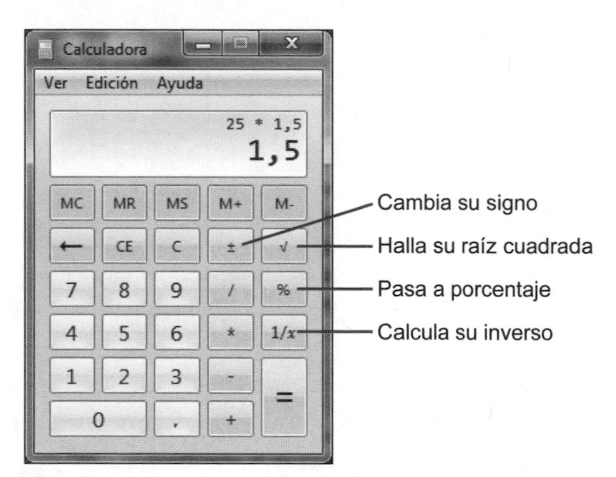

Figura 4.34. Operaciones con la calculadora.

- Si en algún cálculo pretendemos efectuar una operación no válida, como dividir por cero o hallar la raíz cuadrada de un número negativo, en el visor aparecerá un mensaje de error. Para continuar con la Calculadora, pulsaremos **CE** o **C**.

- Cuando el número de dígitos de un cálculo supera los que caben en el visor se presentan en notación científica. Es decir, si vemos un número y, luego, la letra *e* seguida de otro número, debemos entender que se trata del producto del primer número por 10 elevado al segundo.

Para realizar operaciones donde intervienen muchos números resulta cómodo utilizar la memoria que se controla con las cinco teclas situadas bajo el visor (cuando hay algo en memoria, a la izquierda del visor aparece la letra M a modo de recordatorio):

- **MC** elimina el contenido de la memoria.
- **MR** presenta el número almacenado en memoria.
- **MS** pasa a la memoria el número del visor.
- **M+** suma el número del visor al almacenado en memoria.
- **M-** resta el número del visor al almacenado en memoria.

¿Y cómo pasamos números de la Calculadora a WordPad o viceversa? Pues con la clásica técnica de copiar y pegar que ya conocemos.

- Con Edición>Copiar o **Control-C** pasamos el número del visor a la memoria de Windows 7 y, seguidamente, podemos pegarlo en cualquier aplicación.
- Con Edición>Pegar o bien **Control-V** colocamos en el visor cualquier número que estuviese almacenado en la memoria de Windows 7.

Pero, además de todo lo visto, la Calculadora de Windows 7 nos guarda algunas sorpresas muy curiosas e interesantes, a las que accedemos mediante los tres últimos comandos del menú Ver. Todos ellos amplían la ventana de la Calculadora y nos permiten realizar fácilmente diversos cálculos prácticos; cuando acabemos, con Ver>Básicas podemos anular la ampliación de la ventana, si lo deseamos.

- Conversión de unidades convierte unidades de un sistema a otro, tal y como vemos en la figura 4.35. Desplegando las listas que se ofrecen, podemos pasar de kilómetros a millas, de libras a kilos, etc.
- Cálculo de fecha nos brinda la posibilidad de averiguar cuántos días han transcurrido entre dos fechas dadas... Ideal para saber

cuántos días hemos vivido o sorprender a alguien con un regalo cuando cumpla un múltiplo de mil días.

- Hojas de cálculo ofrece opciones para calcular el importe a pagar por un préstamo, el consumo del coche, etc.

Practica un poco con los últimos comandos del menú Ver de la Calculadora.

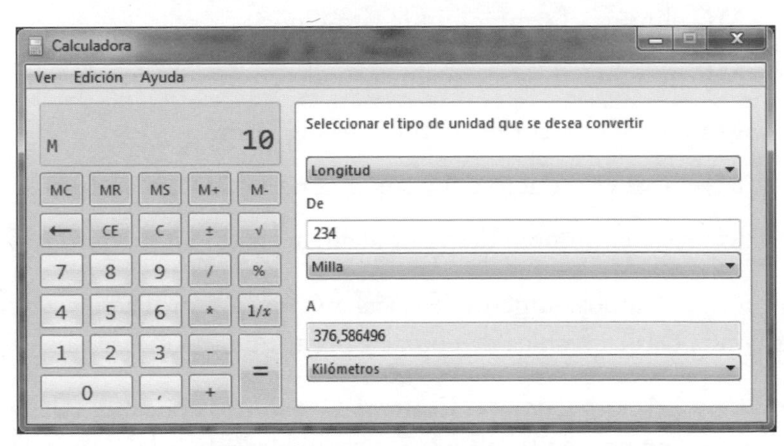

Figura 4.35. Conversión de unidades.

Comando Ejecutar y Símbolo del sistema

Como bien sabemos, el cuadro de búsqueda del menú Inicio nos facilita la localización y posterior ejecución, si nos interesa, de una aplicación concreta.

Sin embargo, hay gente que está acostumbrada a abrir programas directamente con el comando Ejecutar y, por este motivo, todavía se mantiene este accesorio en Windows 7.

Si lo activamos, ya sea buscándolo en Todos los programas> Accesorios del menú Inicio o mediante el antedicho cuadro de búsqueda, se abre el cuadro de diálogo de la figura 4.36.

Luego, en el campo Abrir debemos escribir el nombre del programa o carpeta que deseamos abrir, pero no el que conocemos sino el interno del equipo. Por ejemplo, si escribimos Descargas no se abre la carpeta personal del mismo nombre; en su lugar deberíamos haber escrito C:\Users\NombreUsuario\Downloads; así mismo, para abrir el Bloc

También ponemos en marcha el comando Ejecutar sin más que pulsar la combinación Win-R.

de notas es necesario introducir notepad, que es el nombre del archivo correspondiente a esta aplicación.

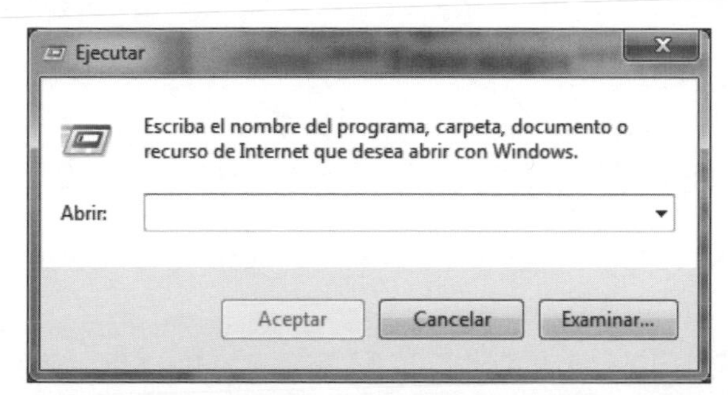

Figura 4.36. Comando Ejecutar.

En resumen, no está de más saber que existe el comando Ejecutar, pero nos olvidaremos de su empleo y lo dejaremos para especialistas. ¿De acuerdo?

Por lo que respecta al Símbolo del sistema, sucede algo muy parecido. Si abrimos su triste ventana (ya no hace falta decir cómo, ¿verdad?), que vemos en la figura 4.37, retrocedemos a los viejos tiempos del MS-DOS, donde había que memorizar múltiples comandos para realizar acciones que, ahora, con la interfaz gráfica de Windows 7 resultan mucho más sencillas.

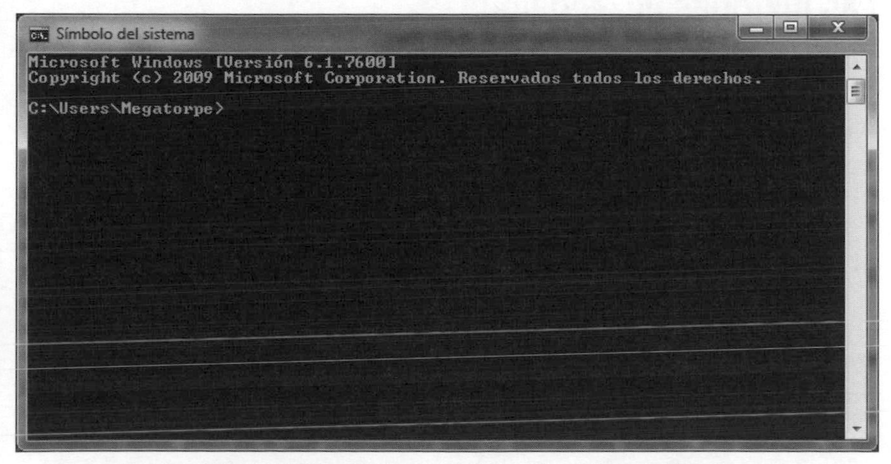

Figura 4.37. Ventana de Símbolo del sistema.

Por ejemplo, para llevar un archivo de una carpeta a otra del escritorio sólo tenemos que arrastrar el icono hasta su destino; en cambio, para conseguir lo mismo desde Símbolo del sistema deberíamos haber escrito una orden tan larga y engorrosa como la siguiente:

Move C:\Users\NombreUsuario\DeskTop\Carpeta1\
Archivo.Tipo C:\Users\NombreUsuario\DeskTop\Carpeta2\

¿Verdad que mejor nos olvidamos de Símbolo del sistema?

El accesorio Tareas iniciales nos oferta diversos enlaces para comenzar a configurar Windows 7 desde el principio.

Para averiguar la utilidad de cada enlace sólo tenemos que hacer clic sobre él y, en la parte superior de la ventana, se describe esquemáticamente su función y se incluye un enlace para comenzar a ejecutar la aplicación.

La idea no está mal en principio, pero es necesario conocer qué se está haciendo en cada momento para no meter la pata. Además, como tienes este libro, donde se supone que te explico las cosas mejor y con más detalle, también puedes dejar de lado Tareas iniciales.

Las historias de Megajolmes

Le había regalado a Lucía Margarita "Los pilares de la Tierra" por el día del libro y, cuando lo terminó, me comentó que le había gustado mucho, tanto que se había comprado otra novela de Ken Follet.

- ¿Qué tal el otro libro de Follet? - le pregunté una semana más tarde, mientras tomábamos un café en una terraza del parque -. ¿Se trata de "Un mundo sin fin"?

- No, que ahora estoy muy liada y quería algo más ligero - contestó sonriendo -. Me compré "Doble juego", que es una entretenida novela de intriga y acción... Además, me acordé de ti en varias ocasiones, porque sé lo mucho que te gustan los enigmas y acertijos.

- ¿A qué te refieres? - me interesé desconcertado.

- Resulta que dos de los personajes se proponen problemas numéricos cada vez que se encuentran... Espera, creo que guardo en el bolso uno que me apunté. Seguro que tú lo sacas enseguida, con lo inteligente que eres.

- Esperemos que no sea muy difícil - repuse un tanto intranquilo, mientras ella buceaba en su bolso.

- ¡Aquí lo tengo! - exclamó satisfecha un rato más tarde -. Mira, el ejemplo que pone en el libro es 135. ¿Verdad que no parece un número muy especial?

- Para nada - concedí intrigado -. A simple vista no hay nada que destaque en él.

- Sin embargo, eleva la primera cifra a 1, la segunda a 2 y la tercera se eleva a 3.

- Los valores que se obtienen son 1, 9 y 125.

- Muy bien. Ahora suma esos números, ¿cuánto sale?

- Curioso, el resultado es 135 de nuevo.

- Pues en la novela el personaje dice que hay más números que cumplen esa propiedad, pero sólo indica el siguiente. ¿Verdad que lo hallarás enseguida?

¡Qué remedio me quedó!

CAPÍTULO 5

Hacía mucho tiempo que no veía a mi tía Olegaria y cuando pasé a pocos kilómetros de su pueblo, en mi viaje de regreso de la playa, me dije que sería buena idea hacerle una visita. ¡Qué alegría se llevó! ¡Es todo un encanto!

- ¿Todavía te siguen gustando las manitas de cerdo? - me preguntó después de un largo interrogatorio, donde tuve que dar pelos y señales de toda mi vida desde nuestro último encuentro.

- Desde luego, son mi plato preferido - repuse enseguida, complacido ante aquel suculento horizonte gastronómico.

- Pues me voy al Pascualillo a cogerle unas cuantas, que no cesa de alabarlas. ¿Me esperas aquí o vienes conmigo?

Acompañarla no me parecía una perspectiva muy gratificante, porque estaríamos parándonos cada vez que nos topásemos con alguien del pueblo y me hartaría de dar manos y besos a gente desconocida. Entonces recordé que a la entrada me había fijado en una bicicleta, que estaba apoyada sobre un banco, y me dije que sería buena idea hacer algo de deporte antes, para estar en forma y, sobre todo, quemar por adelantado algunas de las muchas calorías que iba a engullir en la comida. En resumen, le respondí que la esperaría en casa.

Cuando mi tía Olegaria salió de casa, me subí a la bici y comencé a pedalear. ¡Maravilloso! Debe ser verdad eso que dicen de que nunca se te olvida ir en bici una vez que has aprendido. Marchaba de cine, no muy deprisa pero sin problemas, incluso por caminos llenos de barro.

Si bien subir la cuesta me costó bastante esfuerzo, no tuve que hacer ninguno en la bajada... más que nada porque los frenos no funcionaron. Me pegué un golpe morrocotudo al caer, palabra.

La brecha de la frente no fue profunda aunque sí aparatosa por la sangre que soltó, pero me percaté con dolor de que un par de mis queridos y entrañables dientes se movían. Debía pasar por mi odontólogo lo antes posible y, lo que era peor todavía, en esas condiciones podía despedirme de las manitas de cerdo.

- ¡Cómo se te ha ocurrido pillar la bici! - exclamó mi tía Olegaria al verme llegar a su casa tan maltrecho -. Si la había dejado junto al banco para acordarme de cambiar el líquido de los discos.

- ¿Qué discos? - farfullé desconcertado.

- Los de los frenos, claro - contestó riendo -. Sin líquido la bici no frena... Los discos deben estar siempre en perfectas condiciones, para no tener problemas de frenada. Anda, entra que te voy a curar esa brecha.

¡En Windows 7 no hay problemas con los discos!

Unidades de medida en informática

En este capítulo nos vamos a centrar en la grabación de archivos en discos (unidades extraíbles, CD y DVD) de modo que nuestros datos estén siempre seguros y podamos llevarlos de un sitio a otro (dejamos para más adelante la grabación de discos de audio y vídeo, que son algo diferentes).

También veremos cómo configurar una sencilla red en nuestro hogar, donde seguramente habrá varios ordenadores, para compartir archivos sin necesidad de copiarlos primero en discos.

Sin embargo, antes de pasar a ver cómo podemos grabar archivos en Windows 7, es necesario comentar algunas cuestiones previas, con objeto de evitarnos disgustos y gastos superfluos.

Así, para saber qué características tienen los diferentes discos y sus lectoras o grabadoras, es necesario conocer primero las unidades de medida que se manejan en informática, aunque cada vez sean más comunes en el lenguaje cotidiano.

Comencemos por lo más elemental. A pesar de lo que nos puede parecer, el ordenador es una máquina sumamente tonta; en realidad, lo único que sabe hacer es detectar si pasa o no corriente por un circuito. Claro que, en esa faceta, alcanza tan rapidez que logra cuotas impresionantes, como ganarle al campeón mundial de ajedrez... y no salir de juerga a celebrarlo.

Lógicamente, la unidad más pequeña de información será aquella que almacene si pasa corriente o no. Esto puede representarse mediante uno de los dígitos 1 o 0, que reciben el nombre de bit... tanto por tratarse de un dígito binario (*binary digit*, en inglés) como por ser algo muy pequeñito (la palabra inglesa *bit* significa brizna, pequeñez).

El origen de la palabra byte es de lo más curioso. Como viene a ser una especie de bocata de bits, la idea era denominarla *bite* (tentempié, en inglés); sin embargo, al ser tan parecida a *bit*, se cambió su i por una y. El creador de la palabra byte fue W. Bulcholz, en 1955.

Los nombres que siguen al TB, cada uno de los cuales equivale a 1024 veces el anterior son petabyte (PB), exabyte (EB), zettabyte (ZB), yottabyte (YB), brontobyte (BB), geopbyte (GeB),... aunque todavía faltan unos años para que nos resultan familiares.

Y siguiendo con las unidades, se llama byte al conjunto de 8 bits. Dicho de esta forma es fácil que no se entienda mucho, pero si consideramos que cada carácter que escribimos desde el teclado (letra o símbolo) ocupa un byte, seguramente quedará más claro, ¿verdad?

Como ya sabemos, en el sistema métrico decimal, el prefijo kilo equivale a 1000, que es un número muy redondo; en cambio, en informática el número 1000 es más bien anodino, porque el ordenador trabaja en sistema binario.

Con objeto de conjugar de alguna manera ambos mundos, el humano y el cibernético, se decidió denominar kilo a 1024, puesto que se trata de un número bastante cercano a mil y, además, es una potencia exacta de 2 (si multiplicas 2 por 2 diez veces lo comprobarás). Así pues, el kilobyte o KB equivale a 1024 bytes.

Siguiendo el mismo sistema, el megabyte o MB, conocido familiarmente como mega, es un kilo de kilobytes; es decir, 1024 KB, algo más de un millón de bytes.

A su vez, el gigabyte o GB, el popular giga, equivale a 1024 MB; el terabyte o TB son 1024 GB; etc.

Las unidades anteriores también se aplican a los bits, escribiéndose en minúscula cuando se abrevian. Así, un kilobit o Kb son 1024 bits y, por tanto 128 bytes; un megabit o Mb equivale a 128 KB; etc.

Por desgracia, la medida de la velocidad de transmisión se expresa en megabits por segundo (Mbps), no en megabytes. Es decir, que en el mejor de los casos, una conexión a Internet de 20 megas sólo podría transferir 2,5 megas por segundo... ¡Ya podía ir más rápido!

Unidades extraíbles

Poco después del inicio de este tercer milenio comenzaron a popularizarse los denominados, en inglés, *pen drive*, también conocidos por unidad flash USB, memorias USB, lápices disco, etc. ¿Y qué es eso que puede adoptar tantos nombres? Simplemente un periférico de pequeño tamaño, por lo general, que se conecta al puerto USB del equipo y nos brinda una nueva unidad, que podemos gestionar en la forma habitual. Por ejemplo, en la figura 5.1 te presento el primero que adquirí; su capacidad era únicamente de 64 MB y me costó cien euros.

Figura 5.1. Mi primer lápiz USB.

Posteriormente a estas unidades portátiles se les añadió un reproductor de audio, un pequeño visor y unos auriculares, de modo que no sólo tenían utilidad como medio de almacenamiento sino que, además, resultaban ser unos cómodos reproductores de música.

Estos *pen drive* reproductores pasaron a conocerse por "reproductores mp3 portátiles", aunque no solamente gestionaban archivos mp3 (hablaremos de este formato de audio comprimido en el capítulo 7) y, como esa referencia todavía era un poco larga, terminaron llamándose mp3 a secas, de modo que cada día era más común oír "me han regalado un mp3", "caben más de mil canciones en mi mp3", etc.

El siguiente paso en la evolución de los reproductores portátiles ya era bastante previsible, ¿verdad? Bastó con añadirles un programa reproductor de vídeo y una pequeña pantalla. ¿Y qué nombre darles? Pues mp4, para qué cavilar más.

Sin embargo, los reproductores mp3 y mp4 van desapareciendo del mercado, porque están siendo reemplazados por los nuevos teléfonos móviles, que, además de permitirnos hablar por teléfono desde casi cualquier lugar del planeta, reproducen audio y vídeo de alta calidad, tienen una gran capacidad de almacenamiento, incluyen GPS y cámara de fotos, pueden conectarse a Internet, etc.

Si bien todavía se utilizan los pequeños *pen drive* para guardar archivos (siempre tengo uno en el bolsillo), cada día se popularizan más los discos duros portátiles de gran capacidad que se conectan a un puerto USB y se manejan igual que el disco duro que hay dentro del equipo, con la ventaja de que podemos llevarlo de un ordenador a otro y, de esta forma, trasladamos varios gigas en poco tiempo y muy cómodamente, sin necesidad de grabar la información en DVD.

De hecho, incluso hay discos duros portátiles que llevan una conexión para el televisor, de modo que puede reproducirse su contenido multimedia en el salón de la casa, sin necesidad de ordenador.

En Windows 7 todas estas unidades extraíbles que acabamos de ver se gestionan de forma similar y, para conectarlas al equipo, sólo tenemos que introducirlas en un puerto USB.

La primera vez que se conecta una unidad extraíbles al equipo, Windows 7 suele reconocerla automáticamente, al igual que sucede en la figura 5.2; en caso contrario, solicitará el disco que contiene su controlador.

Por defecto, y como vemos en la figura 5.3, tras introducir la unidad extraíble en el puerto USB, Windows 7 nos ofrece diversas alternativas en función de su contenido. También nos sucederá lo mismo, cuando coloquemos un CD o DVD en la lectora o conectemos nuestra cámara fotográfica al equipo.

Si siempre tenemos el mismo tipo de archivos en la unidad extraíble, como pasa con la cámara digital o bien un reproductor mp3 que tan sólo utilizamos para audio, activando una de las opciones superiores de la figura 5.3 logramos que, automáticamente, se importen las imágenes o se reproduzca la música, en función de nuestra elección. Sin embargo, si utilizamos la unidad extraíble para llevar archivos de un sitio a otro, es habitual optar por Abrir la carpeta para ver los archivos, que nos ofrece más versatilidad para copiar cosas, borrarlas, etc.

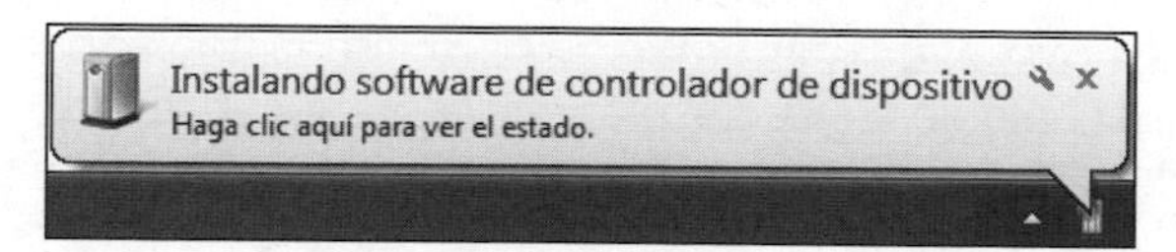

Figura 5.2. Conectada una unidad extraíble al equipo.

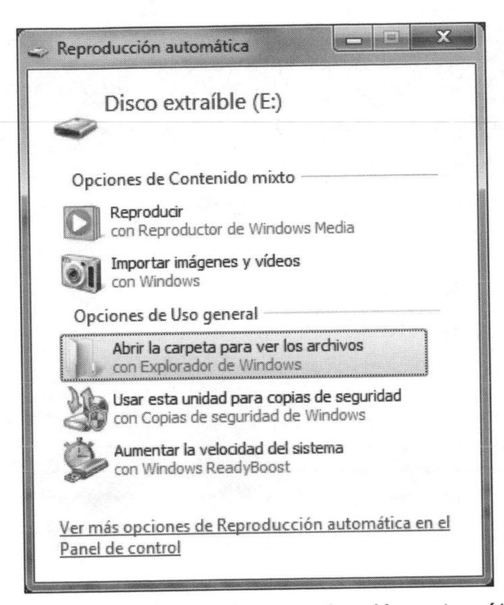

Figura 5.3. Opciones de reproducción automática.

La opción inferior de la figura 5.3, Aumentar la velocidad del sistema, utiliza parte del espacio de la unidad extraíble para acelerar el equipo. Es una opción a considerar cuando disponemos de un disco duro portátil que no sacamos de paseo a menudo.

- Si tenemos abierta la ventana de la unidad extraíble, copiamos elementos de ahí al disco duro fijo, sin más que arrastrar sus iconos hasta la carpeta deseada. Lo mismo podemos hacer para copiar en sentido inverso, aunque, este caso, también podemos ejecutar Enviar a>*Nombre del disco extraíble* del menú contextual de cualquier elemento, que no nos obliga a tener visible la unidad extraíble.
- Si hemos cerrado la ventana de la unidad extraíble y, por cualquier motivo queremos abrirla de nuevo, basta entrar en Equipo o en Dispositivos e impresoras del menú Inicio y, como vemos en la figura 5.4, ahí encontraremos su icono.
- Si al conectar la cámara digital al equipo optamos por Importar imágenes y vídeos, en el cuadro de diálogo que nos muestra la figura 5.5 podemos etiquetar las imágenes que vamos a copiar en nuestro disco duro, para facilitar su futura localización. Además, Configuración de importación nos permite personalizar la importación: dónde se guardarán los archivos, qué nombres tendrán, etc.

Por defecto, las fotografías importadas de la cámara se guardan en archivos de nombre etiqueta 001, etiqueta 002, etc., dentro de una carpeta de la biblioteca de Imágenes, que tiene por nombre la fecha del sistema seguida de la etiqueta.

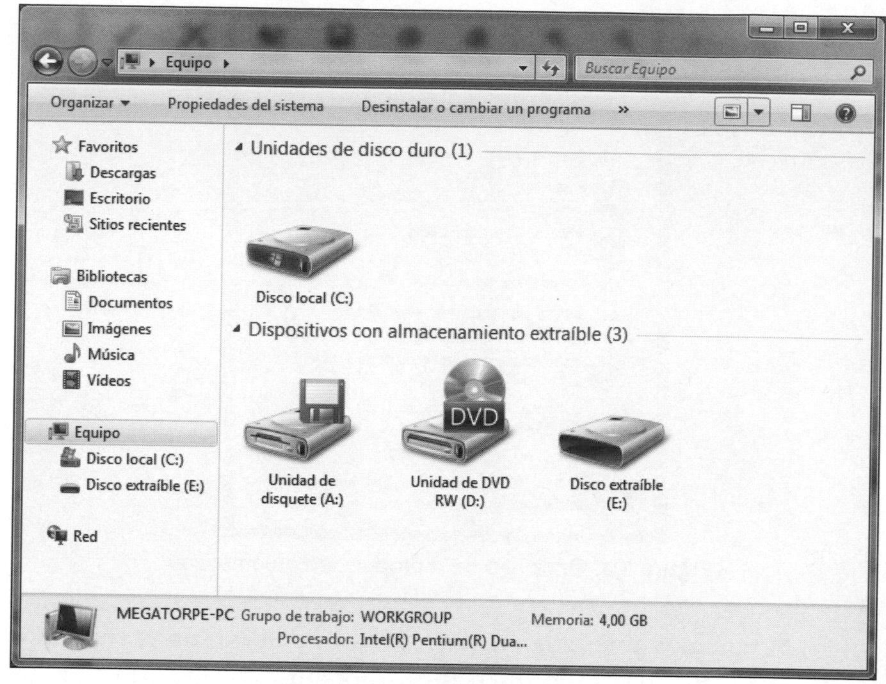

Figura 5.4. Unidades del equipo.

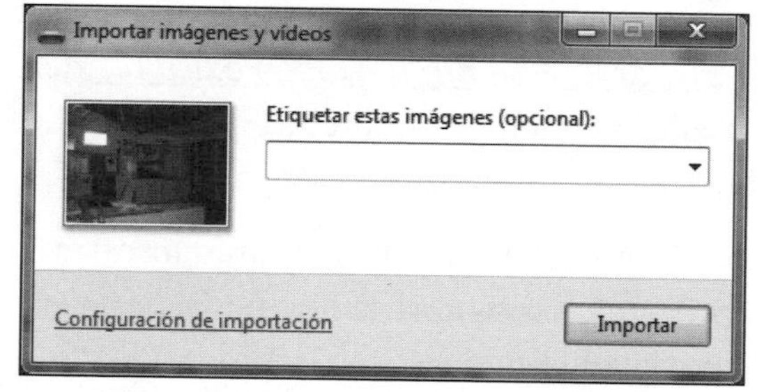

Figura 5.5. Importar imágenes y vídeos.

Para configurar a nuestro gusto la Reproducción automática, en el Panel de control debemos ir a Hardware y sonido>Reproducción automática.

Desactivando la casilla Usar la reproducción automática para todos los medios y dispositivos, evitamos que Windows 7 nos pregunte qué hacer en todos los casos.

También podemos seleccionar un medio y asignarle una acción predeterminada: reproducirlo, abrir la carpeta, no hacer nada, preguntar cada vez, etc.

Finalmente, mediante **Guardar** conservamos nuestra configuración personal.

¿Y cómo desconectamos una unidad USB del equipo? Previamente a la extracción de la unidad del puerto USB debemos cerrar todas sus ventanas y, luego, realizar cualquiera de las siguientes acciones:

- En el área de notificación localizamos el icono correspondiente a la unidad; si no lo vemos, hacemos entonces clic sobre la flecha **Mostrar iconos ocultos** para mostrarlo, al igual que sucede en la figura 5.6. Al activar el icono de la unidad, se nos ofrece la opción de expulsarla.

Figura 5.6. Para quitar una unidad USB de forma segura.

- Buscamos el icono de la unidad en Equipo o en Dispositivos e impresoras del menú Inicio. Después, ejecutamos Expulsar de su menú contextual.

Tras una breve espera Windows 7 nos indicará que es seguro quitar el dispositivo y, entonces, ya podemos extraerlo del puerto USB.

Sin embargo, como siempre andamos con prisas, a veces hacemos las cosas a la brava y sacamos la unidad del puerto USB sin más. Te aseguro, por experiencia propia, que esa práctica no es muy recomendable, porque nos arriesgamos a perder los datos de la unidad.

Cuando por el motivo que sea (a veces se va la luz en el momento más inoportuno) no podamos acceder al contenido de la unidad USB, no cuesta nada (¡de perdidos al río!) desplegar el menú contextual de su icono en Dispositivos e impresoras y probar con Solucionar problemas.

¿Y si así no hemos conseguido nada? Otra alternativa que, en ocasiones, arregla el problema es la siguiente:

¡Megarritual!

1. Ejecutamos el accesorio Símbolo del sistema.
2. En la ventana del Símbolo del sistema escribimos la siguiente orden (X: representa la unidad donde está insertado el disco USB, que en tu equipo será E: o G: o F:, etc.).

CHKDSK X: /F

3. Pulsamos **Intro** y esperamos un rato, a ver si Windows 7 puede lograr algo.

¿Y si todavía continuamos sin acceder a la unidad? Siempre podemos formatearla y dejarla como nueva, perdiendo todo lo que contuviera, claro está. De hecho, aunque hayamos recuperado toda su información o parte de ella, es aconsejable copiarla en una carpeta del disco duro (en el escritorio, por ejemplo) y, luego, formatear el disco extraíble para mayor seguridad; cuando finalice el proceso, podemos volver a copiar en él su anterior contenido.

Para formatear un disco extraíble buscamos su icono en Equipo y ejecutamos Formatear de su menú contextual, que abre el cuadro de diálogo de la figura 5.7 para que indiquemos las características del formateo.

- El sistema de archivos FAT (*File Allocation Table*, Tabla de Asignación de Archivos) fue desarrollado por Microsoft para MS-DOS, apareciendo en 1996 su versión más avanzada, FAT32, restringida a discos de 32 GB como máximo. Debido a sus limitaciones, se diseñó un nuevo sistema de archivos, NTFS (*New Technology File System*), que es más eficaz, fiable y puede manejar hasta 16 TB.
- Cuando escribimos una etiqueta del volumen, ese texto nos servirá de referencia para identificar la unidad.

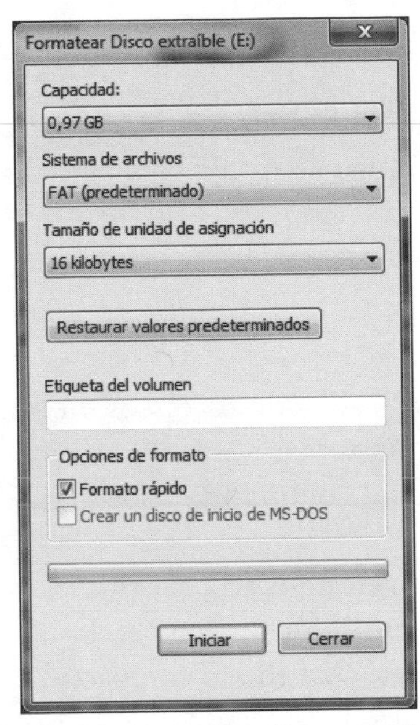

Figura 5.7. Formatear disco extraíble.

- El formato rápido, que sólo podemos activar cuando la unidad tiene un formato previo, lo único que hace es crear una tabla de archivos nueva. En cambio, el formato no rápido sí elimina completamente los archivos de la unidad en un disco duro, por lo que es más aconsejable cuando deseamos seguridad, si bien resulta bastante más lento.

Formatear es una de esas palabras que utiliza casi todo el mundo sin tener mucha idea de su significado. Así que vamos a ponerle remedio a ese déficit de conocimientos.

Imagina que tenemos un magnífico solar que pensamos destinar a aparcamiento de coches. Si dejamos que aparquen de cualquier manera, es seguro que se montará un lío de miedo: habrá coches que no podrán salir, será difícil localizar uno en concreto, etc. ¿Qué hacer? Pues lo mismo que hemos visto en múltiples aparcamientos: colocar algún tipo de marcas para delimitar las diversas plazas y dejar un camino libre para la salida y entrada de los vehículos.

El vicepresidente de Sony, Norio Ohga, era un fan de Beethoven y exigió que en los CD debía caber completa su Novena Sinfonía, para no tener que molestarse en cambiar de disco. La grabación más larga conocida era una de 1951, dirigida por Wilhelm Furtwängler, que duraba algo más de 73 minutos. Por esa razón, los primeros CD podían almacenar hasta 74 minutos de música.

Algo similar sucede en cualquier disco. Para que el ordenador pueda almacenar eficientemente la información y localizarla con rapidez, es preciso que introduzca sus propias marcas... y esta operación es precisamente la que se realiza durante el formateo.

Tipos de discos

Como vamos a estar hablando de discos un buen rato, es recomendable que conozcamos bien sus características, para evitarnos problemas y ahorrar dinero, comprando aquello que más nos interese en cada momento.

Siguiendo un orden cronológico, el primero en salir al mercado fue el CD, desarrollado por Philips y Sony en los años setenta. Sus siglas corresponden a *Compact Disk* (disco compacto) y, en principio, únicamente almacenaba música; es decir, lo que ahora se denomina CD de audio, donde las canciones conforman pistas, no archivos.

Al poco tiempo quedó claro que el soporte CD también resultaba idóneo para conservar archivos. Así surgieron los CD-ROM (*Compact Disk Read Only Memory*, memoria sólo de lectura en disco compacto), cuyo contenido podemos leer pero no modificar.

Enseguida, aparecieron los CD vírgenes que, disponiendo de una grabadora, nos ofrecen la posibilidad de almacenar archivos en ellos. Los hay de dos tipos:

- CD-R (*Compact Disk Recordable*, disco compacto grabable). Pueden contener tanto datos como música, pero una vez grabados no es posible modificar su contenido.
- CD-RW (*Compact Disk ReWritable*, disco compacto reescribible). Es posible borrar todo su contenido y reutilizarlos, pero no siempre resultan adecuados para grabar música.

En cuanto a la capacidad de los CD, en los de 74 minutos caben hasta 650 MB de datos y unos 700 MB en los de 80 minutos, que son los más comunes.

Con algo de suerte aún es posible encontrar CD de 800 y 900 MB, aunque prácticamente han desaparecido del mercado desde la llegada de los discos DVD, cuyas siglas corresponden a *Digital Versatile Disc* (disco versátil digital).

En 1999 surgió el primer formato de DVD (DVD-R) de la mano del DVD Forum, una agrupación de varias empresas. Más tarde, otra alianza de compañías dio origen al DVD+RW Alliance, que lanzó su propio formato de DVD (lo denominó DVD+R).

Resumiendo, hoy en día podemos encontrar dos tipos distintos de DVD grabables una única vez, DVD-R y DVD+R, junto con sus correspondientes regrabables, DVD-RW y DVD+RW. ¡Vaya lío! Desde luego, pero no debemos asustarnos, porque tanto las unidades para el ordenador como los reproductores DVD de sobremesa reconocen ambos tipos.

¿Y qué capacidad tiene un DVD? Los habituales (porque son los más baratos) se graban por una cara y tienen sólo una capa, almacenando hasta 4,7 GB de datos o unas dos horas de vídeo de buena calidad. Claro que también podemos encontrar DVD de 8,5 GB (una cara y doble capa), 9,4 GB (dos caras de capa simple), etc., tanto en la modalidad grabable como en regrabable.

Eso sí, debemos tener cuidado al comprar DVD vírgenes, porque hay gente que se confunde con tanta sigla y acaba comprando algo que no quería.

Por ejemplo, si observamos con atención las carátulas de DVD mostradas en la figura 5.8, comprobaremos que la superior incluye en su esquina inferior derecha el logotipo DVD, pero la inferior no.

¿Y cuál es la razón? Pues que el primero es un DVD- y, por tanto, cumple los estándares del DVD Forum, por lo que puede llevar su logotipo; en cambio, como los DVD+ carecen de permiso para incluirlo, lo sustituyen por un pequeño RW, que podemos ver en la carátula inferior de la figura 5.8.

Es decir, el logotipo RW a tamaño reducido nos indica que se trata de un DVD+, pero no que sea regrabable. Cuando sí lo sea, en la etiqueta se indicará en letras grandes DVD-RW o DVD+RW, según sea su tipo.

Para no utilizar tanta sigla (CD-ROM, CD de audio, CD-R y CD-RW), que convierte la lectura en un galimatías, a partir de ahora hablaré de CD a secas y del propio contexto se deducirá su tipo. Por la misma razón, cuando termine con la sopa de letras de los DVD, que es todavía más liosa, me referiré a ellos en general con DVD, sin especificar su tipo.

En general, los regrabables DVD+RW resultan más cómodos que los DVD-RW. Como sus precios son parecidos, me quedo con los DVD+RW.

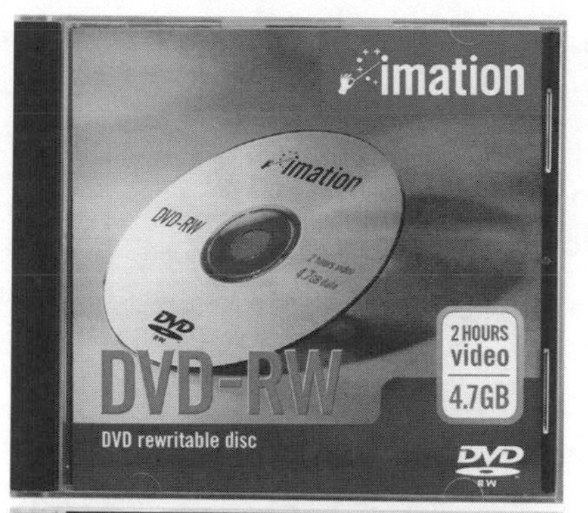

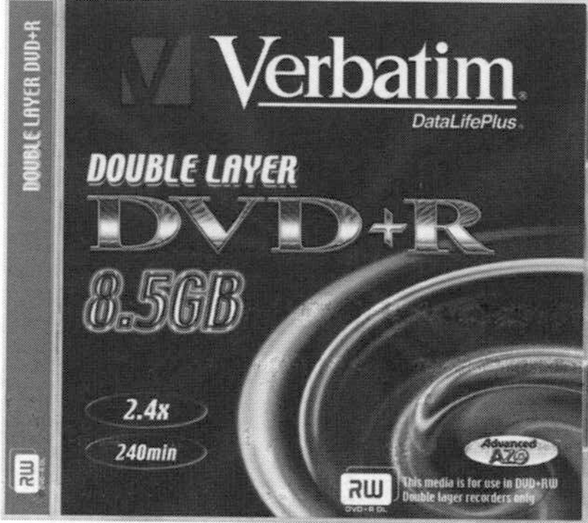

Figura 5.8. DVD regrabable de 4,7 GB (arriba) y grabable de 8,5 GB (abajo).

Aunque parezca sorprendente en un DVD de 4,7 GB no podemos grabar 4,7 GB de datos... ni 4,6 GB, ni 4,5 GB, ni...

¿Cómo es posible? Muy sencillo, las empresas que fabrican medios de almacenamiento (discos duros y DVD, por ejemplo) han optado por seguir el sistema métrico decimal, en lugar de usar las unidades de medida informáticas, y utilizan múltiplos de mil. Así, por ejemplo, llaman GB a mil millones de bytes, MB al millón de bytes, etc.

Entonces, ¿cuál es la capacidad real de un DVD de 4,7 GB? Sólo tenemos que dividir sus 4.700.000.000 bytes entre los 1.073.741.824 bytes de un GB informático y nos saldrá 4,377...

En otras palabras, en un DVD de 4,7 GB sólo es posible grabar un máximo de 4,37 GB informáticos.

A finales de 2003, el DVD Forum eligió el sucesor del DVD para la televisión de alta definición, al que denominó HD-DVD (*High Definition Digital Versatile Disc*). Las empresas interesadas en el tema que no pertenecían al DVD Forum emprendieron su propio camino alternativo y fundaron la Asociación de Discos Blu-ray.

Estos dos nuevos tipos, HD-DVD y Blu-ray, tenían prestaciones muy similares y eran incompatibles entre sí, pero en 2008 se abandonó la fabricación del primero y el disco Blu-ray, que vemos en la figura 5.9, es el rey indiscutible de la nueva generación de discos ópticos. Su capacidad más habitual es 25 GB (sobre las seis horas de vídeo) o 50 GB (los de doble capa), si bien ya se habla de Blu-ray de 200 GB.

Los discos ópticos de nueva generación emplean un láser de color azul, de ahí lo de "*blue ray*" (rayo azul). Como en algunos países no está permitido patentar nombres comunes, se decidió omitir la "e" y añadir un guión, llamándose oficialmente discos Blu-ray (BD es su abreviatura en inglés).

Figura 5.9. Disco Blu-ray de doble capa y logotipo Blu-ray.

Las grabadoras

Hoy en día es bastante improbable encontrar una grabadora de CD en un equipo con Windows 7, porque todo el mundo la ha sustituido por una grabadora de DVD; en cuanto a las grabadoras BD todavía no son muy populares.

Dicho de otro modo, como en la actualidad las grabadoras más comunes son las de DVD, que también permiten leer y grabar CD, vamos a centrarnos en ellas durante las explicaciones. ¿Y hay mucha variación entre ambos casos? Pues no, ya que los procesos que grabación son casi idénticos en CD y DVD, con la evidente diferencia del soporte.

Y para terminar con estos prolegómenos referentes a los discos y grabadoras, comento algunas cuestiones que la gente suele preguntarme:

- ¿Qué representa la velocidad de lectura o grabación de DVD? La velocidad de referencia es de 1.350 KB por segundo, pero como esto queda muy en el aire, se utiliza otra más intuitiva y sencilla de recordar. Así, en el caso de los DVD de 4,7 GB, una velocidad 1X equivale a una hora, más o menos; dicho de otro modo, grabar completo un DVD de 4,7 GB a una velocidad 4X lleva alrededor de un cuarto de hora; si lo grabamos a 16X, unos cuatro minutos, etc.
- ¿Qué significan las siglas DL que aparecen en el frontal de algunas grabadoras o en su publicidad? Simplemente que esa unidad puede grabar DVD de doble capa; es decir, de 8,5 GB.
- ¿Qué precauciones debemos tomar para conservar en perfecto estado nuestros CD y DVD? Cogerlos siempre por sus bordes y, una vez utilizados, almacenarlos en su caja. Además, si queremos escribir algo en su parte superior para recordar su contenido, sólo utilizaremos los rotuladores que venden con esa finalidad.
- ¿Es peligroso el láser de las grabadoras? ¡Claro que no! La grabadora de nuestro equipo se limita a emitir un láser de baja potencia que cambia la tonalidad de la posición de incidencia debido al calor aplicado. Por eso, algunas veces, las grabadoras se llaman tostadoras.

Grabar archivos en disco

A continuación vamos a ver cómo grabar varios archivos en un disco, independientemente de que contengan documentos, imágenes, canciones, vídeos, etc.; es decir, nos vamos a limitar a grabar datos en discos.

¿Y no podemos crear CD de audio y DVD de vídeo con Windows 7? ¡Desde luego que sí! No obstante, como el camino a seguir es algo diferente, dejamos estas tareas para un capítulo posterior.

Antes de comentar el procedimiento a seguir para grabar archivos en CD o bien DVD, es interesante que conozcamos los dos formatos de grabación que incluye Windows 7: Sistema de archivos en directo (Sistema de archivos LFS) y Registro de arranque maestro (Mastered).

¿Y cuál es preferible? Pues depende de qué tipo de grabación vayamos a realizar, porque no es lo mismo guardar archivos como medida de precaución que hacerlo con idea de llevarlos a otros sitios (diferente equipo, un reproductor DVD de sobremesa, etc.).

Para tener claro cuál nos puede interesar en un determinado momento, veamos brevemente las ventajas e inconvenientes de cada uno de estos formatos.

Comencemos por el Sistema de archivos en directo, que se gestiona igual que una unidad flash USB:

- Los archivos se copian en el disco al momento, como si estuviésemos trabajando con una unidad extraíble.
- Si lo deseamos, podemos borrar algunos de los archivos grabados en el disco.
- Para mantener la compatibilidad con otros equipos, es necesario cerrar la sesión cada vez que se extrae el disco. Aunque esta operación la realiza automáticamente Windows 7, conlleva la pérdida de unos veinte megas del disco y una cierta espera.
- Las grabaciones mediante el Sistema de archivos en directo sólo son legibles en equipos cuya versión de Windows sea XP o posterior (caso de Windows 7).

En cuanto a las grabaciones efectuadas según el Registro de arranque maestro, sus características son las siguientes:

- Los archivos se van copiando en el disco duro, a la espera de que tenga lugar la grabación de todos ellos a la vez. Esa imagen virtual del disco, que desaparece al terminar la grabación, viene

El nombre inglés del Sistema de archivos en directo es *Live File System*. Por eso, también se conoce por Sistema de archivos LFS.

a ocupar lo mismo que los archivos a grabar, por lo que imprescindible disponer de ese espacio libre en el disco duro.

- Sólo si utilizamos regrabables, tenemos la posibilidad de borrar todos los archivos del disco. En ningún caso podemos suprimir sólo unos pocos.
- Se pueden utilizar con cualquier versión de Windows y, en función de su contenido, también con reproductores de DVD o CD de sobremesa.

Resumiendo. El Sistema de archivos LFS es el más adecuado para salvaguardar archivos del ordenador personal o profesional, ya que al gestionar el disco como si fuese una unidad extraíble su empleo resulta rápido y cómodo.

En cambio, el formato Mastered resulta preferible para grabar amplias colecciones multimedia (fotografías, audio, vídeo) que vayamos a disfrutar en reproductores DVD de sobremesa... o para llevar archivos a equipos que no están a la última.

Y una vez aclarada la diferencia entre ambos formatos, pasemos a las cuestiones prácticas; dicho de otro modo, vamos a ver cómo grabar algunos archivos en disco.

¿Y dónde lo hacemos, en CD o en DVD? Da igual, el proceso es idéntico en ambos casos, con la evidente diferencia de capacidad del soporte.

Sistema de archivos LFS

Empezaremos grabando archivos con el Sistema de archivos LFS. Por ejemplo, podemos utilizar para las pruebas algunos de nuestros documentos WordPad.

Sí, claro que no dan para llenar un disco, ni mucho menos, pero sólo perderemos una ínfima parte del espacio, porque podremos seguir añadiendo más cosas en el futuro.

En esta modalidad de grabación, antes de poder trabajar con un disco virgen, es necesario que Windows 7 lo formatee.

1. Introducimos el disco en la grabadora.
2. En el cuadro de diálogo de la figura 5.10 seleccionamos **Grabar archivos en disco**. Si lo deseamos, activaremos la casilla superior para que no vuelva a preguntarnos.

Figura 5.10. El disco está en blanco.

3. En el siguiente cuadro de diálogo, cambiamos el título del disco si lo deseamos (por defecto aparece la fecha actual). Debajo aparecen los dos formatos de grabación conocidos y, como vemos en la figura 5.11, el Sistema de archivos LFS (Como una unidad flash USB) aparece predeterminado. Ahora dejamos activada dicha opción y hacemos clic en **Siguiente**.
4. Seguidamente se procede al formateo del disco y, poco después, ya podemos abrir la carpeta correspondiente al nuevo disco.

A partir de este momento, nuestro disco lo gestionaremos como si fuera una unidad flash USB; es decir, para grabar archivos en el disco sólo tenemos que arrastrarlos hasta su carpeta o, en el menú contextual de los archivos, ejecutar Enviar a>Unidad de DVD RW.

Inmediatamente comienza su copia en el disco y en la ventana informativa de la figura 5.12 se nos indica la evolución de la grabación y el tiempo que resta hasta su término.

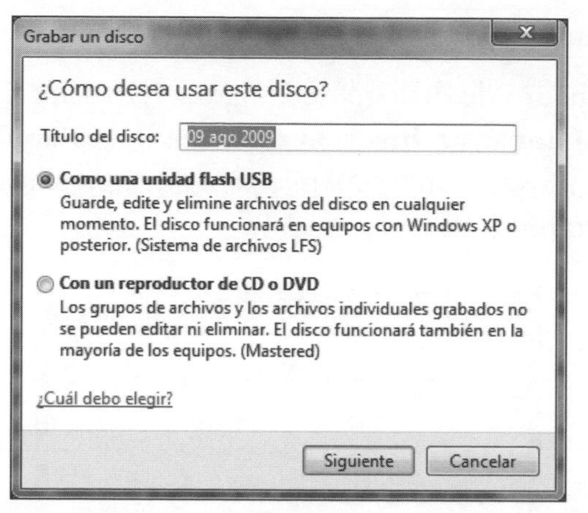

Figura 5.11. Preparando el disco.

Para abrir la carpeta correspondiente al disco, en Equipo sólo tenemos que activar el icono de la unidad.

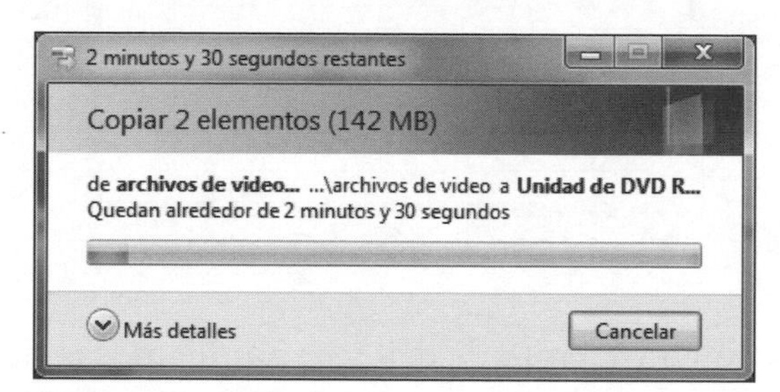

Figura 5.12. Copiando los archivos en disco.

Podemos repetir el proceso anterior con cualquier otro archivo, con el único límite de la capacidad del disco. Además, en cualquier momento podemos borrar cualquiera de los archivos grabados sin más que seleccionarlo y pulsar **Supr** o ejecutar Eliminar de su menú contextual; eso sí, el espacio que ocupaba el archivo borrado no se libera (se pierde sin remisión, en otras palabras).

- Cuando pulsemos el botón de la grabadora para extraer el disco, surgirá un globo informativo en la parte inferior derecha del escritorio para indicarnos que Windows 7 está cerrando la sesión; segundos después desaparece y el disco es expulsado.
- Si preferimos efectuar el cierre de forma manual, en la barra de herramientas de la carpeta del disco (y en su menú contextual)

tenemos a nuestra disposición Cerrar sesión... y Expulsar para extraer el disco de la grabadora.

- En el menú contextual de cualquier disco regrabable encontramos el comando Borrar este disco, el cual nos permite eliminar su contenido, liberando todo su espacio y dejándolo como nuevo.
- En el caso de los discos DVD+RW su extracción de la grabadora es prácticamente inmediata, pues no precisan cerrar sesión.

Registro de arranque maestro

Para grabar archivos mediante el formato Mastered, una vez introducido el disco en la grabadora, en el cuadro de diálogo de la figura 5.11 elegimos Con un reproductor de CD o DVD.

Como ahora Windows 7 no necesita formatear el disco, al hacer clic en **Siguiente** inmediatamente se abre la ventana de la figura 5.13, correspondiente al nuevo disco.

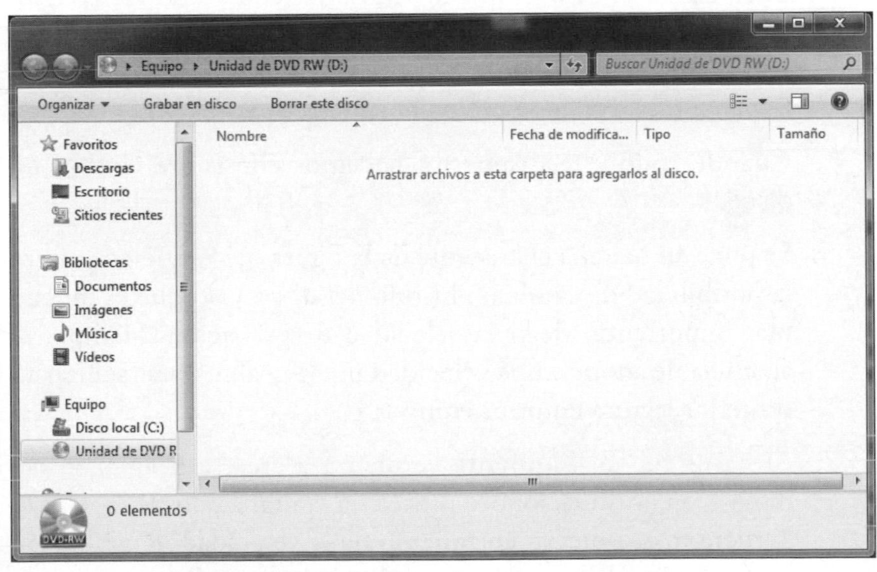

Figura 5.13. Registro de arranque maestro.

Observemos que en su barra de herramientas aparece Grabar en disco. Hasta que no hagamos clic en esa opción, no comenzará la grabación.

1. Arrastramos hasta la carpeta de la figura 5.13 los archivos que vamos grabar en disco o ejecutamos Enviar a>Unidad de DVD RW de su menú contextual.
2. En la parte inferior de la pantalla, Windows 7 nos muestra un globo informativo indicándonos que hay algo para grabar. Tranquilidad, no pasa nada. Si lo deseamos, podemos seguir añadiendo más elementos a la lista de los que van a ser copiados en el disco.
3. Cuando terminemos de seleccionar todos los archivos que deseamos grabar en el disco, hacemos clic en el globo informativo. ¿Y si no está visible? En Equipo, abrimos el icono de la grabadora.
4. Se abre entonces la carpeta del disco, análoga a la mostrada en la figura 5.14, donde vemos los elementos que vamos a grabar, una copia de los cuales se almacena en una zona temporal del disco duro. En caso de que nos hayamos equivocado con algún archivo, todavía estamos a tiempo de corregirlo; simplemente lo seleccionamos y pulsamos **Supr** para eliminarlo de la lista (con Eliminar archivos temporales borramos todos ellos).
5. Cuando todo esté dispuesto, hacemos clic sobre Grabar en disco.
6. Se pone en marcha el asistente de la figura 5.15, que nos ofrece la posibilidad de cambiar el título del disco y, lo que es mucho más importante, elegir la velocidad de grabación. Siempre es aconsejable adoptar una velocidad no muy alta, para facilitar su posterior lectura en otros equipos.
7. Al hacer clic en **Siguiente** comienza a crearse la imagen del disco y, a continuación, se procede a la grabación de los datos. Tardará más o menos en función de la velocidad de grabación y del tamaño de los elementos seleccionados.

Es preferible no seleccionar la máxima velocidad de la grabadora ya que, aunque el proceso acabe antes, posteriormente puede haber problemas de lectura en el disco.

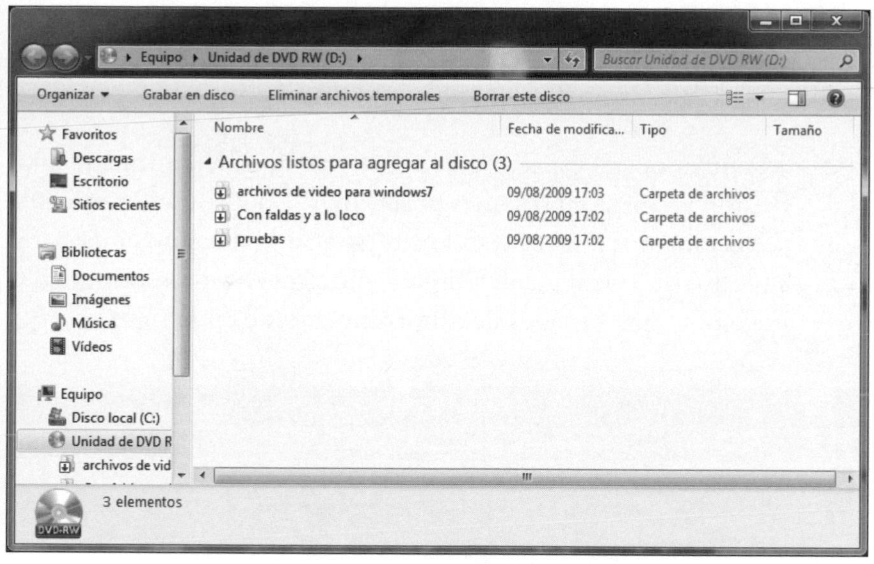

Figura 5.14. Elementos preparados para ser grabados.

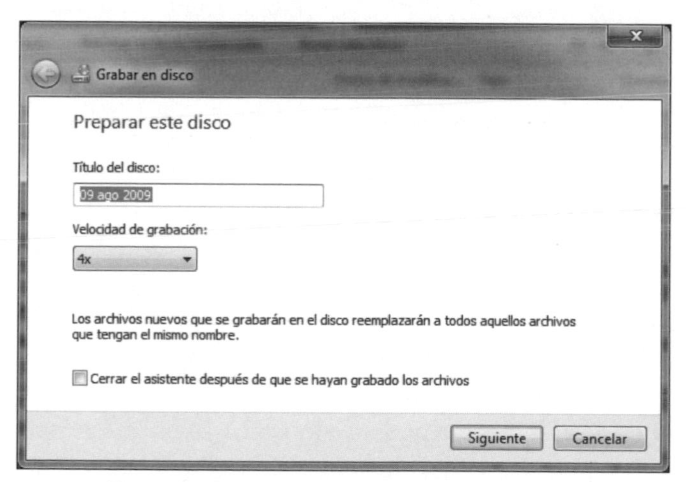

Figura 5.15. Asistente para grabar en disco.

8. Cuando la grabación haya concluido, el asistente abre la unidad para que recojamos el disco recién grabado y nos ofrece la posibilidad de volver a grabar esos datos en otro disco. Si hacemos clic en **Finalizar**, Windows 7 elimina la copia temporal de los archivos... y asunto concluido.

Aunque esta forma de grabar no es tan cómoda como la que nos ofrece el Sistema de archivos LFS, lo cierto es que también resulta muy sencilla, ¿verdad?

- Mientras quede espacio en el disco, es posible continuar añadiendo archivos en sesiones posteriores. En este caso, conforme seleccionamos nuevos elementos para su grabación, en la parte superior de la ventana del disco se muestra el contenido actual y, debajo, el que vamos a añadir, como sucede en la figura 5.16.

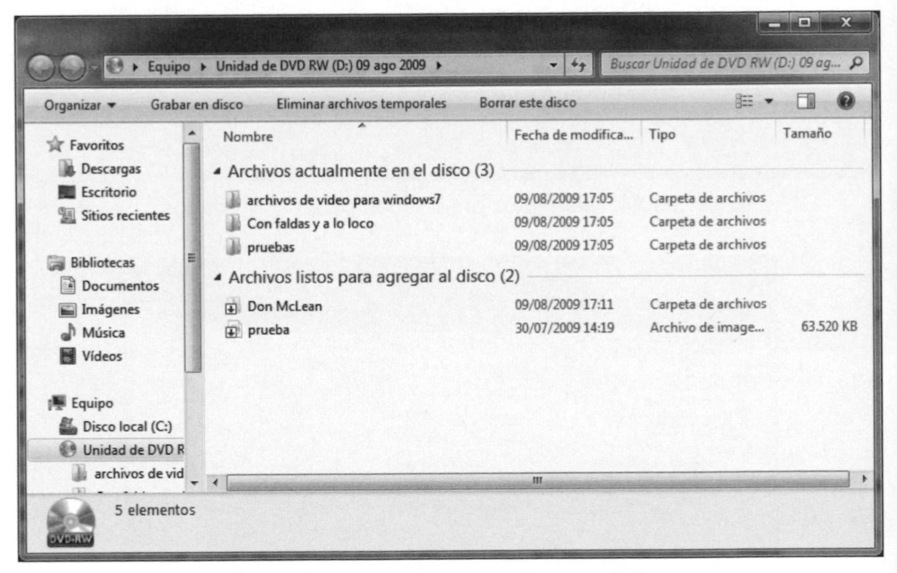

Figura 5.16. Se vuelve a grabar en el disco.

- No es posible borrar nada de lo grabado en disco, salvo que se trate de un regrabable, en cuyo caso tenemos opción de eliminar todo su contenido, con Borrar este disco.

- Cuando pretendemos grabar un archivo que ya estuviese en el disco, se nos preguntará si queremos reemplazarlo. Claro que debemos entender este reemplazo en el sentido de quedarnos con el nuevo y olvidarnos del anterior, no en el de recuperar el espacio que ocupaba.

Archivos iso

En informática se denomina imagen de un disco a un único archivo, generalmente de extensión iso, que contiene una copia completa del disco. Si disponemos de ese archivo imagen, podemos grabar cuantas copias del disco deseemos más adelante.

Por ejemplo, muchas empresas ofertan en Internet la descarga de sus productos en archivos de tipo iso, a partir de los cuales debemos crear una copia del disco correspondiente para proceder a la instalación del software. También en muchos equipos nuevos se está dejando de incluir el clásico disco de recuperación y se está sustituyendo por un archivo iso; una política comercial que resulta más económica para el fabricante, ya que debemos generar el disco por nuestra cuenta y eso que se ahorran.

Y una vez que tenemos en nuestro poder el archivo iso, ¿qué debemos hacer para obtener una copia del disco que contiene? Simplemente activar su icono y se pondrá en marcha la Grabadora de imágenes de disco de Windows, cuya ventana vemos en la figura 5.17.

Únicamente hemos de seleccionar nuestra grabadora (si sólo tenemos una, ni eso), introducir en ella un disco virgen y hacer clic en **Grabar**... ¡Más sencillo imposible!

El sistema de archivos ISO (del griego *iso*, igual) es un formato de almacenaje de archivos estandarizado por la ISO (*International Organization for Standardization*) en 1986.

Figura 5.17. Grabadora de imágenes de disco de Windows.

Si tu portátil incluye un archivo iso como disco de recuperación, crea el disco a partir de él y guárdalo en lugar seguro.

Buscar archivos

Si todavía no lo está, ten por seguro que tu disco duro acabará bastante abarrotado, con miles y miles de archivos y carpetas. Cuando esto sucede, buscar manualmente un determinado archivo resulta una ardua tarea, incluso aunque seamos unas personas muy organizadas.

El trabajo de buscar archivos es tan frecuente que Windows 7 nos ofrece varias alternativas para localizarlos. Eso sí, debemos tener presente que, por defecto, la búsqueda, que no diferencia mayúsculas y minúsculas, analiza cualquiera de las características del elemento: nombre, tipo, autor, contenido, etc. Es decir, si comenzamos a teclear *mp*, aparecerán archivos de tipo mpeg, mp3, los documentos escritos por Amparo, etc.

Claro que, conforme vayamos tecleando más caracteres, iremos refinando la búsqueda.

Comencemos por algo que ya hemos manejado alguna que otra vez, el cuadro Buscar programas y archivos del menú Inicio. Como ya sabemos, nos permite buscar programas, pero también nos sirve para localizar archivos... siempre que hayan sido indexados.

¿Y qué significa eso último? Pues que Windows 7 crea automáticamente un índice de los archivos (de ahí lo de indexados) para aumentar la rapidez de las búsquedas. En este índice se encuentran los archivos más comunes y habituales, entre ellos todos los incluidos en las bibliotecas, en el correo electrónico, etc.

Aunque es preferible no tocar las ubicaciones que se indexan, sí que es posible modificarlas. A título meramente informativo te indico cómo se haría.

1. En el cuadro Buscar programas y archivos del menú Inicio comenzamos a escribir *Opciones de indización*.

2. Cuando activemos la opción de ese nombre, se abre la ventana de la figura 5.18. Con **Modificar** podemos cambiar las ubicaciones seleccionadas y con **Opciones avanzadas** los tipos de archivo que se indexan.

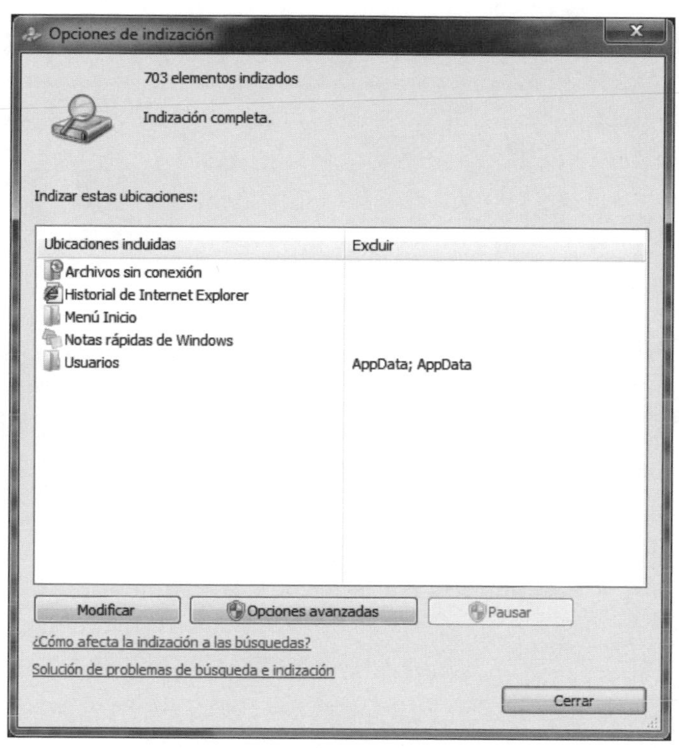

Figura 5.18. Opciones de indización.

Con F3 vamos directamente al cuadro Buscar de la carpeta activa.

La búsqueda no se limita a los nombres de los archivos, sino también a sus propiedades. Por ejemplo, en la figura 5.19 observamos que dos de las imágenes localizadas no incluyen el criterio de búsqueda en su nombre, aunque sí aparece en sus propiedades.

Otra posibilidad que nos brinda Windows 7 es buscar archivos en cualquier carpeta, en cuyo caso también se incluyen sus subcarpetas.

Para realizar este tipo de búsquedas, sólo tenemos que abrir la carpeta e ir escribiendo caracteres (sin necesidad de pulsar la tecla **Intro**) en el cuadro Buscar de su esquina superior derecha, hasta que encontremos el archivo deseado.

Si observamos el resultado de una búsqueda, caso de la figura 5.19, disponemos de unos botones interesantes en su ventana:

- **Guardar búsqueda** nos permite guardar la búsqueda actual (no los archivos localizados sino el criterio de búsqueda) en un archivo que se almacena en nuestra carpeta Búsquedas. De esta forma, si tenemos que repetirla en el futuro sólo tendremos que hacer clic en ella.

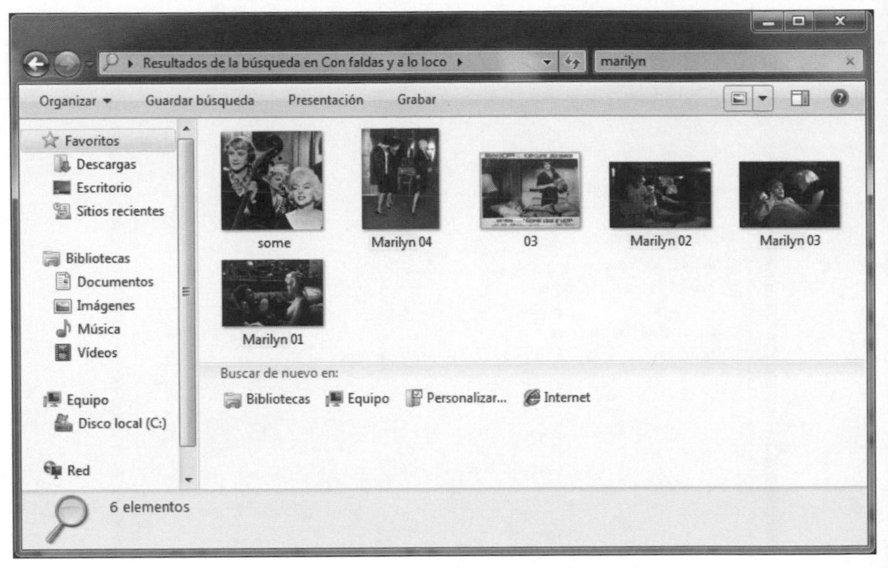

Figura 5.19. Resultado de la búsqueda.

- **Grabar** nos brinda la posibilidad de grabar en disco los elementos encontrados.
- Al final del listado de resultados se nos brindan opciones para repetir la búsqueda en las bibliotecas, todo el equipo o bien en Internet. Con **Personalizar** podemos cambiar las ubicaciones seleccionadas.

Sin embargo, hay ocasiones en que el número de resultados es muy amplio y todavía nos cuesta hallar el deseado.

Por ejemplo, si hemos escrito *Aurora* como criterio de búsqueda, aparecen todas las fotografías en que Aurora forma parte del nombre o de sus propiedades, todos los documentos donde se hable de la aurora boreal, etc.

En estos casos, Windows 7 nos permite refinar la búsqueda para restringirla a una determinada característica, es decir, podemos aplicar un filtro de búsqueda; por ejemplo, limitarla a los archivos modificados en un año concreto o a los que tienen un tamaño pequeño o a las fotografías de un determinado tipo, etc.

Estos filtros nos aparecen por defecto al hacer clic en el cuadro de búsqueda y varían en función de los elementos que hay en la carpeta, como vemos en la figura 5.20.

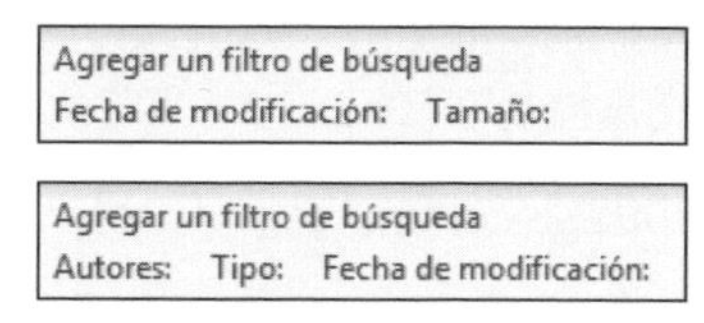

Figura 5.20. Diferentes filtros.

Por ejemplo, si buscamos en la biblioteca Documentos, con Tipo podemos restringir la búsqueda sólo a archivos txt o docx o carpetas o... Luego, si a continuación aplicamos el filtro Fecha de modificación, de los anteriores nos quedaremos sólo con aquellos modificados en el periodo que establezcamos en el cuadro de la figura 5.21.

Claro que, si queremos más versatilidad, también podemos aplicar filtros manualmente. Para conseguirlo, debemos escribir en el cuadro <u>Buscar</u> la característica de filtrado y, tras dos puntos, los caracteres de búsqueda.

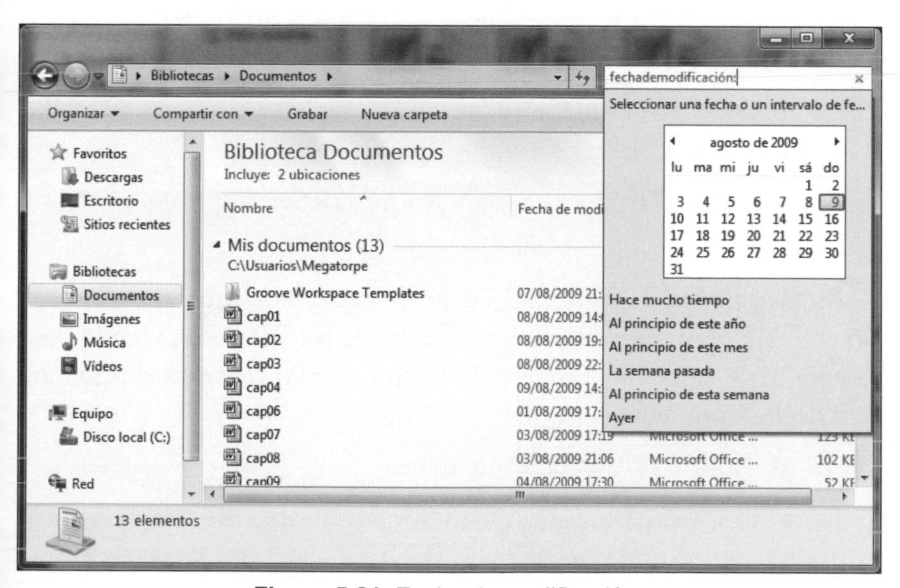

Figura 5.21. Fecha de modificación.

Como no quiero extenderme demasiado en explicaciones teóricas, que siempre resultan confusas, veamos unos cuantos ejemplos y, enseguida, cogeremos la idea.

- Nombre: Vicente, sólo localiza aquellos archivos que contengan Vicente en su nombre.
- Modificado: 2009, se centra en los archivos modificados dicho año.
- Tamaño: > 6 MB, busca los archivos cuyo tamaño supera los seis megas.
- Fecha: > 01/12/08, halla los archivos modificados por posterioridad a la fecha indicada.
- Autor: Vicente, localiza solamente los archivos cuyo autor sea Vicente.

Por si fuera poco, también podemos aplicar filtros lógicos, al nombre del archivo, autor, etc. Estos filtros, que debemos escribir siempre en mayúsculas, son AND (y), OR (o) y NOT (no).

- Aurora AND Vicente, busca todos los archivos que en sus características incluyen ambas palabras.
- Aurora OR Vicente, localiza los que tienen cualquiera de las dos palabras.
- Aurora NOT Vicente, halla los que tienen la primera pero no la segunda.

¿Te apetece practicar un poco con las opciones de búsqueda que ofrece Windows 7?

Incluso podemos combinar las dos modalidades que acabamos de ver. Por ejemplo, para localizar los archivos que han sido creados por Aurora o que tienen un tamaño mediano, introduciríamos el siguiente criterio de búsqueda:

Autor: Aurora OR tamaño: mediano

De hecho, las expresiones pueden complicarse todavía más, pero vamos a dejarlo aquí, porque no es habitual necesitar criterios de búsqueda demasiado complejos.

Redes

Una red de área local se denomina LAN (*Local Area Network*) y su ámbito se reduce a un área limitada, como un hogar, un Centro de enseñanza, una oficina, etc.

Como en muchos hogares hay varios ordenadores compartiendo una misma conexión a Internet, vamos a aprovechar las opciones que nos brinda Windows 7 para crear una sencilla red local que nos permita transferir información entre los diferentes equipos de la red y compartir la impresora familiar.

¿Y solamente se reducen a esos temas las posibilidades de trabajo con redes de Windows 7? ¡Ni mucho menos! Sin embargo, meternos un poco más a fondo en el tema nos llevaría fuera del ámbito de este libro y, además, únicamente con lo anterior (compartir archivos e impresora) se cubren las necesidades de casi todos los hogares. ¿Aclarada la cuestión?

Siguiendo con nuestra red local, es evidente que los equipos deben comunicarse de alguna manera. En la mayoría de hogares y oficinas esta conexión tiene lugar mediante cables, como los mostrados en la figura 5.22, o de forma inalámbrica, a través de ondas electromagnéticas que viajan por el aire.

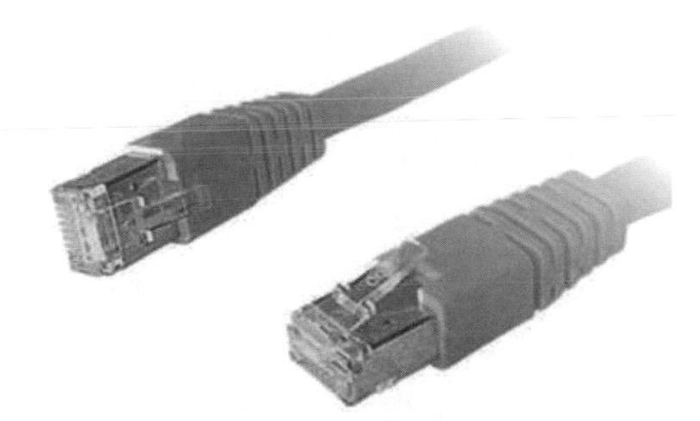

Figura 5.22. Los cables suelen finalizar en conectores RJ45.

Además, todos los equipos de la red necesitan su correspondiente adaptador de red para controlar el envío y recepción de la información. Los más habituales son las tarjetas que incorporan los equipos para permitir la conexión por cable (Ethernet) y los adaptadores USB para conexiones inalámbricas (los portátiles suelen incluir su propio adaptador), siendo las más comunes las redes WiFi (*Wireless Fidelity*).

Por último, necesitamos un dispositivo que se encargue de distribuir la información por la red; es decir, un router (enrutador). Por suerte, hoy en día casi todas las conexiones a Internet en hogares y oficinas tienen lugar a través de un router.

En una red pueden conectarse varios equipos al router con los correspondientes cables Ethernet (si bien algunos modelos sólo admiten una única conexión de este tipo) y los otros de forma inalámbrica.

De hecho, WiFi es una marca de la organización Wi-Fi Alliance, cuyo nombre anterior era WECA (*Wireless Ethernet Compatibility Alliance*).

Como es fácil deducir de este último nombre, la compatibilidad entre Ethernet y WiFi es total.

Recursos a compartir

Suponiendo que tenemos todo el hardware que acabamos de comentar, veamos seguidamente qué debemos hacer en Windows 7 para compartir archivos en una red local. ¿Y todos los equipos de la red deben tener instalado Windows 7? No, claro, aunque todo resulta más sencillo con él.

Comencemos.

Por defecto al instalar Windows 7 se crea el grupo de trabajo de nombre WORKGROUP, al igual que sucedía en Windows Vista y en casi todas las versiones de Windows XP. Dicho de otro modo, el proceso se simplifica bastante si dejamos todo como está y los equipos de la red no tienen una versión antediluviana de Windows.

Podemos comprobar esta cuestión o cambiar nuestra configuración (mejor que no, ¿de acuerdo?) en la ventana de la figura 5.23, que abrimos con Propiedades del menú contextual de Equipo o desde Sistema y seguridad>Sistema del Panel de control.

Es decir, que sin necesidad de hacer nada, en principio todos los equipos conectados a Internet a través del mismo router conforman un mismo grupo de trabajo. En otras palabras, Windows 7 nos monta la red por su cuenta.

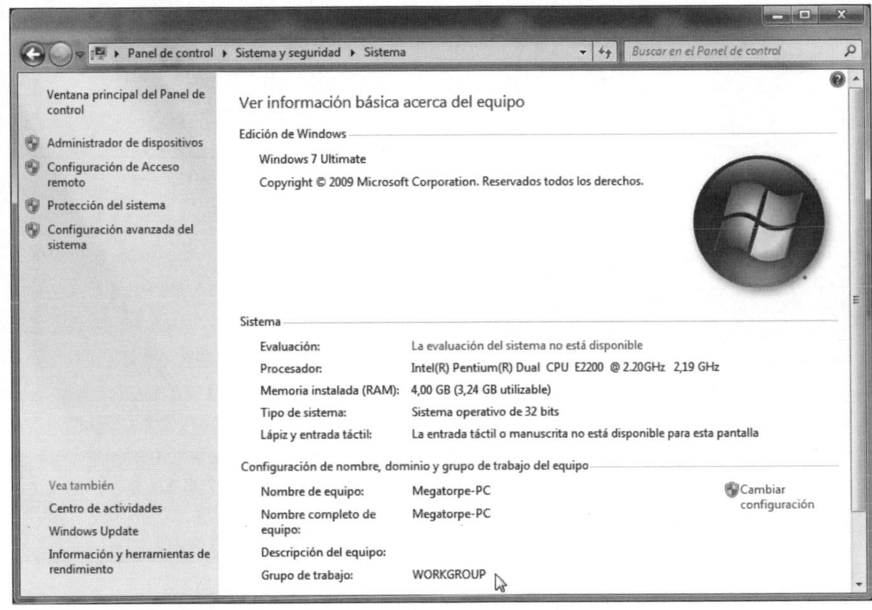

Figura 5.23. Información básica acerca del equipo.

¿Y dónde están los otros equipos de la red? ¡Eh, eh! Sin prisas.

Una cosa es que físicamente los equipos estén conectados en red y otra muy distinta que se permita el acceso indiscriminado. Por evidentes razones de seguridad, en principio Windows 7 tiene desactivada la interrelación con otros equipos de la red y es necesario explicitar claramente que nos interesa activarla.

¡Megarritual!

1. Abrimos el Centro de redes y recursos compartidos, cuya ventana se muestra en la figura 5.24. Para ello, escribimos su nombre en el cuadro de búsqueda del menú Inicio o, en el Panel de control, vamos a Redes e Internet> Centro de redes y recursos compartidos.
2. En el lateral izquierdo, hacemos clic en Cambiar configuración de uso compartido avanzado.

Si activamos el icono de Acceso a Internet del área de notificación, ahí también se nos ofrece un enlace para abrir el Centro de redes y recursos compartidos.

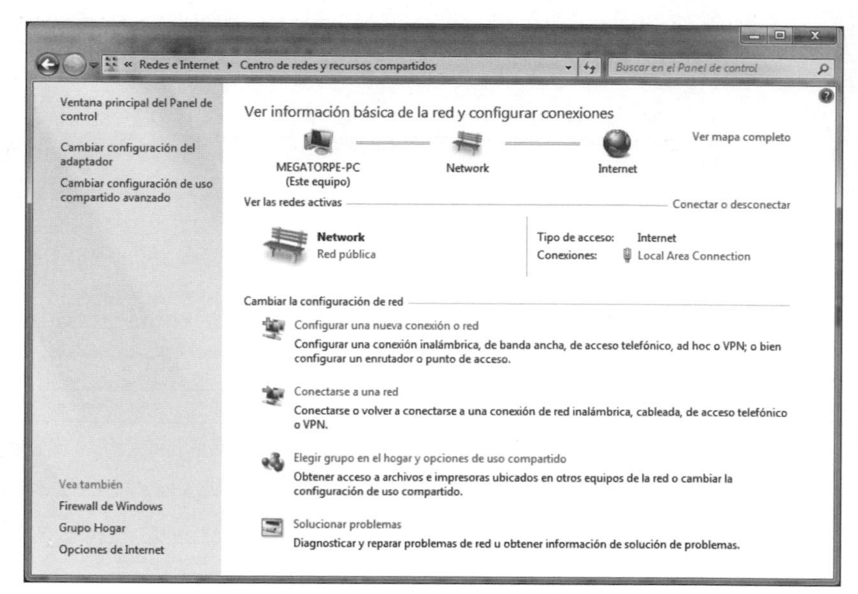

Figura 5.24. Centro de redes y recursos compartidos.

3. Como sucede en el cuadro de diálogo de la figura 5.25, habitualmente las tres primeras opciones se suelen activar para así detectar la red, compartir recursos y tener abiertas a la red nuestras carpetas públicas. ¿Y las otras opciones? Pues también podemos decidir activarlas aunque, como siempre, todo es cuestión de gustos (en muchos hogares se desactiva el uso compartido con protección por contraseña).
4. Hacemos clic en **Guardar cambios**.

Todo cuanto coloquemos en nuestras carpetas públicas está disponible para los otros equipos de la red, si hemos optado por compartirlas. ¡Mucho cuidado con lo que pones en ellas!

¿Y ahora qué? Pues que ya podemos trabajar con la red. Por ejemplo, en el Panel de navegación de cualquier carpeta disponemos del enlace Red y al activarlo se listan todos los equipos reconocibles conectados a la red, tal y como vemos en la figura 5.26. Ahora, si abrimos uno de los equipos, accedemos a sus carpetas públicas y ahí copiamos archivos, borramos elementos, etc.

Otro recurso que se comparte usualmente en hogares y oficinas es la impresora. De este modo, basta con adquirir sólo una y emplearla desde cualquier equipo de la red.

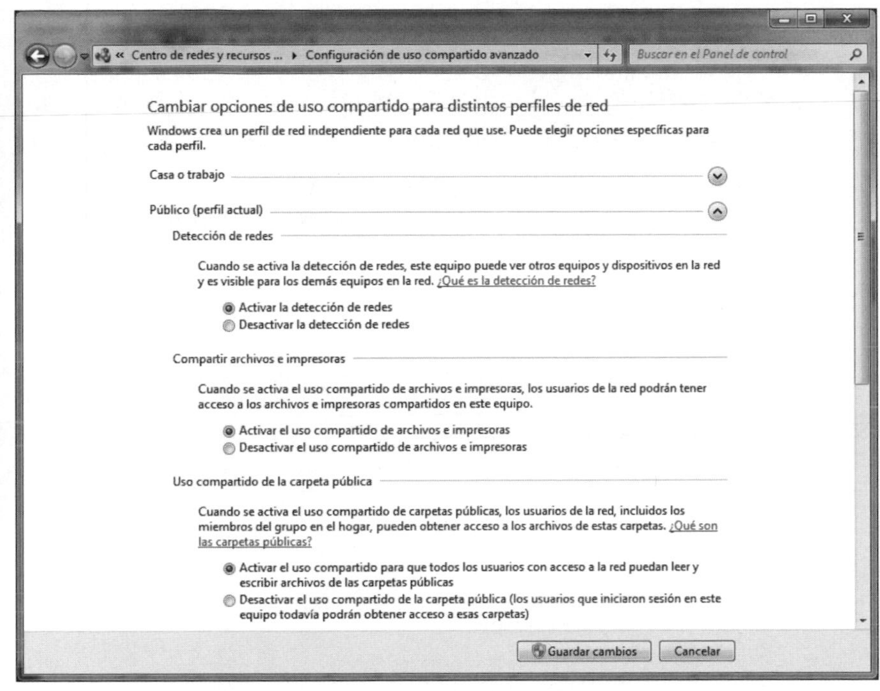

Figura 5.25. Cambiar opciones de uso compartido.

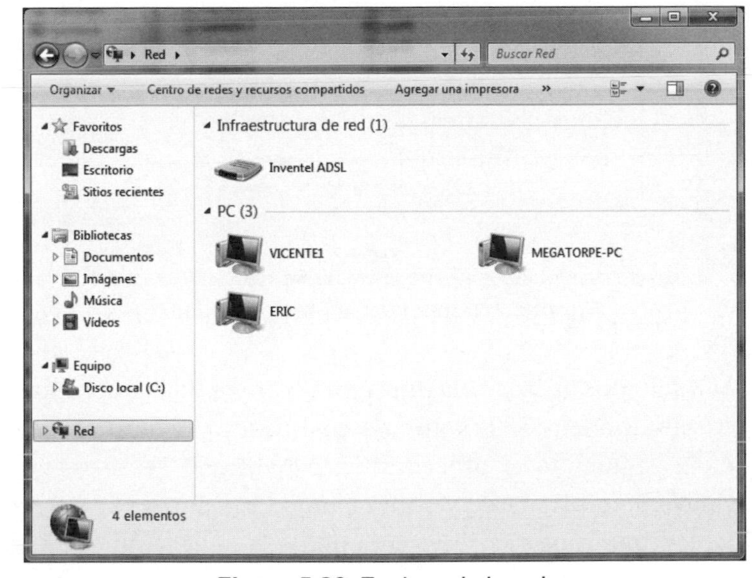

Figura 5.26. Equipos de la red.

- Si la impresora está conectada a nuestro equipo y queremos que esté disponible para el resto de los equipos de la red, solamente tenemos que localizarla en **Dispositivos e impresoras**, desplegar su menú contextual y luego ejecutar Propiedades de impresora. En la ficha Compartir del cuadro de diálogo que se abre, activamos la casilla Compartir esta impresora, como en la figura 5.27.

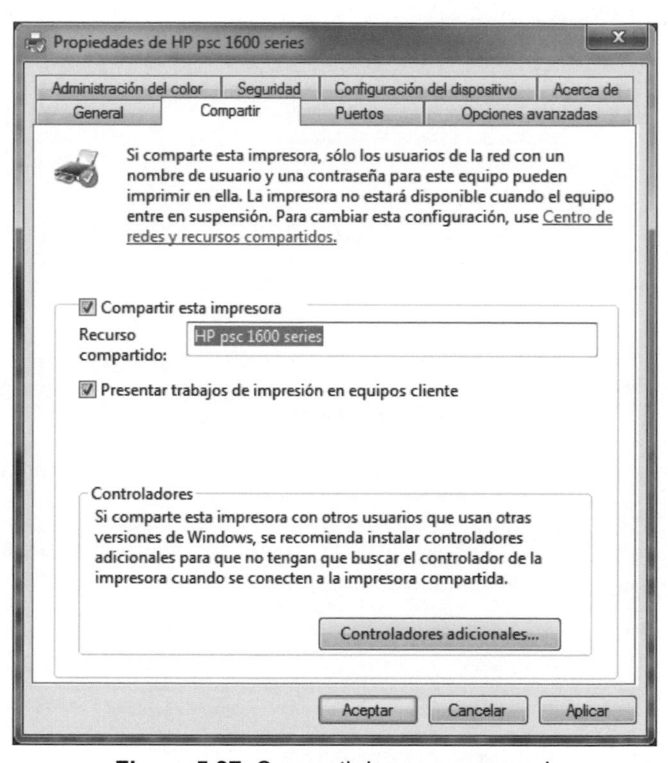

Figura 5.27. Compartir impresora en red.

Si queremos utilizar una impresora compartida que está conectada a un equipo, es necesario tener éste encendido. Para evitar este inconveniente, existen en el mercado sistemas de almacenamiento y servidores de impresión que se conectan directamente al router.

- Si queremos utilizar una impresora compartida conectada a otro equipo, podemos configurarla en el nuestro como predeterminada, siguiendo el procedimiento habitual. ¿Y si únicamente vamos a emplearla de vez en cuando? Entonces es más aconsejable limitarnos a seleccionarla desde la aplicación que estemos manejando.

Las historias de Megajolmes

Estábamos tomando café en el bar del pueblo de mi tío Gervasio, cuando se acercaron dos amigos suyos y se pusieron a hablar de fútbol. Lo curioso fue que, cuando alguien se refirió a un defensa diciendo que "se pega menos que un sello de correos", intervino el joven que atendía el mostrador.

- ¿Qué es un sello de correos? - preguntó.

No se estaba haciendo el tonto, ni tomándonos el pelo. Sencillamente no lo sabía. Ahí me di cuenta por primera vez de que quedaba muy atrás la época de mi juventud, donde no había móviles, ni correo electrónico, ni mp3, ni tantas otras cosas.

Por suerte, mi tío Gervasio sacó la cartera... No, no para pagar e invitarnos, sino para buscar un viejo sello que siempre llevaba encima por si tenía alguna urgencia, aunque hacía décadas que no enviaba una carta. Aquella fue mi oportunidad de cambiar de tercio y dejarme de melancólicos recuerdos.

- Os propongo un juego. Sólo hay que humedecer el sello un poco y lanzarlo hacia el techo; si alguno logra dejarlo pegado allí, van de mi cuenta las consumiciones.

Estuvieron un buen rato intentándolo hasta que, finalmente, se dieron por vencidos. Entonces fue mi turno. Coloqué la parte no adhesiva del sello sobre una moneda y la lancé hacia arriba, con un movimiento preciso que todavía recordaba de mis años de estudiante.

El sello quedó pegado al techo, si bien mis compañeros no dejaban de abuchearme. Como tanta protesta parecía derivar en un motín, opté por darles otra oportunidad.

- Ahora sin fullerías ni trampas - comenté cuando logré calmarlos -. Voy a colocar este billete, con el que se puede pagar lo anterior y aún sobra para otra ronda, bajo un vaso de agua lleno a rebosar. Eso sí, hay que coger el billete sin tocar el vaso y sin derramar ni una gota de agua... ni bebérsela con una pajita, claro está.

Fue mi tío Gervasio quien pagó... con mi billete.

CAPITULO 6

Fotografías e Imágenes

Tanto hablarme mi prima Leonor, la médico de la familia, acerca de los beneficios del deporte y no se le ocurre otra cosa que regalarme un libro, para que estuviera unas cuantas horas tumbado en el sofá.

El libro era "Entra en tu cerebro", de S. Aamodt y S. Wang, y su lectura era tan amena e interesante que, casi sin darme cuenta, llegué a la página 154. Entonces entendí perfectamente el motivo del regalo, porque ahí leí, y cito textualmente, "la manera más efectiva de mantener sano tu cerebro con la edad resulta ser algo que probablemente no esperabas: el ejercicio físico".

Después de mis anteriores experiencias deportivas era comprensible que casi hubiera decidido olvidarme del ejercicio, ¿verdad? Sin embargo, tras terminar de leer ese capítulo del libro, me dije que era imprescindible ponerme en forma de una vez por todas... y la mantendría a base de un poco de ejercicio diario.

No negaré que también me vino a la cabeza que el deporte ayuda a estilizar la figura, un efecto colateral que me venía de perlas. Así que, para animarme todavía más a coger la forma, decidí hacerme unas fotos de frente y perfil para dejar patente de donde partía y, luego, compararlas con las que me iría haciendo cada mes.

Coloqué la cámara sobre el trípode y la configuré para que hiciera fotografías automáticamente cada pocos segundos. Me situé enfrente y posé, posé y posé... hasta que un pájaro se posó en la ventana y, al desviar la vista hacia él, descubrí a la vecina de enfrente que está disfrutando con el espectáculo que estaba dando.

Me aturullé (¿quién no lo habría hecho en mi situación?), tropecé con el trípode y aquello saltó por los aires. Acabé aterrizando con la nariz, de modo que mi atractivo tabique nasal quedó para el arrastre. Parece una tontería, visto desde fuera, pero cómo duele.

El único consuelo lo tuve unos días después, cuando miré las fotografías que había en la tarjeta de la cámara. Sorprendentemente, en una de ellas se me veía justo cuando chocaba de narices con el suelo y resultaba muy artística. De hecho, la presenté en el concurso que se organiza todos años en las fiestas del barrio y gané el primer premio... aunque lo cierto es que todavía no he utilizado la prensa de ajos.

¡Nada como Windows 7 para ver fotografías!

Diversos tipos de imágenes digitales

A lo largo de este capítulo nos centraremos en cómo disfrutar de nuestras fotografías y en la realización o modificación de imágenes. Antes de pasar a ello es muy aconsejable conocer las diferencias que existen entre los diversos tipos de archivos gráficos que podemos manejar en Windows 7, para evitar problemas que den al traste con nuestras maravillosas creaciones artísticas.

Lo primero que debemos saber es que existen centenares de tipos gráficos, al igual que sucede con los lenguajes humanos... y, aprovechando que se me ha ocurrido esta analogía, voy a seguir utilizándola un poquito más.

Un mismo objeto se puede denominar con palabras distintas en diferentes lenguajes (¡por eso se me dan tan mal los idiomas!) y lo mismo sucede con los objetos gráficos. Una misma imagen puede almacenarse en distintos tipos.

Por suerte, basta con saber manejarse en unos pocos idiomas para hacerse entender en cualquier parte del mundo y lo mismo sucede con los tipos gráficos.

Hay unos pocos que reconocen prácticamente todas las aplicaciones y a conocerlos vamos a dedicar un poquito de tiempo.

Windows 1 salió al mercado en 1985, Windows 2 en 1987 y Windows 3 en 1990.

Hasta que se popularizaron las cámaras fotográficas digitales, el tipo bmp era el más popular de todos ellos, ya que se trataba del predefinido en todas las versiones de Windows... Sin embargo, el panorama ha cambiado bastante y en estos momentos el rey indiscutible es el formato jpeg, aunque el tipo png está haciendo esfuerzos por alcanzarle.

La principal ventaja de los archivos bmp es que resultan muy cómodos de leer para el ordenador, porque almacenan todos y cada uno de los puntos que conforman las imágenes. Claro que, por eso mismo, los archivos bmp son poco apropiados para Internet o para las cámaras fotográficas.

¿Por qué? Supongamos que la fotografía de la figura 6.1 se hubiese guardado en bmp. Sus dimensiones son 3264 x 2448 y tengamos en cuenta que el tipo bmp sólo admite como máximo color a 24 bits (las cámaras fotográficas superan esta limitación puesto que trabajan con 32 bits, 48 bits, etc.); por tanto, el tamaño del archivo resultante habría sido bastante grande, nada menos que unos 22,8 MB (3264 x 2448 x 24 bits).

Figura 6.1. Una fotografía.

Como los archivos bmp ocupan demasiado espacio, desde su aparición comenzaron a buscarse métodos que redujeran el tamaño del archivo gráfico resultante... manteniendo la misma calidad de imagen, claro está.

¿Y cómo lo hacen? Pues aplicando complicados algoritmos matemáticos. ¿Verdad que no te interesan lo más mínimo? A mí tampoco.

- El tipo gif fue de los primeros en surgir, en la década de los 80. Compuserve necesitaba un método que le permitiera transmitir imágenes con un mínimo de calidad (256 colores solamente, ya que el hardware de la época tampoco daba para más) y así surgió el tipo gif, desarrollado por Unisys. Si bien permite sencillas animaciones (los gif animados que vemos por Internet), su limitación a 256 colores lo hace inapropiado para fotografías.
- Pocos años después surgió el tipo jpeg, que es el más difundido, puesto que admite una calidad fotográfica con millones y millones de colores. Para reducir el tamaño del archivo gráfico, se comprime la imagen mediante algoritmos matemáticos y,

además, permite perder algo de calidad para disminuir todavía más el tamaño del archivo.

- El tipo png nació en 1994, cuando Unisys decidió cobrar royalties a las empresas cuyo software generara archivos gif. Si comparamos ambos, todo son ventajas para el formato png, ya que es gratuito y admite millones de colores; sin embargo, su difusión todavía es inferior a la de los anteriores, aunque su popularidad está aumentando bastante.
- El tipo tiff lo creó Aldus Corporation en 1987, aunque su objetivo final no es reducir el tamaño de los archivos gráficos, como los anteriores, sino hacerlos más flexibles y manejables. Como el formato tiff se lee sin problemas en todas las aplicaciones, es muy utilizado en el mundo profesional.

Si tienes curiosidad por saber qué significan los nombres de los tipos gráficos anteriores, aquí tienes esa información.

- bmp: *BitMaP*, mapa de bits.
- jpeg: *Joint Photographic Experts Group*, grupo de expertos fotográficos unidos.
- gif: *Graphics Interchange Format*, formato de intercambio gráfico.
- tiff: *Tagged Image File Format*, formato de archivo de imagen con etiquetas.
- png: *Portable Network Graphics*, gráficos portables por red.

Y volviendo a lo que nos interesa, ¿realmente se consigue reducir el tamaño de los archivos gráficos con los formatos jpeg y png? Lo cierto es que sí, aunque todo depende de cómo sean las imágenes.

Hagamos una prueba, por ejemplo. La fotografía que vemos a la derecha en la figura 6.2, cuyas dimensiones son 3264 x 2448, fue tomada con una cámara digital en jpeg y el tamaño de su archivo no llega a los 3 MB; en cambio, como ya sabemos, en bmp subiría a más de 22 MB. ¿Y en la figura 6.2 no se lee que la misma imagen en gif ocupa prácticamente lo mismo que en jpeg? Sí, desde luego, pero no olvidemos que sólo maneja 256 colores, por lo que su calidad visual deja mucho que desear.

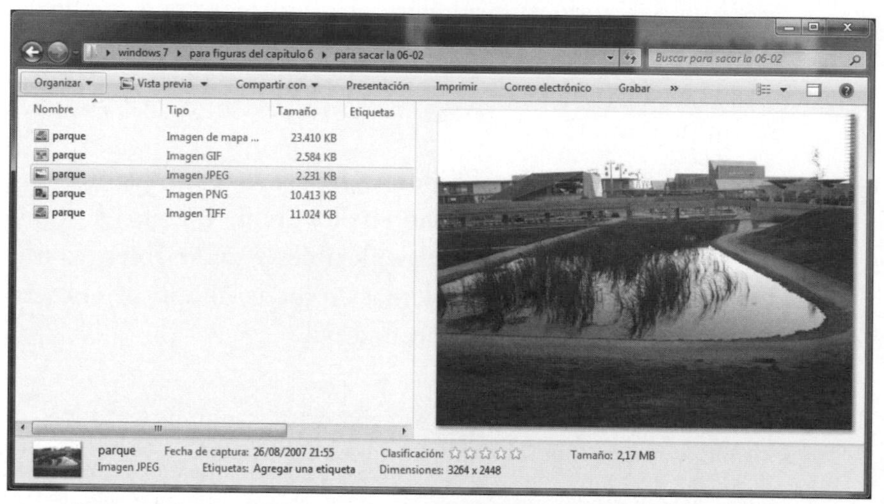

Figura 6.2. Una misma fotografía guardada en cinco tipos diferentes.

NOTA

El Visualizador de fotos de Windows sólo muestra las imágenes gif si en la carpeta hay de otros tipos y las estamos viendo una tras otra. Por defecto, los archivos gif se abren con Internet Explorer.

Visualizador de fotos de Windows

Para visualizar el contenido de un archivo gráfico, basta activarlo y automáticamente se pone en marcha la aplicación que incorpora Windows 7, el Visualizador de fotos de Windows, para mostrarnos la correspondiente imagen.

En este apartado iremos viendo las amplias posibilidades que nos ofrece el Visualizador de fotos de Windows para ver imágenes, imprimirlas, enviarlas por correo electrónico o visualizar todas las almacenadas en una carpeta, a modo de una presentación.

Por concretar en las explicaciones, vamos a suponer que nos encontramos en una subcarpeta de Imágenes que contiene varias fotografías. ¿No tienes todavía ninguna propia? Siempre puedes utilizar las que Windows 7 guarda en la carpeta Imágenes de muestra.

Haciendo clic (o doble clic, según la configuración de carpetas) sobre cualquier fotografía, Windows 7 nos la muestra inmediatamente, a un tamaño que se ajusta a la ventana. Como se aprecia en la figura 6.3, en la parte superior hay una barra de herramientas con varios botones para permitirnos realizar diversas acciones y, debajo, unos controles para gestionar la visión de las imágenes.

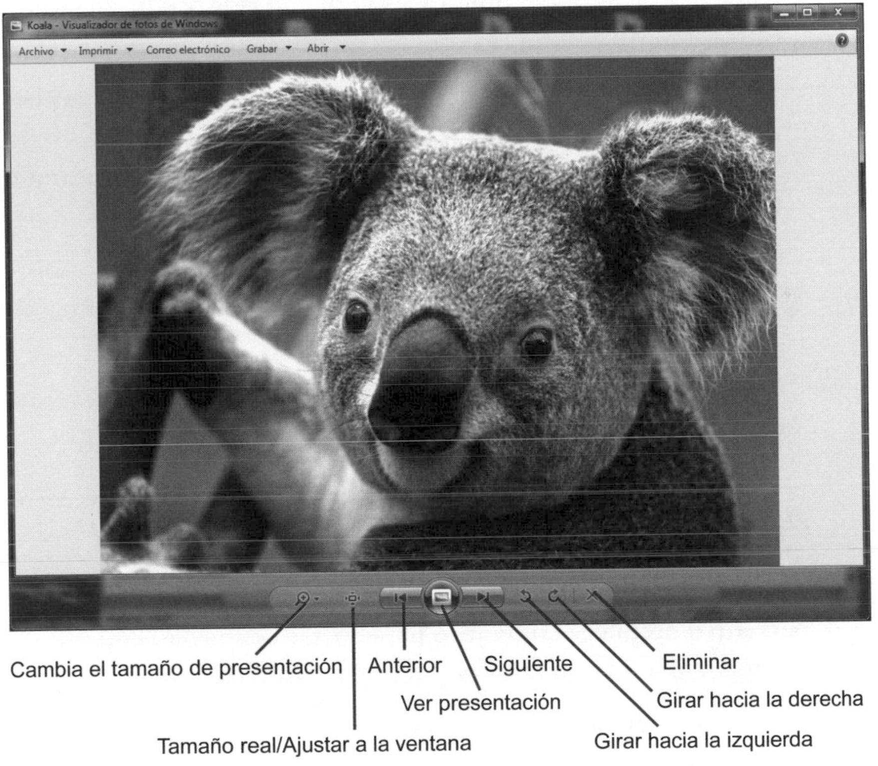

Figura 6.3. Viendo una fotografía en Windows 7.

- Para ir de una imagen a la siguiente o bien a la anterior, disponemos de los botones **Siguiente** y **Anterior** en los controles inferiores. También podemos usar las flechas izquierda y derecha del cursor.
- Con los botones **Girar hacia la derecha** y **Girar hacia la izquierda** giramos la imagen 90° en el sentido de las agujas del

Con las teclas + y - aumentamos o disminuimos la escala de visión.

reloj o en el contrario. Eso sí, cuando giramos una imagen, la resultante del giro sustituye a la original.

- Si la imagen cabe completa en la ventana se ve a su tamaño original; en otro caso, automáticamente se ajusta la escala de visión para que se vea completa. Para verla a su tamaño real (si bien sólo se mostrará una parte) podemos hacer clic en **Tamaño real**; con **Ajustar a la ventana**, que sustituye al anterior botón, se reduce su tamaño de visión para mostrarla completa.
- Podemos seleccionar la escala de visión con el botón **Cambia el tamaño de presentación**, que muestra una lengüeta deslizable para establecer dicha escala. Con **Ajustar a la ventana** o **Control-0** volvemos a ver la imagen al completo.
- Cuando la imagen está ampliada, al colocar el puntero sobre ella cambia de aspecto y, entonces, podemos mover la imagen para visualizar otra parte de ella.
- Con el botón **Eliminar** o la tecla **Supr** podemos borrar la imagen que estamos viendo.

Y el botón **Ver presentación**, que destaca tanto en los controles inferiores, ¿para qué sirve? Antes de pasar a ello, veamos para qué sirven los diferentes botones de la barra de herramientas del visualizador.

- **Archivo** despliega comandos para borrar la imagen, copiarla en otro archivo o en memoria y cerrar el visualizador.
- **Correo electrónico** nos brinda la posibilidad de adjuntar la imagen a un mensaje de correo (debemos tener un programa de correo). Al hacer clic sobre él, se abre un cuadro de diálogo donde podemos seleccionar el tamaño de la imagen a enviar.
- **Grabar** ofrece la opción de guardar la imagen en un disco de datos o crear un DVD de vídeo que se pueda reproducir en un equipo de sobremesa (lo dejamos para el siguiente capítulo).
- **Abrir** nos permite editar la imagen en cualquiera de los programas gráficos que tengamos instalados en el equipo.

Archivo>Propiedades equivale a ejecutar Propiedades del menú contextual de cualquier fotografía. Si vamos a la ficha Detalles descubriremos algunos datos sobre la fotografía: nombre del archivo, fecha en que fue tomada y sus dimensiones.

¿Y cómo sabe Windows 7 en qué momento se hizo la fotografía? Resulta que las cámaras no solamente guardan la imagen fotografiada, sino también lo que se denomina metadatos: fecha, modelo de la cámara, tiempo de exposición, zoom, etc.

¡Qué cotillas son las cámaras! ¿Y no hay forma de quitar esa información, para proteger nuestra intimidad? Sí, desde luego.

1. Seleccionamos el archivo y ejecutamos Organizar>Quitar propiedades. También podemos activar el enlace Quitar propiedades e información personal de la ficha Detalles.
2. En el cuadro de diálogo que se abre, activamos Quitar las siguientes propiedades de este archivo.
3. Señalamos qué propiedades deseamos suprimir (todas ellas con el botón **Seleccionar todo**) y hacemos clic en **Aceptar**.

Presentaciones

Eso de ver las imágenes una tras otra, sin tener que pulsar ninguna tecla me gusta, la verdad. Resulta muy gratificante sentarse delante del monitor y dedicar unos minutos a disfrutar de unas magníficas fotografías o volver a recordar las últimas vacaciones.

Esta modalidad de visionado, que se denomina presentación, podemos activarla de diversas formas:

- Si estamos viendo una imagen con el Visualizador de fotos de Windows, basta con hacer clic en el botón inferior **Ver presentación** o pulsar **F11**.
- En la barra de herramientas de las carpetas que contienen imágenes se encuentra el botón **Presentación**. Con él comenzamos a ver todas las imágenes de la carpeta o, si hemos seleccionado unas cuantas con anterioridad, sólo ésas.

Al iniciar una presentación, se ocultan todos los demás elementos de la ventana, incluso el puntero del ratón, con objeto de disponer de más espacio libre para mostrar las fotografías y que nada perturbe su visión, que tiene lugar a tamaño completo o ajustada a las dimensiones de la pantalla.

- Para ir más rápidamente de una imagen a la siguiente solamente tenemos que hacer clic con el ratón, aunque no esté visible en pantalla.
- Con las flechas izquierda y derecha del cursor pasamos a la imagen anterior o a la siguiente.
- Al pulsar **Intro** o la barra espaciadora, detenemos momentáneamente el pase automático de imágenes. Al volverla a pulsar, prosigue la presentación.
- Con la pulsación de casi cualquier tecla, abandonamos la presentación.

Dedica unos minutos a ver algunas fotografías en una presentación y practica lo explicado.

No obstante, podemos controlar a nuestro gusto la presentación sin más que hacer clic con el botón secundario del ratón.

De esta forma se muestra el menú de la figura 6.4, con el que podemos variar la velocidad de las transiciones, optar por un orden no secuencial (orden aleatorio) y decidir si se repiten las fotografías cuando concluya el pase (bucle).

Imprimir imágenes

Cuando nos apetezca imprimir la imagen que estamos viendo, sólo tenemos que pulsar **Control-P** o bien hacer clic en el botón **Imprimir** y ejecutar Imprimir.

A continuación se abre un cuadro de diálogo como el que muestra la figura 6.5, donde fijamos las características de la impresión: la impresora y el tamaño, calidad y tipo de papel.

El panel derecho ofrece diversos modelos de plantillas para distribuir las imágenes en una misma hoja.

Figura 6.4. Viendo una presentación.

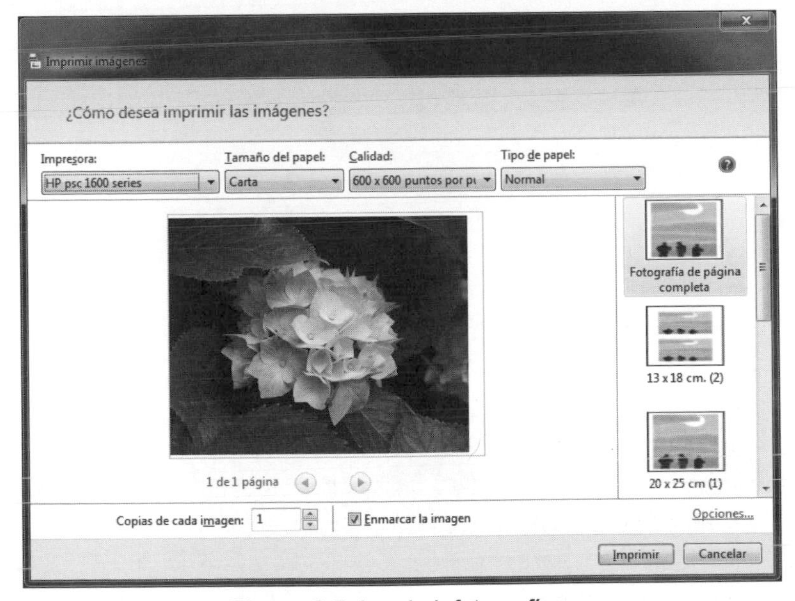

Figura 6.5. Imprimir fotografías.

En este caso, como sólo vamos a imprimir una fotografía, normalmente elegiremos Fotografía de página completa o 20 x 25, porque en las otras plantillas sobrará papel. Claro que también podemos imprimir varias copias de una misma imagen, indicando su número en Copias de cada imagen, en cuyo caso quizás nos interese alguna de las otras plantillas de impresión.

¿Y cuál es la utilidad de la casilla Enmarcar imagen? Como las proporciones de la fotografía no siempre coinciden con las del papel, al imprimirla es posible que aparezcan bordes en blanco y, si está activada esta casilla, no se verán bordes en blanco, aunque es posible que los laterales de la imagen queden un poco cortados.

Con las fotografías normales el recorte apenas se aprecia, pero en las panorámicas o en las que hayamos recortado manualmente, sí que podemos perder parte de la imagen, como observamos en la figura 6.6... Así que la decisión de enmarcar o no es cosa tuya.

Una vez establecidas todas las características de la impresión, con **Imprimir** la iniciamos y sólo queda esperar unos instantes para tener las copias en papel de nuestras imágenes.

Figura 6.6. Sin enmarcar (arriba) y enmarcada (abajo).

¿Y cómo podemos imprimir diferentes fotografías en una misma hoja? Basta con abrir la carpeta donde están las imágenes a imprimir, seleccionar las que nos interesa y, luego, pulsar el botón **Imprimir** o ejecutar Imprimir de su menú contextual.

Se abre el cuadro de diálogo Imprimir imágenes, donde elegimos la configuración que prefiramos.

Como observamos en la figura 6.7, si la plantilla escogida admite varias fotografías en una misma hoja, aparecerán en ella las seleccionadas con anterioridad.

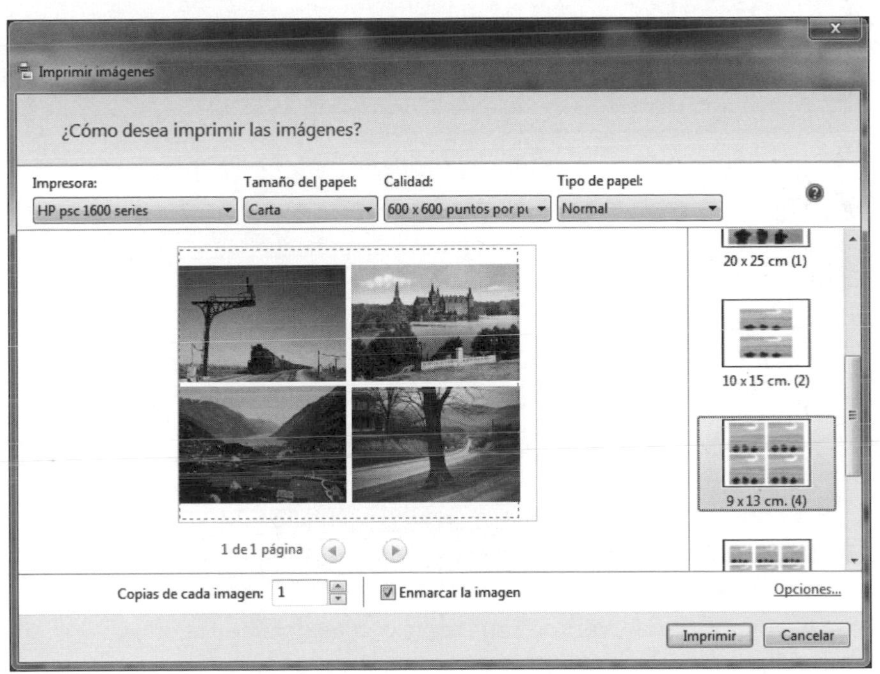

Figura 6.7. Para imprimir varias fotografías.

Personalmente, no suelo imprimir más que alguna fotografía aislada, ya que prefiero mantener las imágenes en el ordenador, donde resulta más cómodo verlas y organizarlas. Además, el espacio físico que ocupan es mínimo, no como los álbumes de fotografías tradicionales, que acaban abarrotando todos los armarios por muy grandes que sean. ¡Si lo sabré yo!

De todas formas, es innegable que, de vez en cuando, se precisa imprimir alguna imagen. Si en alguna ocasión necesitamos una calidad mayor a la que ofrece nuestra impresora, basta llevar los archivos gráficos a una tienda de fotografía. ¿Y si ninguna está cerca? ¿Y si no tenemos ganas de salir de casa?

Entonces, podemos pedir copias fotográficas en línea, activando el correspondiente comando del botón **Imprimir**. Sólo tendremos que ir siguiendo los pasos que nos marca el asistente y a los pocos días recibiremos las copias en casita... y el cargo correspondiente en nuestra tarjeta de crédito.

Paint

Desde tiempos inmemoriales, Windows incluye Paint, un sencillo y excelente programa con el que podemos crear nuestros propios dibujos y modificar o retocar imágenes. Ahora, en Windows 7 Paint se ha puesto al día y ha remodelado su entorno de trabajo, que recuerda al de WordPad.

Aunque mucha gente considera que Paint es útil exclusivamente para el ámbito infantil, te aseguro que no es así, ni mucho menos. En mi trabajo lo utilizo con bastante asiduidad, ya que es muy fácil de manejar y sus prestaciones son muy interesantes.

Para entrar en él, debemos ir al menú Inicio y lo encontramos en Todos los programas>Accesorios o bien escribiendo su nombre en el cuadro de búsqueda.

Otra opción, si lo vamos a manejar con asiduidad, es crear un acceso directo a él.

Como vemos en la figura 6.8, la mayor parte de la ventana de Paint la ocupa el área de dibujo, pero también hay otros elementos que manejaremos continuamente.

- La barra de título muestra los nombres del archivo abierto (Sin título, cuando todavía no lo hemos guardado) y del programa. Por defecto, a su izquierda, se encuentra la barra de herramientas Acceso rápido, que ya conocemos de WordPad... Como siempre, con **Deshacer** o **Control-Z** anulamos la última acción, si repetimos el comando la anterior, etc.; con **Rehacer** o **Control-Y** logramos el efecto inverso.

- La cinta incluye las fichas Inicio y Ver. La primera incluye las herramientas y opciones de dibujo; la segunda nos sirve para decidir qué elementos vemos en la ventana y cómo los vemos.
- La barra de estado muestra diversas informaciones, entre ellas la posición del puntero, que resulta fundamental cuando hacemos dibujos precisos. Además, a su derecha, disponemos de unos controles para ajustar el visionado de la imagen (la misma función tienen las opciones del grupo Zoom de la ficha Ver).
- Las barras de desplazamiento nos permiten desplazarnos por la imagen si es que su tamaño es superior a la ventana del área de dibujo.

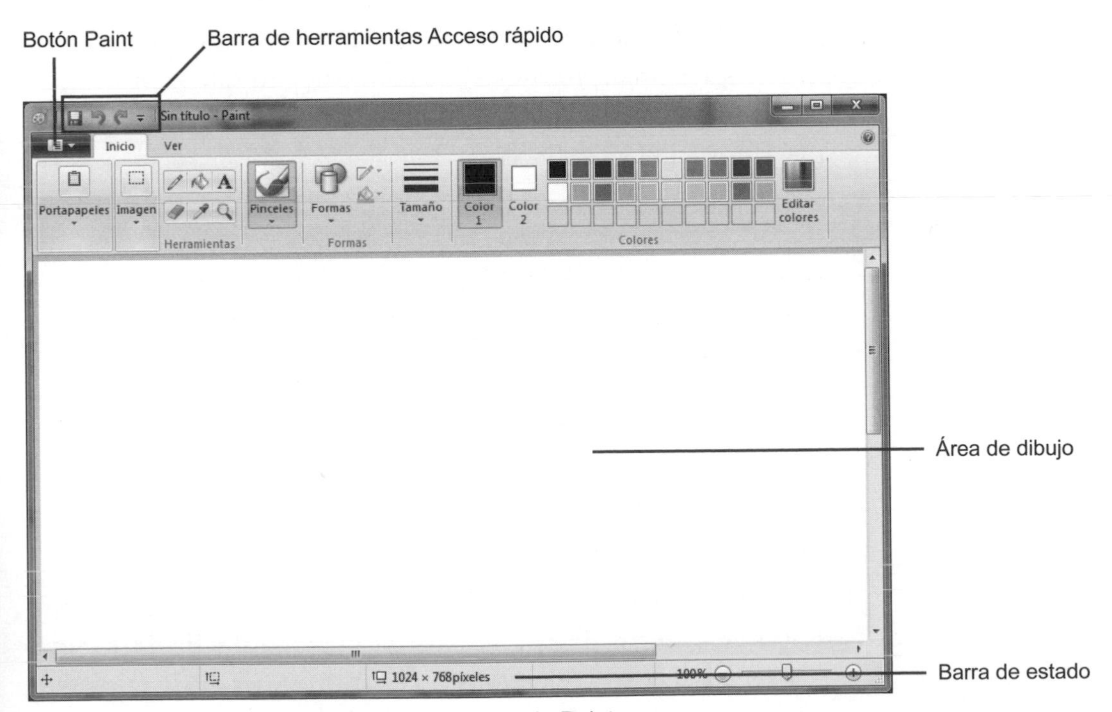

Figura 6.8. Ventana de Paint.

Antes de pasar a las herramientas de dibujo, para realizar nuestras primeras creaciones artísticas, hay varios detalles que interesa comentar sobre el botón **Paint**:

- Con Abrir podemos editar cualquier imagen que tengamos guardada.
- Guardar como nos brinda la posibilidad de conservar la imagen que estamos editando con otro nombre distinto o en otro tipo gráfico.
- Como ya sabemos, antes de imprimir la imagen actual es conveniente configurar la impresión, con Imprimir>Configurar página.
- Establecer como fondo de escritorio nos ofrece diversas opciones para colocar como fondo del escritorio la imagen que tengamos editada en ese momento.
- Propiedades abre el cuadro de diálogo de la figura 6.9 donde, entre otras cosas, podemos cambiar las dimensiones de la imagen. Si el tamaño original de la imagen es mayor que el establecido, se cortará por su derecha y/o por abajo.

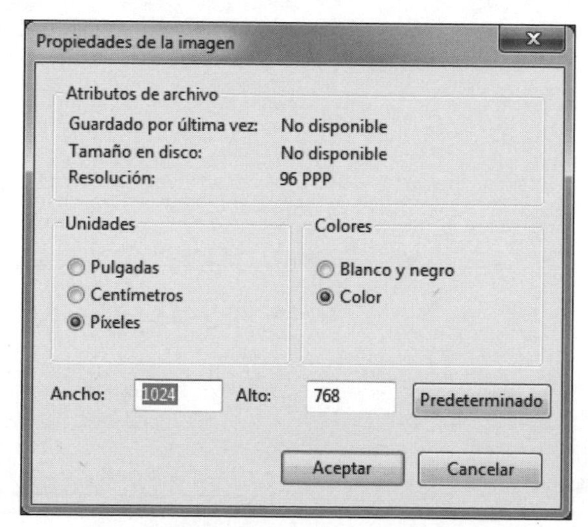

Figura 6.9. Propiedades de la imagen.

H

r cosa, es determinar el
ta ıbamos de ver. Después
se ; a trabajar en cada mo-
m :ción: el color con el que
d ır 2). Los elegimos en el
g en **Color 1** o **Color 2**,
se mos del cuadro de colo-
re :mos cambiar de colores
p

pre podemos personali-
za ›res, que abre el cuadro
d nuestro propio color, lo
co **›nalizados** y lo tendre-
m ɛs. Antes de comenzar a
d minar:

pincel vamos a dibujar:

ıda.

TRUCO MÁGICO

Para que todo el área de dibujo tenga el color de fondo, antes de comenzar a dibujar pulsaremos Control-E y, luego, Supr.

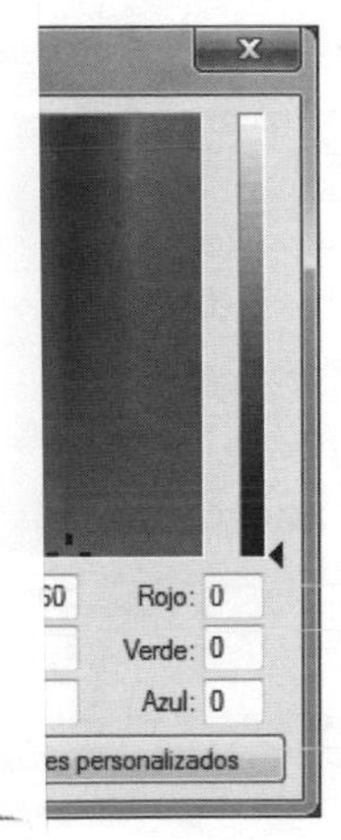

Figura 6.10. Editar colores.

Ahora ya sí podemos ver cómo utilizar las herramientas de dibujo y formas de la figura 6.11, sobre las que debemos hacer clic antes de su empleo. Como éste resulta tan sencillo e intuitivo, nos limitaremos a esos pequeños detalles que no son evidentes.

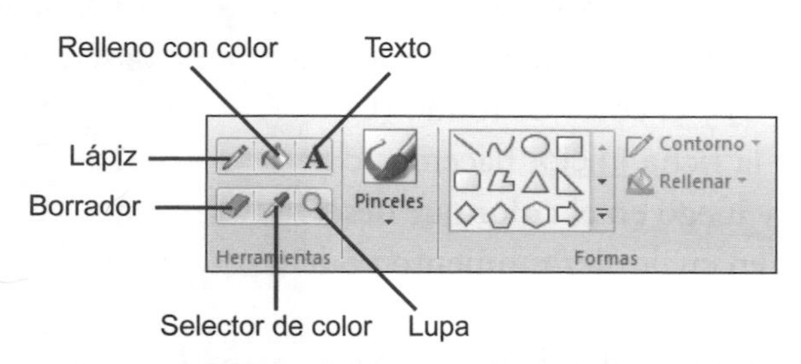

Figura 6.11. Grupos Herramientas y Formas.

El pincel Aerógrafo imita el funcionamiento de un spray. Al variar la velocidad del ratón modificamos la intensidad del rastro de pintura.

- **Lápiz**: Manteniendo pulsado el ratón podemos dibujar a mano alzada, lo que no es fácil, ni mucho menos. Si el botón pulsado es el principal, dibujamos con el color 1; si es el botón secundario, con el color 2.
- **Relleno con color**: Rellenamos con el color 1 o 2, según cuál sea el botón que pulsemos del ratón, cualquier figura cerrada previamente dibujada. Sólo tenemos que hacer clic en su interior.
- **Borrador**: Para borrar algo pasamos el puntero por encima manteniendo pulsado el botón principal. Eso sí, el borrador se limita a dibujar con el color de fondo y, si hemos cambiado éste, lo que hacemos es emborronar, en lugar de borrar.

Por otro lado, Paint también incluye varias formas prediseñadas que podemos insertar en nuestros dibujos, personalizándolas a nuestro gusto. Sólo tenemos que escoger una de las presentes en el grupo Formas y, luego, hacer clic en el área de dibujo y arrastrar el ratón.

Como vemos en la figura 6.12, la forma aparece delimitada por una línea discontinua. Ahora podemos desplazarla a otro lugar, sin más que arrastrar el ratón, o cambiar sus dimensiones, arrastrando los pequeños cuadraditos que hay en las esquinas y en los puntos medios de sus límites.

Figura 6.12. Una forma en el dibujo.

- **Contorno** nos ofrece diferentes contornos para la forma y **Rellenar** diversos rellenos. Si vamos colocando el puntero sobre uno de ellos, apreciaremos su efecto.
- Si mientras insertamos una forma estamos pulsando la tecla **Mayús**, se dibuja manteniendo sus proporciones o bien se regularizan. Por ejemplo, las líneas serán rectas horizontales, verticales o bien inclinadas 45°, las elipses círculos, los rectángulos cuadrados, etc.
- En la forma Curva, una vez trazada la línea, debemos arrastrarla para darle curvatura. Como podemos aplicar dos curvaturas, si sólo queremos una, finalizaremos con un clic.
- Con la forma Polígono creamos un polígono con cualquier número de lados. Para dibujar el primero, arrastramos el ratón y trazamos la recta; luego, hacemos clic en los siguientes vértices e iremos obteniendo los demás lados. Finalmente, cerramos el polígono haciendo doble clic en el último vértice.

DEBERES

¿Por qué no haces un alto en la lectura y practicas un poco las herramientas que te acabo de comentar?

Modificar imágenes

Para retocar cualquier fotografía que hayamos abierto desde Paint, podemos utilizar las herramientas que acabamos de ver; sin embargo, no resulta fácil hacerlo cuando la imagen se visualiza a su tamaño original.

Si queremos trabajar más cómodamente, lo mejor es ampliar la imagen y, para ello, podemos hacer clic en **Lupa**. Mientras no seleccionemos otra herramienta, el puntero adoptará el aspecto de una lupa y haciendo clic sobre la imagen la vamos ampliando (si el clic lo realizamos con el botón secundario, disminuimos la escala).

También podemos conseguir lo mismo con las opciones del grupo Zoom de la ficha Ver y con los controles de visión presentes en la barra de estado, con la ventaja adicional de que ahí se indica el zoom aplicado, como vemos en la figura 6.13.

Con Pantalla completa de la ficha Ver se muestra a pantalla completa la imagen, aunque no podemos modificarla en ese momento. Con un clic volvemos al área de dibujo.

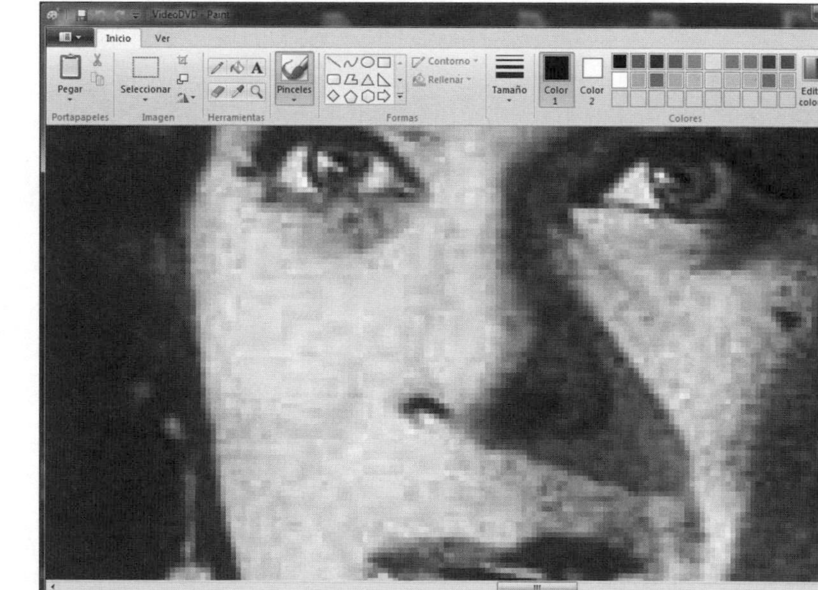

Figura 6.13. Imagen ampliada seis veces.

Además, mediante las opciones de la ficha Ver podemos mostrar unas reglas y una cuadrícula, que nos permiten hacer retoques más perfectos, y también una miniatura de la imagen, para saber dónde nos encontramos en cada momento cuando la imagen está ampliada. En la figura 6.14 observamos cómo resultan estas herramientas.

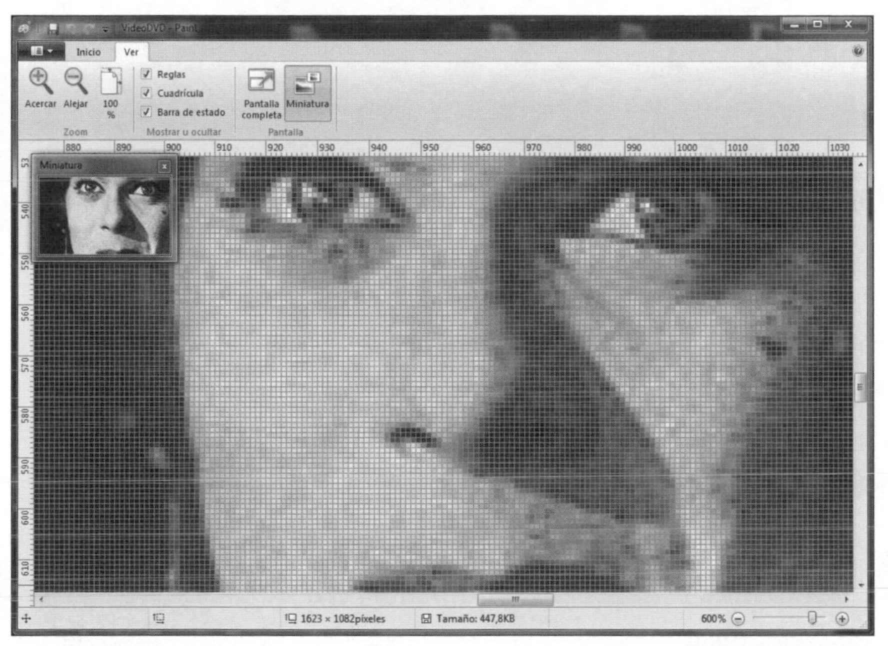

Figura 6.14. Imagen ampliada, con cuadrícula, reglas y miniatura.

Cuando pretendemos hacer retoques, es normal que los colores de la fotografía no sean los mismos que aparecen en el cuadro de colores y, si optamos por alguno de estos, probablemente el resultado dejará mucho que desear.

Para obtener exactamente el mismo color que hay en un punto, utilizaremos **Selector de color**.

Tras seleccionar esta herramienta, al hacer clic con ella en un punto, su color pasará a ser Color 1 o Color 2, según cuál sea el botón del ratón que hayamos pulsado.

Por último, como vemos en la figura 6.15, Paint nos permite incluir fácilmente texto en una imagen.

¿Qué tal si modificas algunas de tus fotografías y, así, practicas lo que acabas de ver?

Figura 6.15. Imagen con texto.

¡Megarritual!

1. Hacemos clic en **Texto**.
2. Señalamos, arrastrando el ratón, el cuadro donde escribiremos el texto.
3. Automáticamente Paint muestra una nueva ficha, Texto, donde seleccionamos la fuente que tendrá el texto y si éste dejará ver la imagen, como si fuera transparente, o es opaco, de modo que su cuadro ocultará la parte de imagen que hay bajo él.
4. Escribimos lo que nos apetezca. Si lo deseamos, podemos cambiar el formato de la fuente o el color de lo ya escrito (seleccionándolo previamente) o fijar otros distintos para lo nuevo que vayamos a seguir escribiendo.

Selección de fragmentos de la imagen

En el trabajo cotidiano con Paint, una de las actividades más comunes es trabajar con un fragmento de la imagen o fotografía, que podemos cambiar de posición, pegar en otra imagen o en un documento WordPad, etc. Como es lógico, antes de hacer cualquier acción, lo primero es seleccionar el fragmento de imagen que nos interesa... con una de las siguientes opciones de **Seleccionar**:

TRUCO MÁGICO

Seleccionamos todo el contenido del área de trabajo con Seleccionar todo o Control-E.

- Selección rectangular: Nos ofrece la opción de seleccionar un fragmento rectangular de la imagen. Basta con elegirla, llevar el puntero a una de las esquinas del rectángulo y arrastrarlo hasta la opuesta.
- Selección de forma libre: Nos permite seleccionar un fragmento sin forma. Sólo tenemos que activar esta herramienta y arrastrar el ratón alrededor del fragmento que nos interesa, que aparecerá remarcado por un rectángulo punteado.

Una vez seleccionado un fragmento podemos copiarlo o moverlo dentro de la misma imagen o cambiar manualmente su escala. Las dos primeras operaciones las llevaremos a cabo en la forma habitual, es decir, arrastrando la selección, manteniendo o no la tecla **Control** pulsada; en cuanto al cambio de sus dimensiones, arrastraremos los pequeños cuadraditos que hay en sus bordes. Si desplegamos el menú contextual de una selección, mostrado en la figura 6.16, encontramos una serie de comandos ya conocidos (los primeros) y otros nuevos que nos serán de utilidad, también disponibles en el grupo Imagen.

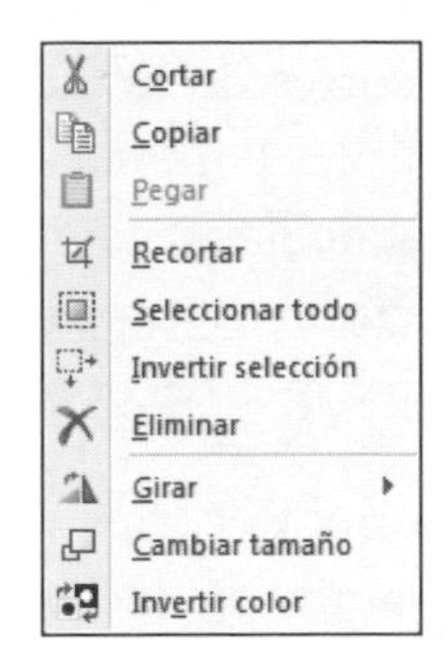

Figura 6.16. Menú contextual de una selección.

- Recortar nos deja únicamente con el fragmento seleccionado.
- Girar nos permite voltear la imagen en horizontal o vertical o girarla 90°, 180° o 270°.

En el grupo **Portapapeles** de la ficha **Inicio** encontramos Pegar. Con su opción **Pegar desde** podemos insertar en la imagen actual cualquier otra guardada en el equipo.

- Cambiar tamaño nos ofrece las opciones de variar la escala en horizontal o en vertical (con Cambiar de tamaño) y deformar la imagen en sentido horizontal o vertical un ángulo comprendido entre –89° y 89° (con Sesgar).
- Invertir colores sustituye cada color por su complementario.

Recortes

A lo largo de este libro han ido apareciendo muchas capturas de ventanas o de toda la pantalla para ilustrar las explicaciones.

Desde tiempos inmemoriales Windows nos ofrece dos opciones de teclado para capturar en memoria la ventana activa o bien toda la pantalla:

- **Alt-ImprPant** copia en memoria la visualización de la ventana activa.
- **ImprPant** captura toda la pantalla.

Luego, podemos llevar la imagen a Paint, con **Pegar**, y conservarla en un archivo, con **Guardar**. Otra opción es pegarla directamente en cualquier aplicación de Windows y, luego, olvidarnos de ella.

¡Megarritual!

El accesorio Recortes de Windows 7 nos brinda otras alternativas más versátiles para realizar capturas de pantalla, de manera cómoda y sencilla.

Así, cuando nos interese capturar parte de lo mostrado en pantalla, sólo tenemos que hacer lo siguiente:

1. Activar el accesorio Recortes. Se abrirá entonces su ventana, que observamos en la figura 6.17, sobre la pantalla difuminada.
2. En la lista de **Nuevo** seleccionamos el tipo de recorte: forma libre, rectangular, de ventana o de pantalla completa. Los dos últimos corresponden a las pulsaciones de teclas citadas con anterioridad (**Alt-ImprPant** e **ImprPant**).

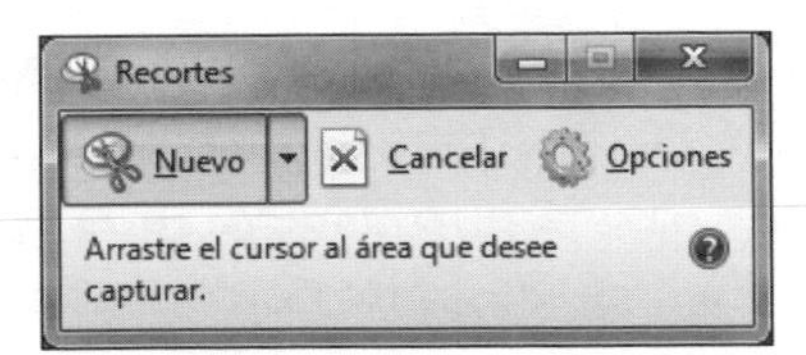

Figura 6.17. Recortes.

TRUCO MÁGICO

Con el botón Cancelar de la figura 6.17 o Esc anulamos la captura.

3. Se difumina la pantalla y, arrastrando el ratón, seleccionamos el formato libre o rectangular que nos interesa; si se trata de capturar una ventana sólo debemos hacer clic en ella. ¿Y si es pantalla completa? Todavía mejor, pues no tenemos que hacer nada.
4. Pasamos a la ventana de marcado, que será similar a la mostrada en la figura 6.18.

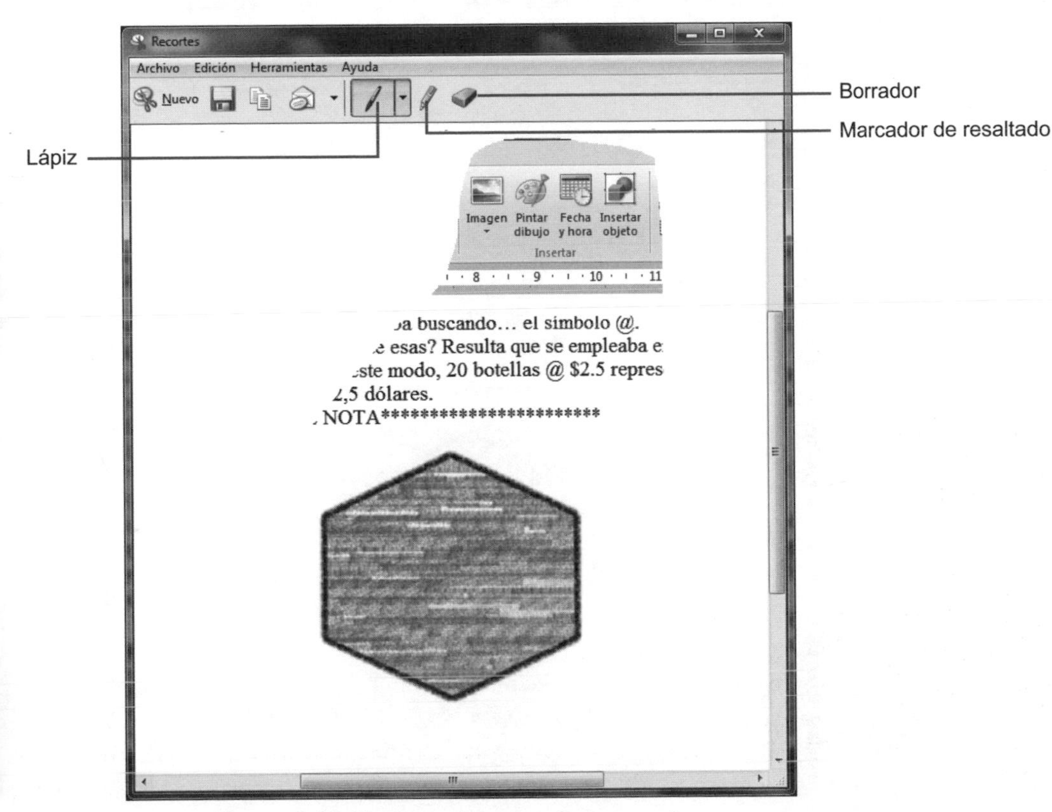

Figura 6.18. Ventana de marcado en recortes.

5. Los comandos del menú Archivo, que equivalen a los primeros botones de la barra de herramientas, nos permiten olvidarnos del recorte actual y pasar a otro (Nuevo recorte), guardar el recorte editado en un archivo gráfico o como página Web (Guardar como) y enviarlo a otra persona con un email (Enviar a).

6. Con los últimos botones de la barra de herramientas, análogos a los comandos del menú Herramientas, podemos escribir anotaciones manualmente (**Lápiz**) en el recorte o resaltar alguna cosa (**Marcador de resaltado**), como vemos en la figura 6.19. Con **Borrador** eliminamos cualquiera de las anotaciones o resaltes introducidos en el recorte.

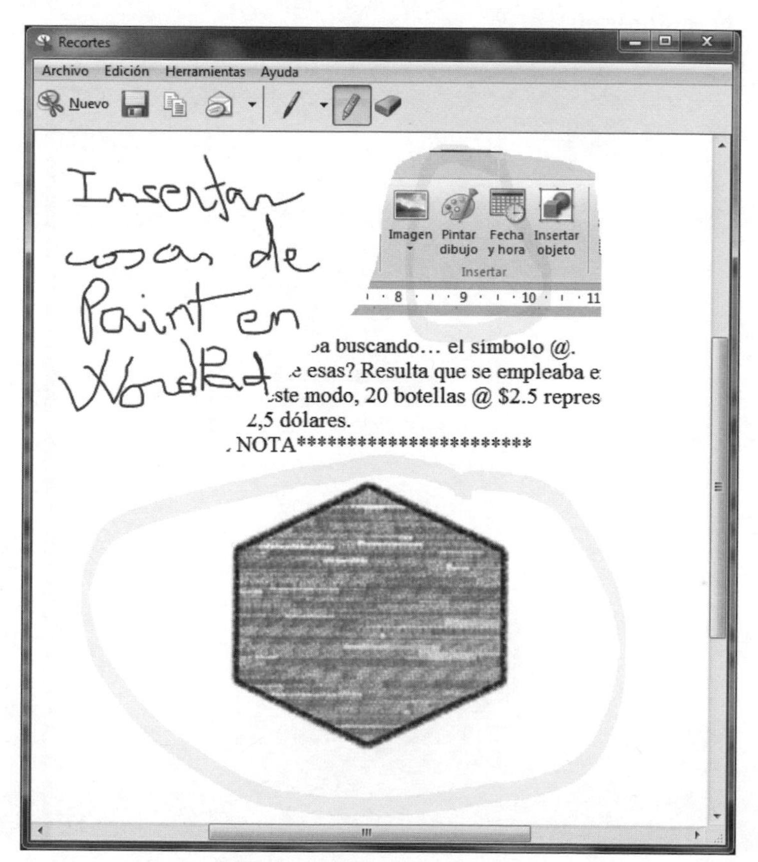

Figura 6.19. Recorte con anotaciones y resaltados.

En ocasiones interesa capturar un recorte de un menú, pero no podemos hacerlo siguiendo el procedimiento habitual, porque el menú deja de estar visible cuando activamos Recortes.

¡Megarritual!

En estas situaciones haremos lo siguiente:

1. Activamos el accesorio Recortes.
2. Pulsamos **Esc** o bien hacemos clic sobre **Cancelar**. La ventana de Recortes todavía sigue disponible en pantalla.
3. Abrimos el menú que deseamos capturar y pulsamos **Control-ImprPant**. Al igual que sucede en la figura 6.20, el menú estará visible y, ahora sí, en la forma usual recortamos lo que nos interese de la pantalla.

Figura 6.20. Para recortar un menú de Paint.

Si queremos digitalizar documentos o fotografías que tenemos en papel, necesitamos un escáner. Los hay de muchos precios y prestaciones, pero los sencillos no son nada caros (menos de cien euros).

La instalación del escáner, que normalmente irá conectado a un puerto USB, es bastante sencilla, pero podemos encontrarnos en problemas si no seguimos al pie de la letra las instrucciones del fabricante, porque algunos modelos exigen instalar los controladores antes de establecer la conexión USB y en otros no. En resumen, para instalar bien un escáner no queda más remedio que leer su manual.

En cuanto a la digitalización propiamente dicha, para llevarla a cabo podemos utilizar la aplicación Fax y Escáner de Windows, que forma parte de Windows 7, pero seguramente nos resultará más cómodo manejar el software que acompaña al escáner, pues estará más adaptado a ese modelo en concreto.

Las historias de Megajolmes

Mientras Paloma ponía a cargar su móvil, me comentó que su vecina había pasado un rato antes de mi llegada a pedirle un poco de harina.

- ¿Sabes? Ha venido con su hijo pequeño, de ocho o nueve años, no recuerdo, y cuando el chico ha visto el frutero se ha quedado mirándolo fijamente. Me ha extrañado porque sólo había manzanas, peras y algo de uva... Vamos que no había ninguna de fruta tropical que le pudiera haber llamado la atención, como papaya, litchis o maracuyá, que me encantan muchísimo, aunque de baratas no tienen nada... Bueno, como el chico no ha dicho nada, yo tampoco le preguntado, porque no soy de esas que hablan por hablar y...

Reconozco que durante unos momentos perdí el hilo de su filípica y dejé vagar mi mente a su aire. Sólo reaccioné cuando sonó la musiquilla de su móvil indicando la recepción de un SMS.

- Otra vez publicidad - explicó después de leerlo -. Como te iba diciendo, unos minutos más tarde ha vuelto a pasar mi vecinito con un cuaderno. En

él había escrito una adivinanza sobre manzanas que su profe de Lengua le ha puesto esta mañana, de ahí su fijación con las manzanas del frutero... Como no podía dedicarle mucho tiempo, ya que todavía debía secarme el pelo, la he copiado y le he asegurado que se la resolvería cuando tuviera un minuto libre. Yo pensaba que hallaría la solución antes de que llegaras pero, a pesar de que parece muy sencilla, se me está resistiendo y me tiene desconcertada. ¿Verdad que tú la sacarás enseguida?

Sin esperar contestación alguna por mi parte, me tendió un papel donde se leía:

"Sin manzanas a un manzano trepé
que el pobre manzanas no tenía,
pero yo manzanas sí tenía cuando bajé.
¿Cuántas manzanas había?"

CAPÍTULO 7

Audio y Vídeo
DIGITAL

¡MULTIMEDIA A TUTIPLÉN
MUY, MUY FACIL, TÍO SENEN!
YES WEBCAM
ZRRZ
ZRZ

Mi siguiente encuentro con el deporte, no me tuvo a mí por protagonista... Bueno, en cierto modo, sí. Me explico.

Mientras estaba esperando el ascensor, llegó mi vecina del séptimo. Alguien debía haber hecho la compra mensual y estaba descargando, porque el artefacto tardó sus buenos diez minutos en atender nuestra petición. Durante el plantón estuvimos charlando y ella me comentó que sus gemelas se habían apuntado a un curso de ballet acuático.

- Este fin de semana hacen una demostración en el pabellón deportivo para los padres. ¡Cómo me gustaría grabarlas en vídeo! Por desgracia se nos ha estropeado la cámara y está en el servicio técnico.

¡Qué iba a decir yo! Si siempre que va a su pueblo, sé que está en Soria pero no recuerdo su nombre, me trae unos torreznos que son dignos de figurar en cualquier museo gastronómico... Se me hace la boca agua sólo con recordarlos.

Resumiendo. El sábado por la mañana estaba en el polideportivo grabando a las gemelas que hacían piruetas en el agua.

Claro que no era el único que estaba dándole al vídeo. Además de muchos padres, abuelos y familiares varios que se dedicaban a lo mismo que yo, pululaba por allí una cadena de televisión local que grababa las actuaciones y las mostraba en la pantalla electrónica del marcador, para que viésemos mejor a las participantes.

En el intermedio entrevistaron a una olímpica de natación sincronizada. Su cara me resultaba conocida y recordé que salía con uno de la tele; por asociación de ideas, me vino a la cabeza mi prima Lucía, la paracaidista, que siempre me saluda con un coscorrón (por si no lo sabías, te diré que esta palabra deriva de cosque, una onomatopeya del ruido que hacen los nudillos en la cabeza).

Inconscientemente aparté la cabeza, con tal mala suerte que golpeé a una señora que estaba detrás de mí, grabando a su nieta, y caímos al suelo... y, en mi caso, fui rodando por las escaleras hasta llegar justo al borde de la piscina.

La ovación que recibí cuando me levanté fue apoteósica, aunque los moratones tardaron bastante tiempo en desaparecer, si bien menos que las risas de las gemelas, que siempre sueltan unas carcajadas al verme.

¡Con Windows 7 sí disfruto del vídeo!

Tipos de audio digital

Con el audio digital sucede más o menos lo mismo que con las imágenes digitales; es decir, un mismo elemento, audio ahora, puede conservarse en archivos de diferentes tipos... y lo mismo sucederá con el vídeo digital. Para hacernos una idea, en la figura 7.1 observamos los múltiples tipos de archivos multimedia que reconoce el Reproductor de Windows Media.

Archivo de audio de Windows (wav) (*.wav;*.snd;*.au;*.aif;*.aifc;*.aiff;*.wma;*.mp2;*.mp3;*.adts;*.adt;*.aac)
Archivo de audio MP4 (*.m4a)
Archivo de imágenes de Windows (jpg) (*.jpg;*.jpeg)
Archivo de película (mpeg) (*.mpeg;*.mpg;*.m1v;*.m2v;*.mod;*.mpa;*.mpe;*.ifo;*.vob)
Archivo de película QuickTime (*.mov)
Archivo de vídeo de Windows (avi) (*.avi;*.wmv)
Archivo de vídeo MP4 (*.mp4;*.m4v;*.mp4v;*.3gp;*.3gpp;*.3g2;*.3gp2)
Archivo de vídeo MPEG-2 TS (*.m2ts;*.m2t;*.mts;*.ts;*.tts)
Archivo de Windows Media (asf) (*.asf;*.wm;*.wma;*.wmv;*.wmd)
Archivo MIDI (midi) (*.mid;*.rmi;*.midi)
Lista de reproducción multimedia (*.asx;*.wax;*.m3u;*.wpl;*.wvx;*.wmx;*.search-ms)
Programa de televisión grabado de Microsoft (*.dvr-ms;*.wtv)

Figura 7.1. Windows 7 reconoce muchos formatos multimedia.

De todas maneras, tampoco debemos apurarnos en demasía. Al igual que ocurre con las imágenes, aunque existen múltiples tipos de audio y vídeo digital basta conocer unos pocos para desenvolverse con soltura.

¿Recuerdas que en imágenes el tipo básico era bmp, el predefinido en versiones anteriores de Windows? Pues el equivalente en audio es wav, también incorporado a Windows.

¿Y por qué ese nombre tan extraño? Sencillamente, porque wav es la abreviatura del inglés *wave* (onda)... tengamos en cuenta que el sonido se transmite mediante ondas que, al impactar contra nuestro tímpano, generan las vibraciones que interpreta nuestro cerebro a su manera.

La calidad del sonido digitalizado en wav viene determinada por tres valores:

- La velocidad de muestreo: Número de muestras que se toman por segundo. Se mide en KHz, kilohercio (mil muestras por segundo).

- El tamaño de la muestra: Amplitud que se digitaliza. Se mide en bits; 8 bits equivalen a 48 decibelios, 16 bits a 96 decibelios, etc.
- Los canales: Dos (estéreo) o uno (mono).

Como no son muchas las personas que se aclaran con los valores anteriores, es preferible buscar una referencia más cercana, ¿no crees? Por ejemplo, la calidad de un CD de música, que no está nada mal, es 44,1 KHz, 16 bits y 2 canales.

Con los sonidos wav pasa lo mismo que con las imágenes bmp; es decir, se leen muy fácilmente pero generan archivos de gran tamaño.

Por ejemplo, supongamos que vamos a copiar en un archivo wav de nuestro equipo (más adelante veremos cómo), una canción de cuatro minutos contenida en un CD de audio.

Si no reducimos su calidad, el tamaño del archivo generado por la canción será:

4 x 60 x 44.100 x 16 x 2 bits = 40,37 MB

Hoy en día cuarenta megas es una cantidad grande pero asumible; en cambio, en los primeros tiempos de Internet resultaba algo completamente fuera de lugar. Con la lentitud que tenían las transmisiones en aquella época, transferir cuarenta megas podía exigir días de conexión.

El nombre completo de mp3 es *Motion Picture Experts Group - Layer* 3 (grupo experto de gráficos en movimiento, capa 3).

Así que se buscaron métodos para reducir el tamaño del archivo, manteniendo prácticamente intacta su calidad. Te suena esta cuestión, ¿verdad? Es lo mismo que pasó con las imágenes, donde los archivos bmp acabaron comprimidos en jpeg.

Alrededor de 1987 apareció un nuevo método de compresión de audio, desarrollado por el Instituto Fraunhofer, que fue aprobado en 1992 por el MPEG (*Motion Picture Experts Group*). ¿Sabes a qué me estoy refiriendo? Exactamente, al superpopular mp3.

Con el auge de Internet, los archivos mp3 comenzaron un despegue que les llevó al estrellato, donde permanecieron en solitario... hasta comienzos del nuevo siglo, con el lanzamiento de Windows XP.

Como entonces ya resultaba evidente que había mucho dinero tras el audio digital, Microsoft decidió lanzar su propio formato de audio comprimido, wma (*Windows Media Audio*), que podía ser generado por el Reproductor de Windows Media sin necesidad de software adicional, que entonces sí era necesario en el caso de los archivos mp3.

Con el paso de los años, el tipo wma ha ido acaparando cada vez más cuota de mercado y, aunque mp3 sigue ocupando en primer lugar, su ventaja ha disminuido perceptiblemente.

Comercialmente hablando, Microsoft hizo una jugada perfecta con la inclusión de su Reproductor de Windows Media en Windows XP, ya que hasta entonces su presencia en el ámbito multimedia era escasa y, a partir del lanzamiento de Windows XP, fue adquiriendo una cuota de mercado cada día mayor en el mundo del audio y vídeo digital.

No obstante, en el plano judicial las cosas no fueron tan felices y Microsoft no salió tan bien parada, teniendo múltiples problemas legales, al ser acusada de monopolio por diversas empresas.

De hecho, en marzo del 2004, la Unión Europea obligó a Microsoft a comercializar su Windows XP sin incluir el Reproductor de Windows Media. Esta versión recortada se denominaba Windows XP N.

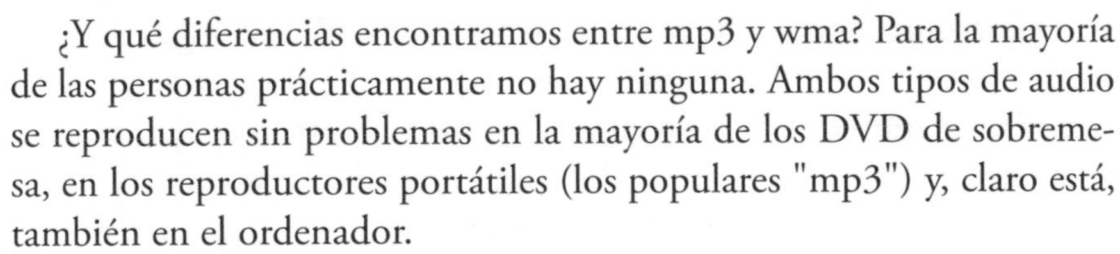

¿Y qué diferencias encontramos entre mp3 y wma? Para la mayoría de las personas prácticamente no hay ninguna. Ambos tipos de audio se reproducen sin problemas en la mayoría de los DVD de sobremesa, en los reproductores portátiles (los populares "mp3") y, claro está, también en el ordenador.

Además, con el Reproductor de Windows Media no necesitamos instalar ningún programa adicional, porque reproduce perfectamente archivos wav y mp3... y también nos permite crearlos a partir de nuestros CD de audio.

Y en cuanto a la compresión del sonido, ¿cuál lo hace mejor? Pues, leyendo opiniones de especialistas (mi oído no da para tanto), un wma a 96 Kbps viene a ser como un mp3 a 128 Kbps; en otras palabras, los wma comprimen algo más el sonido.

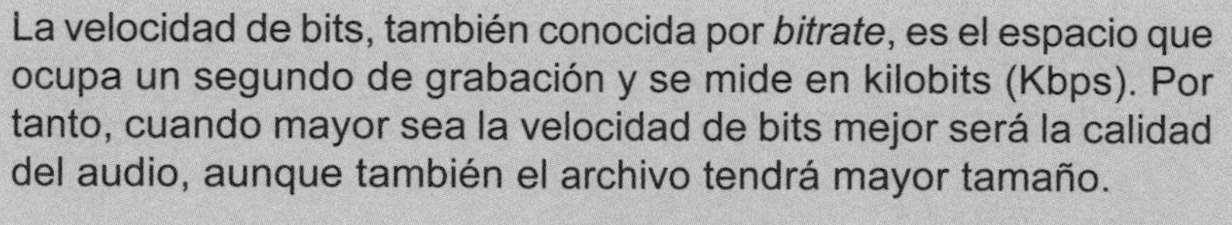

La velocidad de bits, también conocida por *bitrate*, es el espacio que ocupa un segundo de grabación y se mide en kilobits (Kbps). Por tanto, cuando mayor sea la velocidad de bits mejor será la calidad del audio, aunque también el archivo tendrá mayor tamaño.

A veces, se habla de bitrate variable. ¿Qué es eso? Por defecto, en la compresión se asigna el mismo espacio a todos los segundos de la canción; en cambio, el bitrate variable usa más espacio para los fragmentos con grandes cambios y menos para los momentos de calma, logrando mayor calidad sonora, aunque el tamaño del archivo puede ser algo mayor.

Otro de los formatos que reconoce Windows 7 y que está adquiriendo cierta popularidad en los últimos tiempos es aac (*Advanced Audio Coding*). Según algunas opiniones especializadas puede considerarse el verdadero sucesor del mp3, de hecho, a veces se difunde bajo archivos de extensión mp4. Sin embargo, como mp4 también se asocia con archivos de vídeo, cuando Apple adoptó este formato para su reproductor portátil iPod y su tienda iTunes, le asignó la extensión m4a.

TRUCO MÁGICO

Si quieres averiguar la velocidad de bits de una canción mp3 o wma, ejecuta Propiedades de su menú contextual y ve a la ficha Detalles. Ahí aparece esa información.

Grabadora de sonidos

La Grabadora de sonidos de Windows 7 es una aplicación muy sencilla, pero que resulta bastante útil para digitalizar nuestra voz. Eso sí, con ella nos limitamos a crear archivos de sonido, no a reproducirlos... para esto último manejaremos el Reproductor de Windows Media.

Veamos a continuación cómo podemos digitalizar nuestra propia voz, suponiendo que disponemos de un micrófono.

1. En el menú Inicio, localizamos la Grabadora de sonidos, cuya reducida ventana podemos ver en la figura 7.2, en Todos los programas>Accesorios o comenzando a escribir su nombre en el cuadro de búsqueda.

2. Hacemos clic en **Iniciar grabación** y comenzamos a hablar lo que nos apetezca frente al micro. En la ventana se nos muestra

el tiempo transcurrido y, a su derecha, el control de volumen, para que bajemos o elevemos la voz si el indicador sube demasiado o muy poco.

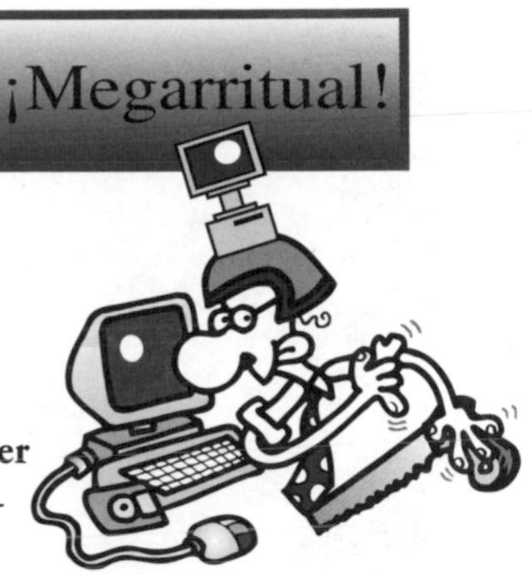

Figura 7.2. Grabadora de sonidos.

3. Cuando lo deseemos, paramos la grabación con **Detener grabación**, que sustituye al botón anterior cuando estamos grabando.
4. Nos aparece el cuadro de diálogo Guardar como, para conservar nuestra armoniosa voz en un archivo wma, si bien podemos olvidarnos de ese cuadro de diálogo (cerrándolo) y proseguir grabando, con **Reanudar grabación**.

¿Y cuál es la calidad sonora de nuestras grabaciones? Pues bastante aceptable, la verdad, porque los archivos wma generados tienen una velocidad de muestreo de 44,1 KHz, en estéreo, y una velocidad de bits de 96 Kbps. En estas condiciones, grabarnos durante diez minutos leyendo poesía supondría la creación de un archivo de siete megas, aproximadamente.

Claro que no será la primera vez que alguien ha pillado una afonía de tanto chillar ante el micrófono, debido a que la Grabadora de sonidos se hace la sorda y su control de volumen no da señales de recoger nada. Sin embargo, el griterío no suele dar resultado, ya que el problema reside en otras causas.

Si no podemos grabar nuestra voz, lo primero que debemos comprobar es si el micrófono está puesto en el conector adecuado... Sí, ése que es de color rosa donde pone MICR o el dibujito de un micro.

¿Está en su sitio y todavía no se graba nada? Entonces, es casi seguro que debemos subir el volumen de grabación.

1. Abrimos el Panel de control y vamos a Hardware y sonido> Sonido.

2. En el cuadro de diálogo que se abre vamos a su ficha Grabar y entonces seleccionamos el dispositivo con el que grabamos sonido.
3. Hacemos clic en **Propiedades**.
4. Vamos a la ficha Niveles, mostrada en la figura 7.3, y arrastramos hasta el tope, o casi, el control deslizante de Micrófono. Finalmente, hacemos clic en **Aceptar**.

Figura 7.3. Propiedades del micro.

TRUCO MÁGICO

Realizando un proceso similar en la ficha Reproducción, podemos ajustar el volumen y balance del sonido reproducido.

Al volver a probar de nuevo con la Grabadora de sonidos, comprobaremos que se visualiza el control de volumen, tal y como sucede en la figura 7.4 y, por lo tanto, la grabación está teniendo lugar de una forma correcta.

Figura 7.4. Grabando con volumen.

Sonidos del sistema

Utiliza la Grabadora de sonidos para digitalizar tu voz, hablando o cantando lo que te apetezca.

Por defecto Windows 7 reproduce breves sonidos al efectuar algunas acciones, como cerrar sesión, conectar un dispositivo, etc. Seguidamente vamos a ver cómo elegir otra combinación de sonidos diferente, así como evitar la reproducción de los sonidos aplicados a los eventos e, incluso, personalizar los sonidos con nuestros propios mensajes.

Todas estas operaciones las llevaremos a cabo en la ficha Sonidos del cuadro de diálogo de la figura 7.5, que abrimos en el Panel de control con Hardware y sonido>Sonido.

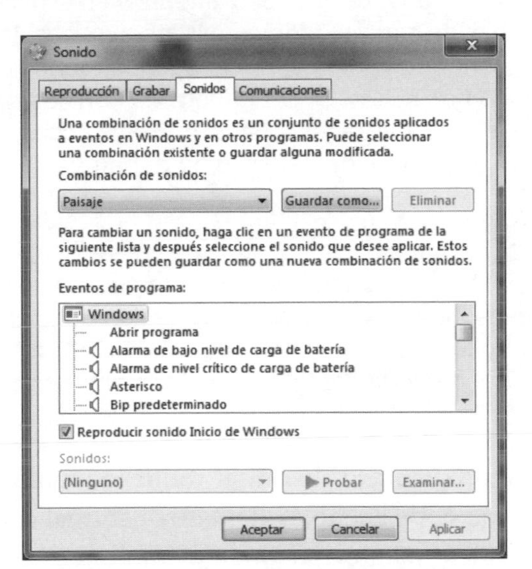

Figura 7.5. Combinaciones de sonidos.

1. Desplegando la lista de Combinación de sonidos elegimos una de las combinaciones predeterminadas. Para comprobar su efecto sonoro, en el cuadro Eventos de programa señalamos uno de los sucesos que tengan a su izquierda el icono de un altavoz; para escuchar su sonido asociado, hacemos clic sobre el botón **Probar**.

2. Si queremos cambiar ese sonido o asignarle audio a un evento que no lo tuviera, en Sonidos desplegamos la lista de disponibles

o bien hacemos clic en **Examinar** para localizar el archivo wav correspondiente.

3. Cuando tengamos una combinación de nuestro agrado, podemos conservarla con **Guardar como**.

TRUCO MÁGICO

En ocasiones interesa que no se escuche nada en el equipo para no molestar a otras personas. Lo más rápido es hacer clic en el icono Altavoces **del área de notificación y, luego, en** Silenciar Altavoces**. También podemos ahí variar el volumen de reproducción deslizando el control.**

También podemos incluir mensajes personalizados al abrir o cerrar la sesión, al abrir un programa, etc. Por ejemplo, escuchar la voz de esa persona tan especial diciéndonos "Buenas noches, que descanses" cuando apagamos el equipo resulta muy gratificante.

Sólo tenemos que repetir el proceso anterior y en el paso 2, que por defecto busca en la carpeta Media de Windows, nos desplazarnos a la carpeta donde hayamos almacenado los mensajes. Por desgracia no podemos utilizar la Grabadora de sonidos para obtener esos mensajes personalizados, puesto que este accesorio sólo crea archivos wma y los sonidos del sistema deben estar en wav.

¿Y de dónde sacamos éstos últimos? Sin necesidad de acudir a programas de edición de sonido, siempre podemos leer las instrucciones de nuestro reproductor portátil o de nuestro teléfono móvil, porque muchos modelos admiten la grabación de sonido en wav... Luego, tan sólo tenemos que copiar esos archivos en nuestro disco duro y seguir el procedimiento descrito con anterioridad.

¿Y no hay alguna manera de quitar todos los sonidos asociados al sistema? Claro que sí, de hecho es algo muy habitual cuando reproducimos audio o vídeo, para evitar que nos molesten las notificaciones sonoras.

Para conseguirlo tan sólo tenemos que seleccionar Sin sonidos en Combinación de sonidos de la figura 7.5 y hacer clic en **Aceptar**.

Reconocimiento de voz

Gracias al Reconocimiento de voz de Windows 7, si disponemos de un micrófono podemos ir dictándole al equipo lo que deseamos que vaya haciendo.

A diferencia de esos programas que nos permiten escribir un documento al dictado, el Reconocimiento de voz de Windows 7 va más allá, porque también nos ofrece la posibilidad de controlar el equipo mediante la voz, ejecutando programas, comandos, etc. Es decir, sin necesidad de teclado ni ratón, podemos abrir WordPad, escribir lo que sea, abrir otro programa, cambiar de ventana, guardar lo que sea, cerrar la ventana, etc.

Claro que antes de poder usar el Reconocimiento de voz, es necesario configurar el micrófono e invertir algo de tiempo en enseñarle a reconocer nuestra voz. Por ese motivo, al ejecutar el Reconocimiento de voz por primera vez (lo encontramos en el menú Inicio, bien buscándolo o en Todos los programas>Accesorios>Accesibilidad) se pone en marcha el asistente de la figura 7.6.

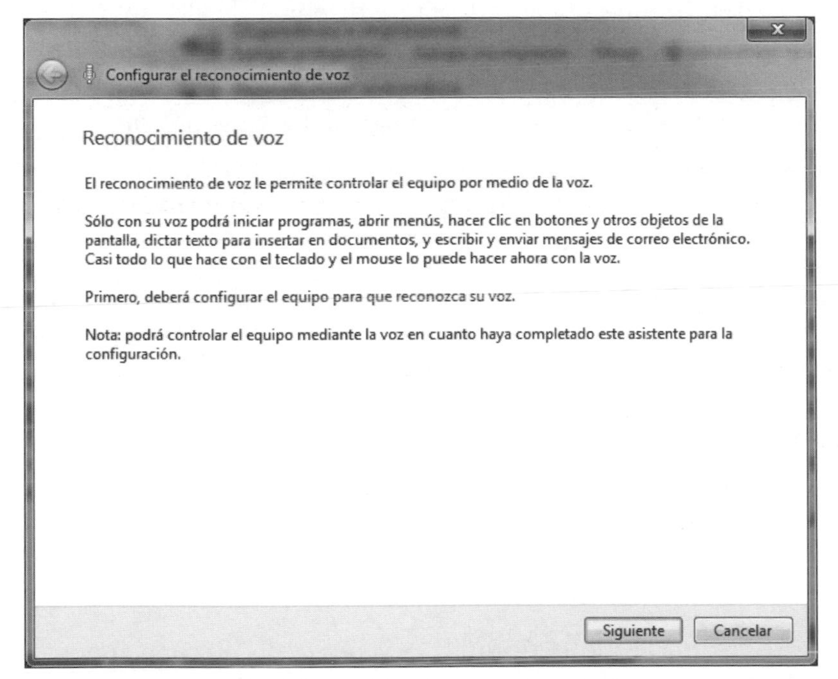

Figura 7.6. Bienvenido al reconocimiento de voz.

1. Hacemos clic en **Siguiente**. Para no hacerme pesado, omito este clic en los siguientes pasos.

2. Seleccionamos nuestro tipo de micrófono (el más adecuado es el incluido en los auriculares).
3. Se nos indica cómo colocar el micro.
4. Debemos leer en voz alta, con un tono normal, el texto que aparece.
5. El micro ya está configurado.
6. Para mejorar la capacidad de reconocimiento, activamos la casilla Habilitar la revisión de documentos. Luego, indicamos cómo desactivaremos el micrófono.
7. Después se nos ofrece la posibilidad de imprimir la lista de órdenes que podemos dar al equipo para que éste las reconozca como tales. Como es muy interesante disponer de ella, sobre todo al principio, hacemos clic en **Ver hoja de referencia**, que nos abre una ventana de la ayuda donde hacemos clic en su enlace Mostrar todo (arriba a la derecha) y, luego, con Opciones>Imprimir obtenemos una copia impresa del contenido de la ayuda, que tendremos a mano. Cerramos la ventana de la ayuda y pasamos a la siguiente ventana del asistente.
8. Si queremos que se ejecute el Reconocimiento de voz cada vez que iniciamos el equipo, dejamos activada la casilla; en otro caso, la desactivamos. La decisión es tuya.
9. Iniciamos el tutorial interactivo, que vemos en la figura 7.7, para ir aprendiendo a controlar el ordenador con la voz, siguiendo las instrucciones que se nos dan en él. Nos llevará un buen rato, pero es una práctica muy aconsejable para sacarle el máximo partido al Reconocimiento de voz.

TRUCO MÁGICO

Desde el Panel de control, con Accesibilidad> Reconocimiento de voz o bien desplegando el menú contextual de la ventana del Reconocimiento de voz, podemos acceder al tutorial en cualquier otro momento.

Una vez finalizado el tutorial, la ventana del Reconocimiento de voz de la figura 7.8 aparece en la parte superior del escritorio, a la espera de escuchar nuestras órdenes verbales. Eso sí, tendremos que decir "activar el micrófono"... y "desactivar el micrófono" cuando deseemos que deje de escucharnos. Posteriormente, al iniciar la aplicación será ahí donde iremos... sin necesidad de configurar el micro ni repasar el tutorial, claro está.

Si al ejecutar el Reconocimiento de voz en su ventana leemos "Desactivado", para activarlo en su menú contextual ejecutaremos Activado (lo pone en marcha) o Suspendido (lo deja a la espera de la orden "activar el micrófono").

Figura 7.7. Tutorial interactivo.

Figura 7.8. Reconocimiento de voz.

Por ejemplo, y a modo de prueba, partiendo del escritorio vacío y con sólo la voz, he abierto y manejado las aplicaciones de la figura 7.9. No negaré que al principio cuesta un poquito habituarse a esta forma de trabajo, pero con algo de práctica resulta muy cómodo, rápido y sencillo. ¡Una gozada!

Cuando queramos terminar, cerramos la ventana del Reconocimiento de voz... y hasta la próxima.

El único inconveniente del Reconocimiento de voz, si podemos considerarlo como tal, es que las nuevas generaciones no van a saber

Es evidente, ¿no? Aclárate la garganta y ponte a practicar con el Reconocimiento de voz.

manejar el teclado... Y es que, como decía Don Hilarión en "La verbena de la paloma", "hoy las ciencias adelantan que es una barbaridad".

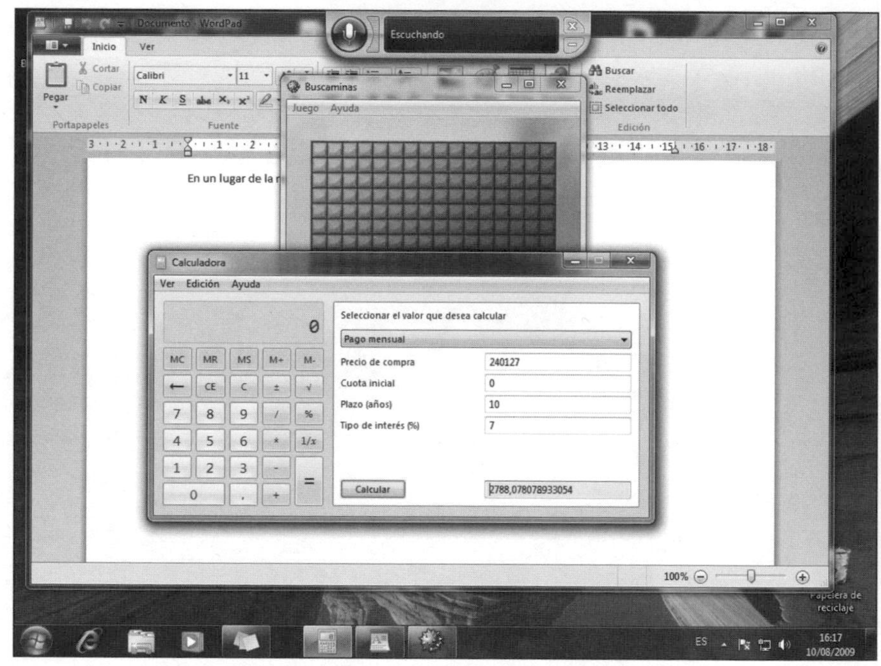

Figura 7.9. Manejando Windows 7 con la voz.

Reproducción de audio y vídeo digital

El Reproductor de Windows Media es uno de los programas que más me gustan de Windows 7. Sí, ya sé que utilidad práctica no tiene mucha, pero, ¡qué maravillosa es la música! ¿Y no reproduce vídeo? ¡Desde luego que sí!

¿Y cómo activamos el Reproductor de Windows Media? Pues tenemos múltiples caminos para ponerlo en marcha; por ejemplo:

- Buscarlo en el menú Inicio o utilizar su acceso directo de la barra de tareas. Luego, elegimos la lista de reproducción que deseamos escuchar (más adelante vemos de qué va eso).

- Activar el icono de cualquier archivo reconocible por el Reproductor de Windows Media, que entonces inmediatamente se reproduce.
- Introducir un CD de audio o un DVD de vídeo en la unidad lectora. Recordemos que, con **Programas predeterminados** del menú Inicio, podemos decidir qué acciones tendrán lugar cuando introduzcamos en la lectora un CD de audio o un DVD de vídeo, por ejemplo.

La primera vez que ejecutamos el Reproductor de Windows Media nos surge una ventana para que elijamos su configuración inicial. Por ahora nos quedamos con Configuración recomendada.

Comencemos viendo las principales prestaciones del Reproductor de Windows Media a la hora de reproducir música y, para concretar, supondremos que deseamos oír uno de nuestros CD de audio.

Si es la primera vez que introducimos un CD de audio en la lectora, nos puede surgir la ventana de la figura 7.10, para que decidamos qué hacer (ahora **Reproducir CD de audio**). En caso de que siempre deseemos que comience a reproducirse el disco nada más cerrar la unidad, activamos la casilla superior.

Figura 7.10. CD de audio en la lectora.

Instantes después, tendremos en pantalla la ventana del Reproductor de Windows Media, que será similar a la presentada en la figura 7.11, aunque mostrando sólo la carátula del disco y su intérprete (o el título del disco o el nombre de la canción).

Para que aparezcan los controles de reproducción, debemos situar el puntero sobre ella.

Figura 7.11. Reproductor de Windows Media.

- La vista del Reproductor de Windows Media correspondiente a la figura 7.11 se llama Reproducción en curso; pero, es posible que al activar tu Reproductor de Windows Media éste se muestre en la vista Biblioteca, que vemos en la figura 7.12 y que comentaremos más tarde. Para cambiar de una visualización a otra, disponemos de los botones **Cambiar a biblioteca** (**Control-1**) y **Cambiar a Reproducción en curso** (**Control-3**).

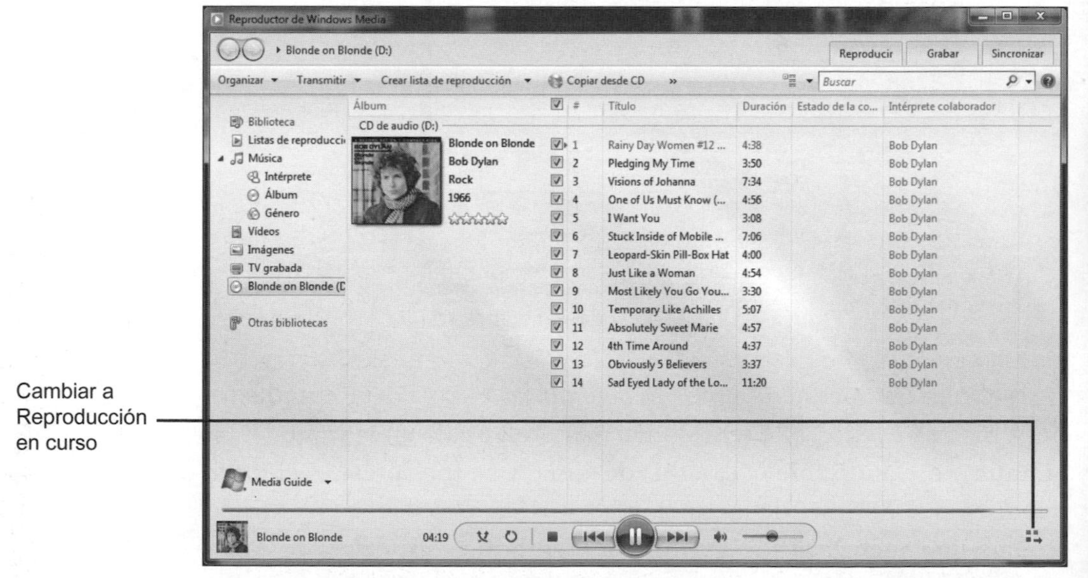

Figura 7.12. Vista Biblioteca del Reproductor de Windows Media.

- Si minimizamos el Reproductor de Windows Media lógicamente seguimos escuchando la música. Además, al colocar el puntero sobre su botón en la barra de tareas aparecen unos sencillos controles para gestionar la reproducción sin necesidad de restaurar la ventana.
- Los controles de reproducción son tan comunes que no precisan comentarios. No obstante, hay una serie de combinaciones de teclas que nos pueden ahorrar algo de trabajo: **Control-H**, activa o desactiva un orden aleatorio y así no sabemos qué canción sigue a la actual; **Control-T** hace que el disco vuelva a repetirse cuando llega a su final; **F8** quita el volumen o lo recupera y con **F9** y **F10** disminuimos o aumentamos el volumen de reproducción.
- Las acciones anteriores también las tenemos disponibles en el menú contextual del Reproductor de Windows Media o en su barra de menús (si está oculta, la mostramos momentáneamente con **Alt**, como siempre), donde hay muchísimas opciones. Lamentándolo mucho, es imposible comentarlas todas porque las páginas de este libro son limitadas y ya me quedan pocas; de modo que tan sólo veremos las más interesantes para la mayoría de la gente... el resto puedes investigarlas por tu cuenta, ¿de acuerdo?

En las dos figuras anteriores observamos que aparece la carátula del disco y el título de la canción que estamos oyendo. ¿Acaso esa información está almacenada en el propio CD de audio? Por desgracia no, aunque no hay motivo técnico que lo impidiese.

Entonces, ¿cómo averigua esos datos el Reproductor de Windows Media? Pues por el camino de siempre, es decir, Internet. El equipo se conecta automáticamente a un servidor que comprueba si el disco está en su base de datos, en cuyo caso muestra los títulos de las canciones y la carátula.

¿Y cómo hace el servidor para saber de qué CD se trata? El sistema que se sigue en estos casos es mirar el número de pistas

que hay en el disco y la duración exacta de cada una de ellas. La probabilidad de que haya dos CD distintos con el mismo número de canciones y cada una tenga la misma duración es prácticamente nula.

¿Y si queremos escuchar varios archivos wma o mp3 en lugar de un CD de audio? Si abrimos una carpeta que contiene archivos de audio, podemos escucharlos todos ellos sin más que hacer clic en el botón **Reproducir todo**. ¿Y si únicamente nos apetece escuchar unos pocos? Solamente tenemos que seleccionarlos y hacer clic sobre **Reproducir selección**.

Por ejemplo, si reproducimos de esta forma las canciones de la carpeta Música de muestra, comprobaremos que también vemos la carátula del álbum correspondiente, como sucede en la figura 7.13... y es que, al igual que pasa con las fotografías, algunos archivos de audio también incluyen metadatos.

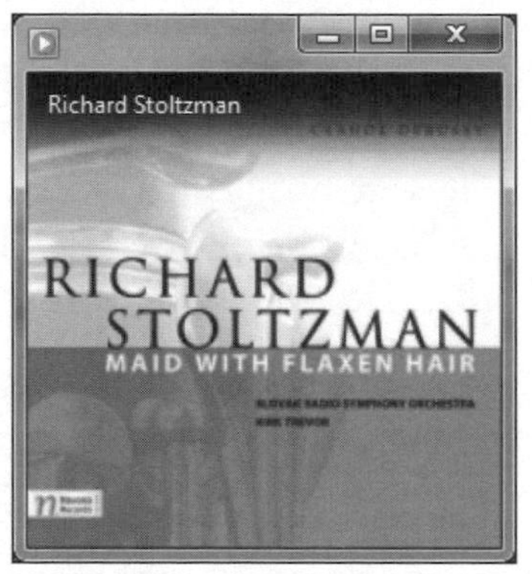

Figura 7.13. Reproduciendo la música de muestra.

Y, por último, vayamos con la reproducción de los DVD de vídeo. ¿Y qué pasa con los archivos de vídeo? Paciencia, los dejamos de lado por el momento, hasta comentar los tipos de vídeo digital.

Bueno, por lo que respecta a los DVD de vídeo, su reproducción no tiene mucho misterio, puesto que basta con introducir un DVD de vídeo en la unidad y, automáticamente, comienza a reproducirse.

Cuando llegamos a su menú principal, similar al mostrado en la figura 7.14, gestionamos la reproducción como en cualquier reproductor DVD de sobremesa, siguiendo el diseño de navegación que incorpora.

Figura 7.14. Un buen concierto.

- Para facilitarnos la reproducción, ya que utilizamos el ratón en lugar del mando a distancia, se incluye el botón **DVD** con varios comandos para ir al menú raíz, cambiar el idioma, poner subtítulos, aumentar o disminuir el tamaño del vídeo, etc.
- Es habitual disfrutar del vídeo de calidad a pantalla completa. Para ello lo más cómodo es hacer doble clic sobre la imagen... o un clic en el botón **Ver a pantalla completa** o pulsar **Alt-Intro**. Repitiendo el proceso retornamos al tamaño anterior de la pantalla de vídeo.
- Manteniendo pulsado el botón **Anterior** o **Siguiente** retrocedemos o avanzamos a mayor velocidad.

Practica todo lo que acabamos de ver sobre el Reproductor de Windows Media.

- Si hacemos clic con el botón secundario del ratón a pantalla completa, además de los comandos anteriores tenemos otros que nos permiten modificar el volumen del audio o la velocidad de reproducción, como vemos en la figura 7.15.

Figura 7.15. Tras hacer clic con el botón secundario a pantalla completa.

Tipos de vídeo digital

Como ya sabemos, los tipos básicos en imagen y audio son bmp y wav, que han cedido el relevo a jpeg o png y mp3 o wma, respectivamente.

En cuanto al vídeo digital, el equivalente es el tipo avi (*Audio Video Interleave*, audio y vídeo entrelazado), aparecido 1992. Su estructura era similar a las películas de celuloide; almacenaba una colección de imágenes (fotogramas) en bmp que, al ir pasando con rapidez, producen en la retina humana sensación de movimiento.

Claro que los archivos avi originales (después veremos los modernos) tenían el mismo inconveniente que los bmp y wav; es decir, su gran tamaño. Por ejemplo, un segundo de filmación a tamaño reducido (320 x 240), mostrando 30 imágenes con color de 24 bits, ocupaba más de seis megas (sólo tienes que hacer los cálculos 320 x 240 x 30 x 24 bits y lo comprobarás). Si hoy en día seis megas por segundo es una barbaridad, imagina en aquellos años. En resumen, el tipo avi fue sustituido por otro formato de vídeo, mpeg, desarrollado por el MPEG (*Moving Pictures Expert Group*).

Desde su aparición el formato mpeg ha sido uno de los grandes estándares de vídeo digital y es reconocido por los reproductores de DVD de sobremesa y, faltaría más, también por Windows 7, que les asigna el tipo Clip de película.

Aunque el formato avi ha caído en desuso, los archivos avi siguen estando vigentes, gracias a los divX y Xvid que veremos dentro de un rato.

El formato mpeg admite varias modalidades, que coexisten en la actualidad y cuyos nombres se suelen escribir en mayúsculas:

- MPEG-1: Diseñado para incluir vídeo en los CD-ROM. Su resolución es 352 x 240 (sistema NTSC, el de la televisión americana) o 352 x 288 (sistema PAL, televisión europea). Su calidad de imagen es similar a la ofrecida por los antiguos vídeos VHS.
- MPEG-2: Su resolución más habitual es 720 x 576. Precisamente MPEG-2 es la codificación que se emplea tanto en los DVD como en la televisión digital.
- MPEG-4: Ofrece excelente calidad de imagen y gran compresión, así que cada vez es más popular. Se acostumbra a ofrecer en archivos mp4, que Windows 7 reconoce sin problemas.

Claro que Microsoft no podía quedarse al margen de la industria del entretenimiento y con su Windows XP lanzó al mercado un nuevo formato de vídeo comprimido wmv (*Windows Media Video*), que une a su calidad de imagen una buena compresión. Con el paso de los años, los archivos wmv (de tipo Archivo de audio o vídeo de Windows Media) se están adueñando del ámbito doméstico y su popularidad en Internet es cada vez mayor.

Si deseamos averiguar las características técnicas de un archivo de vídeo (duración, tamaño de la imagen, cuántos fotogramas se nos muestran por segundo, etc.) sólo tenemos que ejecutar Propiedades de su menú contextual e ir a la ficha Detalles, que se muestra en la figura 7.16.

¡Cómo! ¿Ya está todo? ¿Y qué pasa con los superpopulares divX y Xvid? Lo cierto es que no se tratan de nuevos formatos de vídeo comprimido, sino de dos tipos de códec. ¿Y qué es eso de un códec? Vamos con ello.

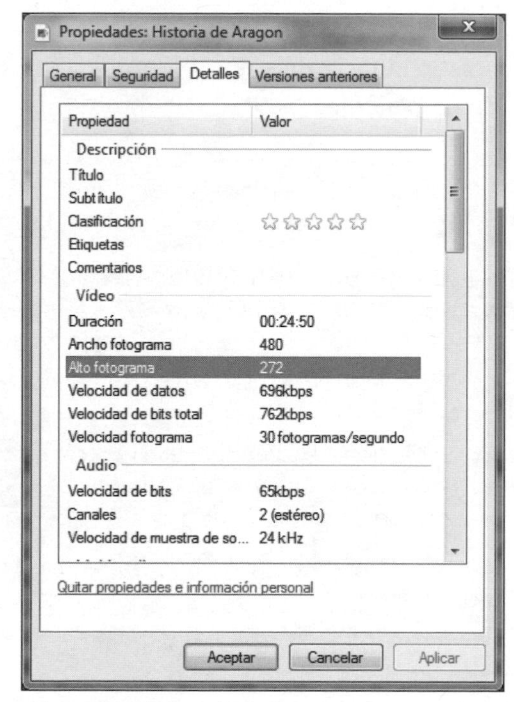

Figura 7.16. Propiedades de un vídeo mp4.

Códec

Un códec (codificador-decodificador) es un pequeño programa que contiene una serie de instrucciones para comprimir y descomprimir vídeo, o audio en su caso.

Existen códecs muy rápidos en la codificación y lentos en la decodificación, por lo que son muy adecuados para la edición de vídeo pero no para su reproducción; en cambio, con otros códecs sucede justo lo contrario.

A principios de siglo (¡qué bonito queda eso!) surgieron dos nuevos códecs, divX y Xvid, los cuales ocasionaron un seísmo en el mundo del vídeo digital. Ambos generan archivos avi (tipo Clip de vídeo, en Windows 7) y su popularidad se debe a su aceptable calidad de imagen, su gran reducción de tamaño (una película completa cabía en un CD) y, no por último menos importante, su gratuidad.

¿Y cuántos códecs distintos hay? Muchos, como siempre, y varios de ellos seguro que están instalados en nuestro ordenador. ¿Queremos saber cuáles? Sólo tenemos que hacer lo siguiente:

1. Ponemos en marcha el Reproductor de Windows Media.
2. Pulsamos la tecla **Alt**, para desplegar los menús.
3. Ejecutamos Ayuda>Acerca del Reproductor de Windows Media.
4. En la ventana informativa, hacemos clic en el enlace inferior, Información de soporte técnico.
5. Inmediatamente se activa Internet Explorer y, al igual que vemos en la figura 7.17, nos muestra dicha información.

Tal y como se aprecia en la figura 7.17, Windows 7 incorpora los códecs divX y Xvid, por lo que reproduce directamente sus archivos correspondientes. Para ello, podemos seguir los mismos pasos que hemos visto en la reproducción de audio, pero normalmente veremos sólo un archivo de vídeo, si es de larga duración. Por ese motivo, la mayoría de la gente se limita a hacer clic en el icono del vídeo e, inmediatamente el Reproductor de Windows Media se pondrá en marcha para mostrárnoslo, como sucede en la figura 7.18.

Se dice que un archivo de vídeo es dual, cuando incluye dos pistas de audio, en dos idiomas diferentes. Cuando reproduzcamos un vídeo dual y queramos pasar de uno a otro idioma, pulsaremos Alt e iremos a Reproducir>Pistas de audio e idioma.

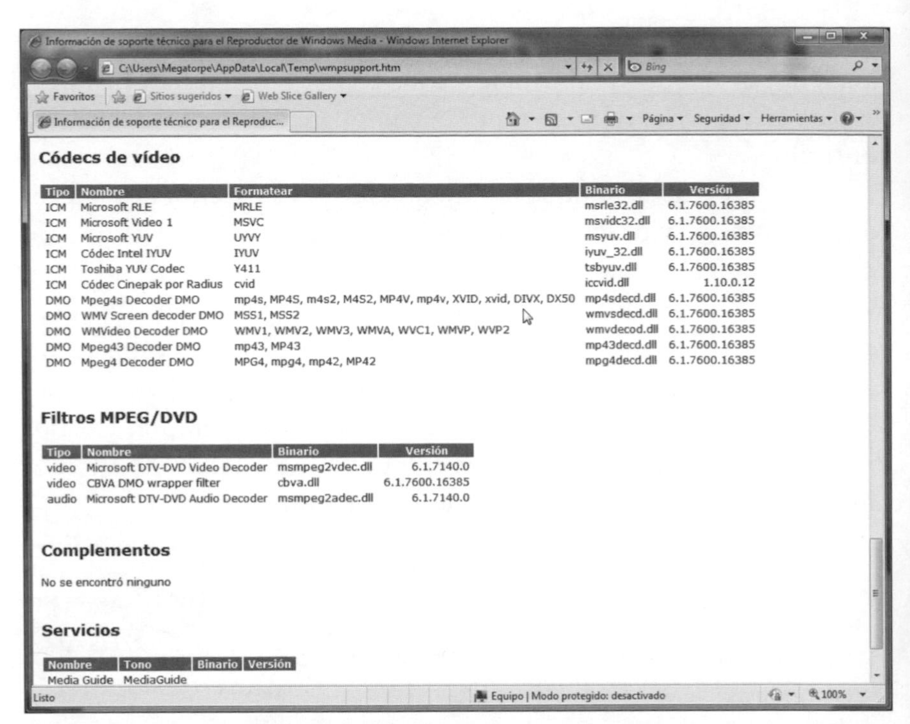

Figura 7.17. Información de soporte técnico.

Figura 7.18. Un vídeo Xvid.

Los subtítulos son esos textos que suelen colocarse en la parte inferior de la imagen, generalmente traduciendo los diálogos hablados en otro idioma.

Dejando de lado los subtítulos profesionales (los existentes en los DVD, por ejemplo), es habitual encontrar otros más caseros, sobre todo en Internet.

Altruistamente una o más personas se dedican a traducir los diálogos y los publican, ya sea para difundir su programa favorito o para facilitar su disfrute a gente con problemas auditivos. Este tipo de subtítulos se almacena en archivos de texto, que suelen tener extensión srt.

Por defecto, Windows 7 no incluye el códec DirectVobSub, que se encarga de gestionar los subtítulos. No obstante, podemos descargarlo gratuitamente de Internet; por ejemplo, desde:

http://www.free-codecs.com/download/DirectVobSub.htm

Una vez que tengamos en nuestro equipo el correspondiente archivo ejecutable, basta con activarlo para que se instale el códec.

¿Y qué debemos hacer para que aparezcan los subtítulos cuando reproducimos un archivo de vídeo? Sólo debemos asegurarnos de que el archivo de vídeo y el archivo srt tengan el mismo nombre; en este caso, cuando abramos el archivo de vídeo con el Reproductor de Windows Media, surgirán automáticamente los subtítulos correspondientes.

Por último, hemos de tener en cuenta que si instalamos un paquete de códecs como K-lite (http://www.k-litecodecpack.com/) ya disponemos en el equipo del códec DirectVobSub.

Máscaras del Reproductor de Windows Media

El Reproductor de Windows Media también nos ofrece la posibilidad de cambiar su aspecto, como si se le aplicase una máscara encima. Por ejemplo, lo que vemos en la figura 7.19, aunque parezca sorprendente, es el Reproductor de Windows Media... con una máscara.

TRUCO MÁGICO

Para eliminar una máscara, la seleccionamos en la lista de la figura 7.20 y pulsamos Supr.

Para acceder a las máscaras prediseñadas, en su vista Biblioteca pulsamos la tecla **Alt** y, en el menú que se despliega, ejecutamos Ver>Selector de máscaras. Accedemos de esta forma a la ventana de la figura 7.20, donde sólo encontramos dos máscaras, que tampoco son demasiado atractivas, la verdad.

Figura 7.19. Curiosa máscara.

Figura 7.20. Máscaras disponibles.

Entonces, ¿de dónde ha salido la máscara de la figura 7.19? De Internet, como siempre. Basta con seguir los pasos que se detallan a continuación.

¡Megarritual!

1. Hacemos clic sobre el botón **Más máscaras** de la figura 7.20.
2. Se pone en marcha Internet Explorer y nos abre una página Web donde hay múltiples máscaras (*skins*, en inglés).
3. Cuando encontremos una que nos parezca atractiva, hacemos clic en su enlace Download.
4. Se abrirá un cuadro de diálogo similar al mostrado en la figura 7.21 y hacemos clic en **Abrir**.

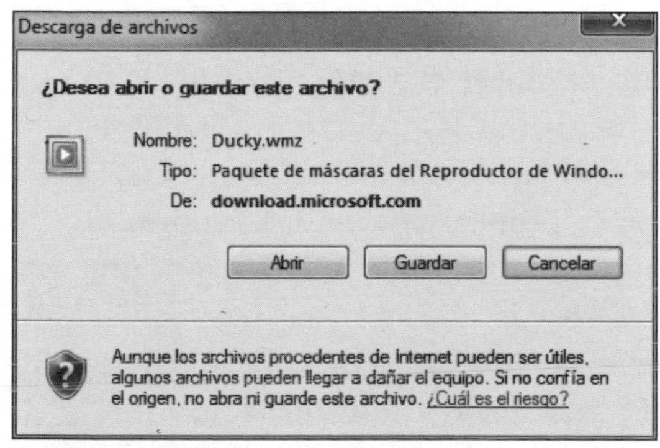

Figura 7.21. Para descargar una máscara.

5. En el siguiente cuadro de diálogo confirmamos, con **Sí**, que deseamos abrir el archivo en el equipo.
6. Instantes después, la máscara descargada aparecerá en la lista izquierda de la figura 7.20. Con sólo hacer doble clic sobre su nombre, el Reproductor de Windows Media adoptará un nuevo aspecto.

Si lo consideras interesante, instala alguna nueva máscara.

¿Y cómo abandonamos ese modo de máscara? Pues con **Control-1** o **Control-3** cambiamos a una de las vista ya conocidas y con **Control-2** volvemos a la máscara. Además, desplegando el menú contextual de

Un *ripper* (destripador) es cualquier programa que genera archivos a partir del audio de un CD o el vídeo de un DVD. Derivado de ese término inglés, se ha popularizado el vocablo "ripear" para aludir a la creación de archivos a partir de discos de audio o vídeo.

cualquier zona vacía de la máscara, se nos ofertan múltiples opciones para controlar la reproducción.

Copiar desde CD

A continuación, vamos a obtener archivos de audio comprimido a partir de la música almacenada en un CD de audio, utilizando el Reproductor de Windows Media. Posteriormente, si copiamos en un reproductor portátil (o en el móvil) los archivos wma o mp3 creados, disfrutaremos de nuestra música preferida mientras paseamos; si los grabamos como datos en un CD podremos escucharlos cómodamente en las nuevas cadenas de sonido, en un DVD de sobremesa, etc.

Para no alargar demasiado las explicaciones, vamos a dividir en dos partes el proceso de ripear el audio de un CD. Así, en primer lugar veremos cómo configurar las características que tendrán los archivos generados y, luego, cómo crear los archivos.

Vayamos con la primera cuestión. Como es de suponer que casi siempre utilizaremos la misma configuración, una vez fijadas las características de la creación de archivos, nos olvidaremos de este tema, salvo que deseemos modificarlas más adelante, repitiendo los mismos pasos que se detallan a continuación.

¡Megarritual!

1. Activamos el Reproductor de Windows Media y pulsamos la tecla **Alt**.

2. En el menú que se despliega, ejecutamos Herramientas> Opciones, que abre el cuadro de diálogo de la figura 7.22, cuya ficha Copiar música desde CD es la que nos interesa ahora.

3. Por defecto, al ripear un CD de audio se crea, dentro de nuestra carpeta Mi música, una carpeta con el nombre de su intérprete, que contiene a su vez otra carpeta con el título del CD; es en esta última donde se guardan los archivos creados. Con el botón **Cambiar** tenemos la posibilidad de elegir otra carpeta en lugar de Música.

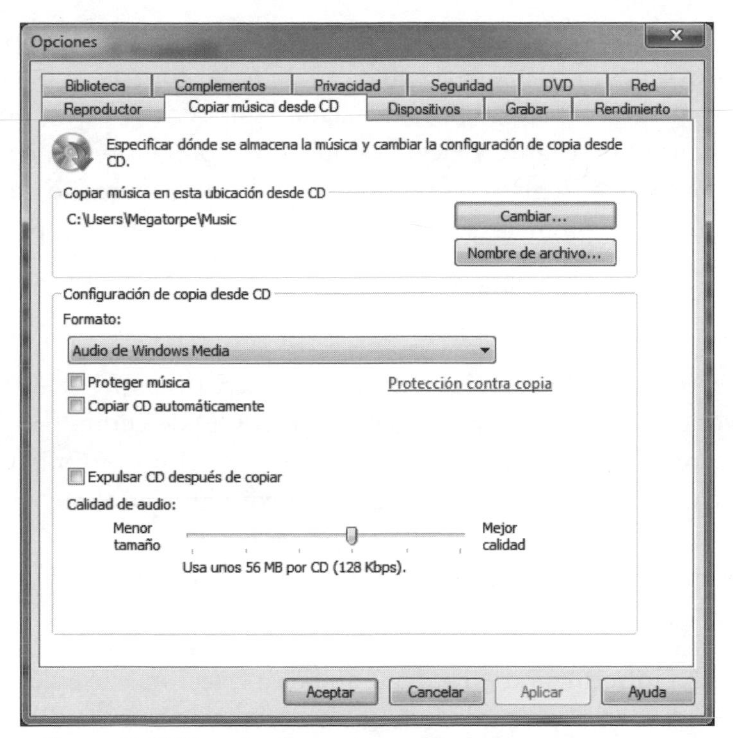

Figura 7.22. Para configurar los archivos que vamos a crear.

4. En principio, los archivos tendrán un nombre formado por su número de pista y el título de la canción; por ejemplo, "04 Lady Jane". Si nos apetece que aparezca su intérprete, título del álbum, etc., hacemos clic en el botón **Nombre de archivo** y, en un nuevo cuadro de diálogo, activamos las casillas de los datos que deseamos se incluyan en el nombre de los archivos que se crearán. Los botones **Subir** y **Bajar** nos permiten alterar el orden en que esos datos formarán parte del nombre.

5. En el campo Formato debemos elegir qué tipo preferimos para los archivos que vamos a crear al ripear el CD de audio. Si descartamos los dos sin pérdidas, que generan archivos muy grandes, y Windows Media Audio Pro que todavía no es muy compatible, nos quedan wma (audio de Windows Media, constante o variable) y mp3... La decisión final es tuya.

El proceso descrito anteriormente para configurar la copia del audio también podemos llevarlo a cabo mediante las opciones disponibles en Mostrar comandos adicionales.

6. En la sección Calidad de audio aparecen prefijados unos valores que son bastante aceptables. De todas formas, si queremos aumentar la calidad (nunca bajarla), sólo tenemos que mover el control deslizante y elegir valores superiores, aunque, como es lógico, los archivos resultantes serán de mayor tamaño. Por si te sirve de referencia, siempre ripeo mis discos a 192 Kbps.
7. Finalmente, cuando todo esté a nuestro gusto, hacemos clic en **Aceptar**.

Bueno, ya hemos configurado las características que tendrán los archivos que crearemos a partir de cualquier CD de audio.

Recordemos que solamente debemos repetir el procedimiento anterior cuando queramos modificar dicha configuración, algo que no será muy habitual.

Pasemos ahora a la creación de nuestros archivos wma o mp3, algo muy sencillo.

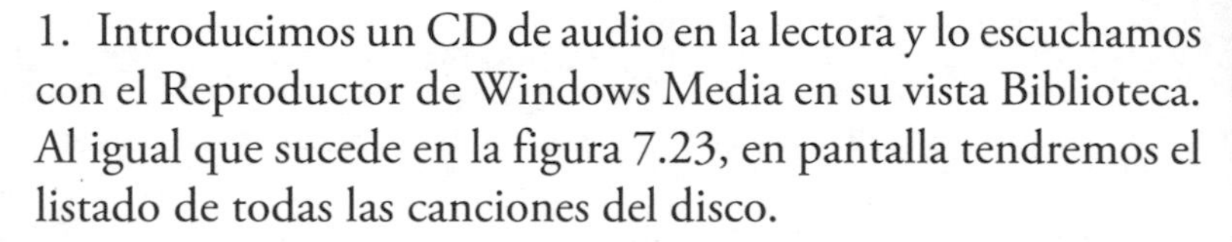

1. Introducimos un CD de audio en la lectora y lo escuchamos con el Reproductor de Windows Media en su vista Biblioteca. Al igual que sucede en la figura 7.23, en pantalla tendremos el listado de todas las canciones del disco.
2. A la izquierda de cada canción hay una casilla que, por defecto, está activada. Todas las señaladas se copiarán en el disco duro; por tanto, si queremos omitir alguna canción, tenemos que desactivar su correspondiente casilla.
3. Cuando hayamos terminado de seleccionar las canciones que nos interesan, hacemos clic en el botón de la barra de herramientas **Copiar desde CD**.
4. Mientras seguimos escuchando el disco, sus pistas se codifican en wma o mp3, según el formato que hayamos elegido en la configuración. Tras unos pocos minutos de espera, tendremos los archivos con las canciones en la correspondiente carpeta, caso de la figura 7.24. ¡Qué tiempos aquellos en que ripear un CD de audio duraba más diez horas!

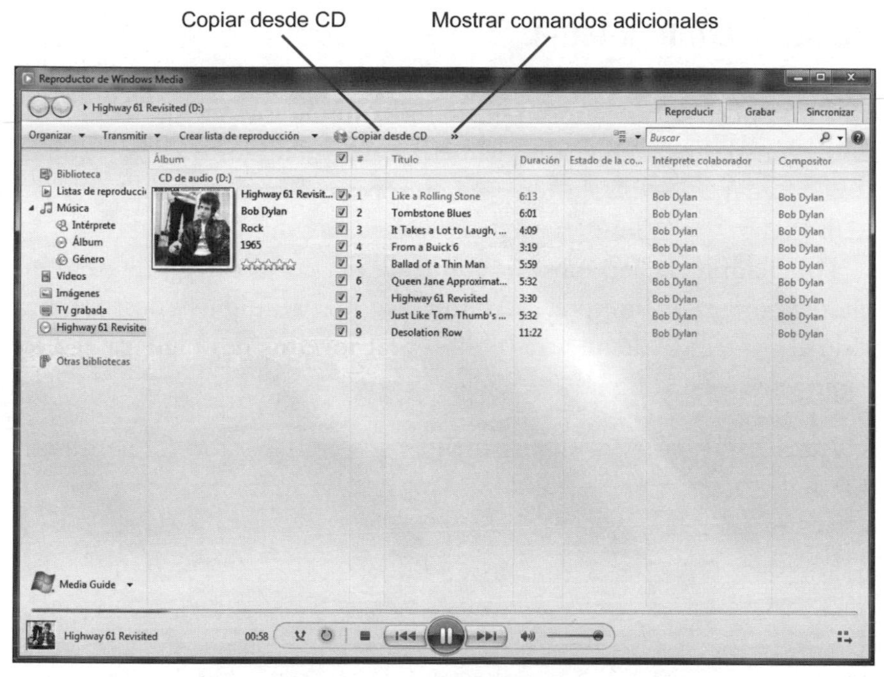

Figura 7.23. Canciones de un magnífico disco.

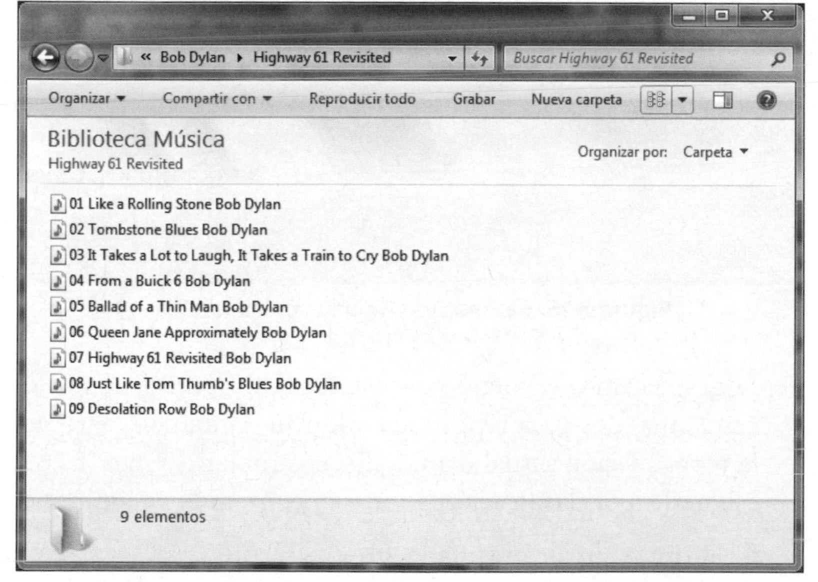

Figura 7.24. Canciones del disco anterior ya ripeadas.

Si tienes tiempo, ripea alguno de tus discos y, después, reproduce los archivos creados para comprobar su excelente calidad.

Biblioteca multimedia

El Reproductor de Windows Media también nos facilita la organización de los archivos multimedia que guardamos en el equipo. Para acceder a ellos, sólo tenemos que pasar a la vista Biblioteca del Reproductor de Windows Media.

Por ejemplo, si hacemos clic sobre alguna de las categorías de la biblioteca musical (Intérprete, Álbum, etc.), enseguida se nos muestra todo el contenido de nuestra biblioteca agrupado según esa categoría, como vemos en la figura 7.25.

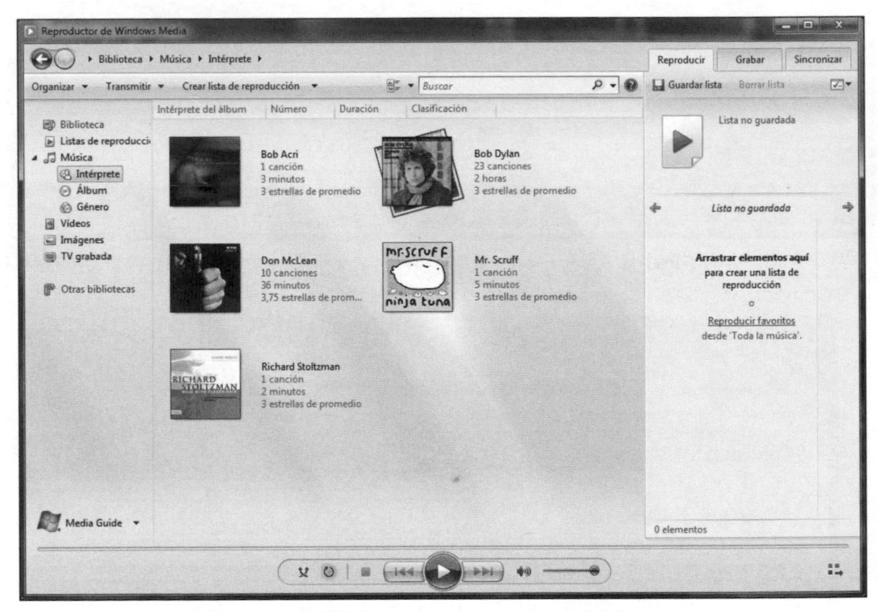

Figura 7.25. Biblioteca agrupada por intérpretes.

- Si desplegamos el menú contextual de un grupo, se nos ofrecen comandos para reproducir todo su contenido, agregarlo a la reproducción actual o a una lista, cambiar el texto (Editar) o asignarle una clasificación a todo su contenido y eliminarlo.
- Si abrimos un determinado grupo, se presenta su contenido desglosado y podemos cambiar, con las opciones de su menú

contextual, cualquiera de las características del disco o bien establecer una clasificación diferente para cada canción. Además, si hacemos doble clic sobre cualquier canción, automáticamente comienza a reproducirse y, si observamos la lista de reproducción del lateral derecho, comprobaremos que todo el contenido del grupo está ahí.

Listas de reproducción

Con el transcurso del tiempo, nuestra biblioteca irá siendo cada vez más amplia, especialmente si ripeamos muchos CD o descargamos música de Internet.

En estos casos, la organización que establece el Reproductor de Windows Media en nuestra biblioteca musical resulta de gran ayuda, pero todavía nos hace falta algo más, para no tener que andar buscando las cosas. Por ejemplo, si tenemos varios discos de un mismo grupo, se tarda algo de tiempo en localizar ése que nos encanta especialmente; claro que la cuestión es mucho peor si nos apetece hacer una selección con canciones de diversos discos, ¿no crees?

En ocasiones así es cuando vienen de perlas las listas de reproducción. ¿Y qué es eso? Se trata de pequeños archivos de texto que contienen una relación de los archivos que nos interesa reproducir en un determinado momento. Estas listas de reproducción tienen un doble cometido:

- Nos permiten guardar una selección de archivos, que pueden estar almacenados en diferentes carpetas.
- Nos facilitan el trabajo, pues sólo tenemos que activar su icono y comenzarán a reproducirse los elementos de la lista.

¿Y cómo se crea una lista de reproducción con el Reproductor de Windows Media? Una vez hayamos entrado en su vista Biblioteca, lo más cómodo es irnos desplazando por la biblioteca y arrastrar los archivos que nos interesan a la lista del lateral derecho. Como se aprecia en la figura 7.26, si arrastramos un disco se añaden todas sus canciones a la lista.

El Reproductor de Windows Media, por defecto, guarda las listas en archivos wpl, aunque también reconoce las listas m3u. Con Guardar lista como de Opciones de lista podemos cambiar su tipo.

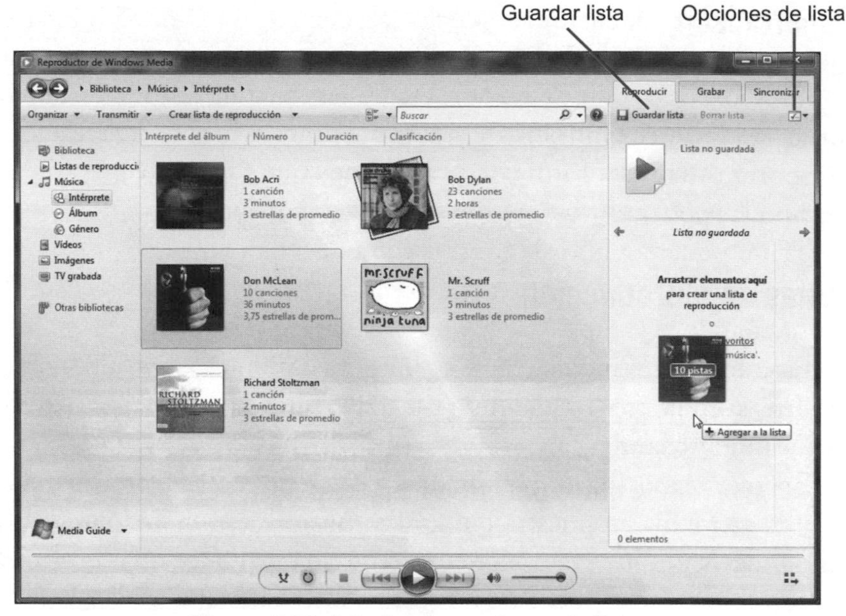

Figura 7.26. Añadiendo un disco a la lista.

- Para cambiar el orden de reproducción de un elemento de la lista, lo más cómodo es arrastrarlo hasta la posición que prefiramos. Subir y Bajar de su menú contextual también hacen más o menos lo mismo.
- Para eliminar un elemento de una lista, lo seleccionamos y pulsamos **Supr** o bien, en su menú contextual, elegimos Quitar de la lista.

Crea una lista de reproducción con algunas de tus canciones favoritas.

Cuando consideramos que la lista está a nuestro gusto, hacemos clic en el botón **Guardar lista** y asunto terminado.

La lista de reproducción que acabamos de crear la tendremos siempre (hasta que la borremos) en la biblioteca para reproducirla rápidamente o hacer cambios en ella más adelante.

Además, en la carpeta Listas de reproducción de nuestra Biblioteca Música encontramos las listas de reproducción que hemos guardado. Sólo tenemos que activar su icono e, inmediatamente, comenzaremos a escuchar las canciones cuya referencia contiene. ¡Me encanta!

Sincronizar

El Reproductor de Windows Media también nos facilita el sincronizar la biblioteca musical de nuestro equipo con nuestro reproductor portátil. De esta forma, las mismas selecciones que hagamos en el equipo las podemos disfrutar en el reproductor portátil.

¿Y no podemos abrir la unidad extraíble en la forma habitual y copiar los archivos como siempre? Desde luego, pero es una tarea engorrosa cuando tenemos miles y miles de canciones. Con el auxilio del Reproductor de Windows Media, nuestro trabajo se reduce sobremanera ya que, si en la unidad portátil cabe toda la biblioteca, el Reproductor de Windows Media la sincroniza automáticamente... En los demás casos, tendremos que hacerlo manualmente.

Por ejemplo, supongamos que tenemos abierto el Reproductor de Windows Media y conectamos el dispositivo extraíble a un puerto USB. Instantes después, accedemos directamente a la ficha <u>Sincronizar</u> del lateral derecho, como vemos en la figura 7.27.

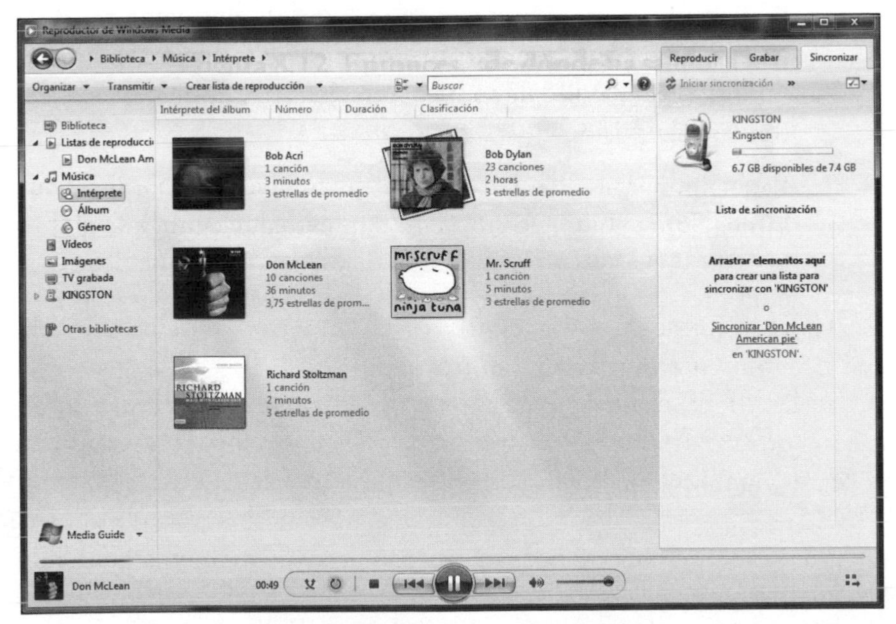

Figura 7.27. Para sincronizar música.

En la lista de sincronización podemos incluir cualquier lista de reproducción previamente creada.

Ahí se nos indica la capacidad del disco extraíble y, debajo, podemos crear una lista de sincronización, de forma similar a las listas de reproducción.

Cuando hayamos terminado con la lista, hacemos clic en **Iniciar sincronización** y comienza el proceso, que puede durar bastante tiempo si hay que copiar muchos archivos, como es habitual en las primeras sincronizaciones. Al finalizar la sincronización en el panel derecho se nos indica que ya podemos desconectar el dispositivo extraíble.

Más adelante, cuando repitamos el proceso, sólo se copiarán en la unidad extraíble las canciones de la nueva lista de sincronización que no estuvieran copiadas en la unidad con anterioridad.

Grabar CD de audio

Aunque los CD de audio no tienen el apogeo de hace unos años, a veces interesa crear uno de estos discos a partir de una selección propia, para escucharlo en equipos de música no muy modernos. Como veremos, el proceso es muy sencillo, aunque hay una serie de consideraciones técnicas que debemos tener en cuenta antes de ponernos a grabar.

- Utilizaremos siempre CD no regrabables (es decir, CD-R), puesto que son los que no dan problemas... y los más baratos.
- A diferencia de lo que sucede con los archivos, las pistas de audio se graban en una única sesión; es decir, no podemos grabar hoy tres canciones y mañana añadir dos más. Así que debemos tener preparados todos los archivos que vayamos a pasar al CD de audio.
- Los archivos que se van a grabar en un CD de audio han de tener formato wma, mp3 o wav.
- Es preferible no utilizar el Reproductor de Windows Media en otra cosa mientras se graba un disco.

Además, también es aconsejable configurar los parámetros de grabación, al igual que hacíamos al ripear discos. En este caso, tras activar el Reproductor de Windows Media y pulsar la tecla **Alt**, ejecutamos Herramientas>Opciones y pasamos a la ficha Grabar, mostrada en la figura 7.28.

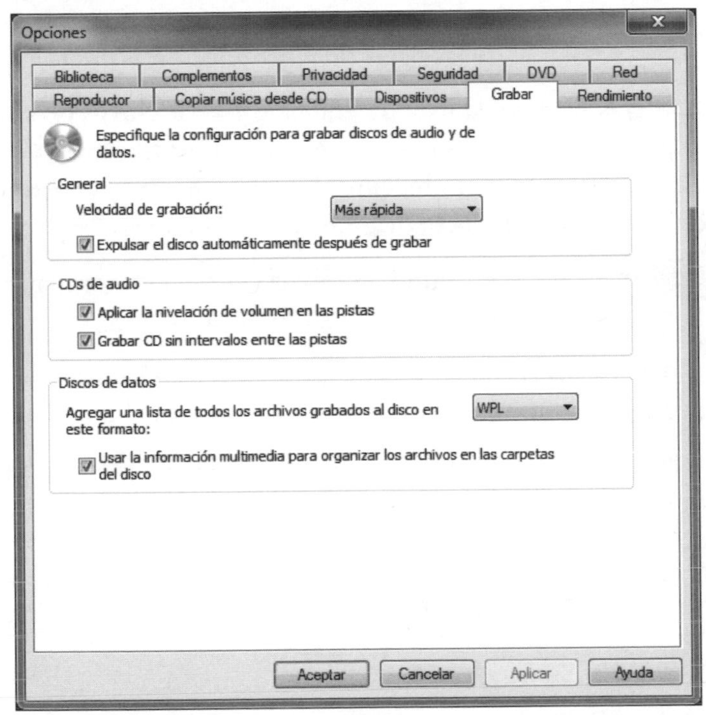

Figura 7.28. Para configurar la grabación.

- Es aconsejable elegir una velocidad de grabación no muy rápida. El proceso será algo más largo, pero el disco resultante se leerá mejor.
- Si los archivos tienen diversas procedencias, es aconsejable dejar activada la casilla Aplicar la nivelación de volumen en las pistas, para que no haya grandes diferencias de volumen entre las diferentes canciones.
- Los discos comerciales suelen dejar dos segundos en blanco entre canción y canción. Si está activada Grabar CD sin intervalos entre las pistas anulamos estos silencios.

Tras todos estos prolegómenos, vamos ya con la creación de un CD de audio.

¡Megarritual!

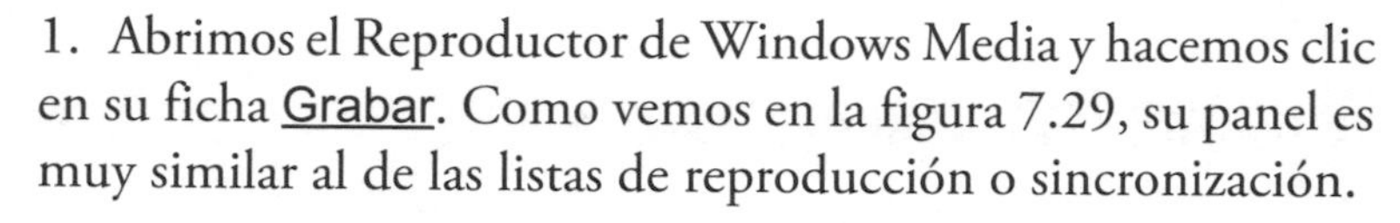

1. Abrimos el Reproductor de Windows Media y hacemos clic en su ficha Grabar. Como vemos en la figura 7.29, su panel es muy similar al de las listas de reproducción o sincronización.
2. Arrastramos a la lista de grabación los archivos de audio digital que vamos a grabar en el CD. Si los teníamos ya en una lista de reproducción, sólo tenemos que arrastrar ésta a la lista de grabación.
3. Si deseamos cambiar el orden de alguna canción, la arrastramos hasta su nueva posición.
4. Hacemos clic en **Iniciar grabación** y, si aún no lo hemos hecho, nos tocará introducir un CD virgen en la grabadora.
5. Después, el Reproductor de Windows Media prepara las pistas del CD de audio y, si todos los archivos se leen sin problemas, comienza a grabar las pistar que conformarán el disco.

DEBERES

¿Te apetece grabar un CD de audio con varias de tus canciones favoritas?

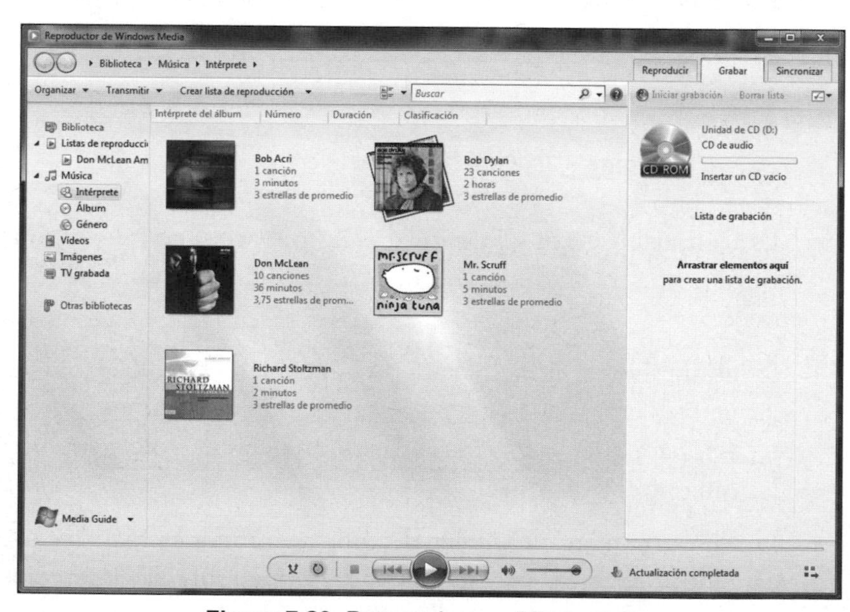

Figura 7.29. Para grabar un CD de audio.

Unos minutos más tarde, ya tenemos el disco listo para ser reproducido en cualquier equipo de música. ¿Verdad que ha sido fácil?

Windows DVD Maker

Hasta ahora hemos visto cómo utilizar el Reproductor de Windows Media para disfrutar de música y vídeo y, también, para crear un CD de audio a partir de archivos de audio.

El equivalente en vídeo de este último proceso, crear un DVD de vídeo a partir de archivos de vídeo, ya no podemos hacerlo desde el Reproductor de Windows Media y, por ello, Windows 7 incluye otra aplicación, Windows DVD Maker.

Con Windows DVD Maker podemos obtener un DVD de vídeo a partir de archivos de vídeo o de fotografías. De este modo, una vez realizada la grabación, disfrutaremos de nuestros vídeos o fotografías en cualquier reproductor DVD de sobremesa.

Como veremos seguidamente, la creación de un DVD de vídeo es bastante sencilla, aunque hay tantos detalles por comentar, que me voy a limitar a presentar un ejemplo orientativo de las posibilidades que ofrece Windows DVD Maker, dejando en tus manos la tarea de investigar el resto... Tarea muy entretenida, palabra.

¡Megarritual!

1. Accedemos a la ventana inicial de esta aplicación, mostrada en la figura 7.30, mediante Todos los programas>Windows DVD Maker del menú Inicio.
2. Con **Agregar elementos** vamos seleccionando los archivos que grabaremos en el DVD de vídeo; otra alternativa es arrastrar los archivos de vídeo a la ventana de Windows DVD Maker. Disponemos, como máximo de dos horas y media, pero no es necesario apurar al máximo; de hecho, en las primeras pruebas lo normal es utilizar tres o cuatro vídeos breves (para no perder tiempo) y un DVD regrabable (para no perder dinero).

El enlace inferior **Opciones** abre un cuadro de diálogo en el que podemos disminuir la velocidad de grabación, para evitar problemas de lectura en algún viejo reproductor de sobremesa.

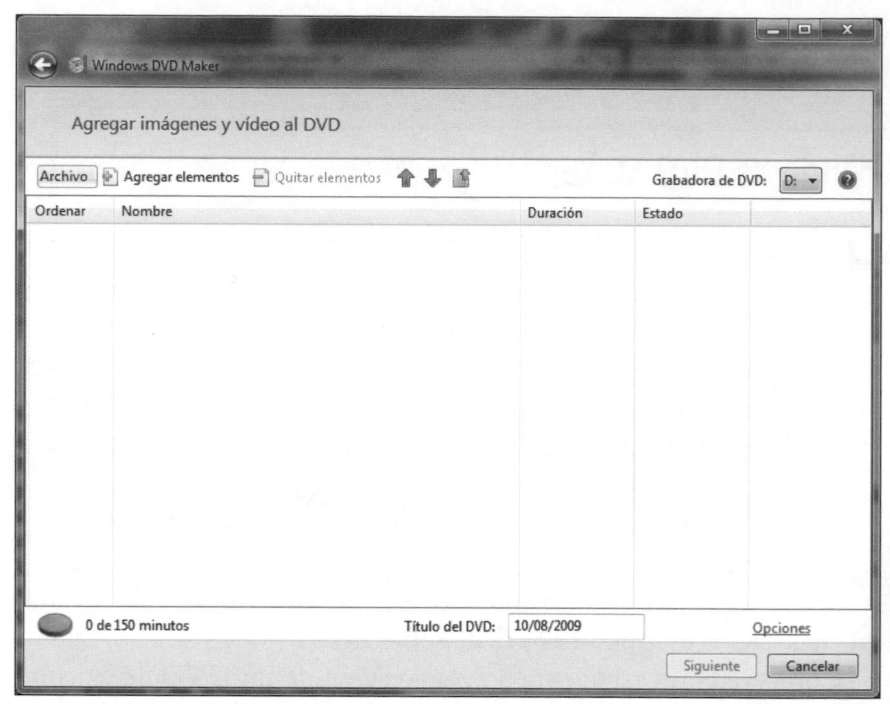

Figura 7.30. Windows DVD Maker.

3. Si queremos alterar el orden de reproducción de los elementos agregados, sólo tenemos que hacer clic en uno de ellos y, con las flechas **Subir** y **Bajar**, llevarlo a su posición... o directamente arrastrarlo hasta su ubicación definitiva.

4. Cuando hemos terminado de seleccionar los elementos, hacemos clic en **Siguiente** y en pantalla tendremos algo similar a lo mostrado en la figura 7.31.

5. Haciendo clic sobre el botón **Vista previa** averiguamos cómo quedaría el DVD. Al igual que sucede en la figura 7.32, durante la vista previa disponemos de una serie de controles en la mitad inferior de la ventana para que controlemos la reproducción. Generalmente es aconsejable invertir unos segundos en ver cómo queda, con el fin de saber qué debemos mejorar en la presentación.

Figura 7.31. Preparando la grabación del DVD.

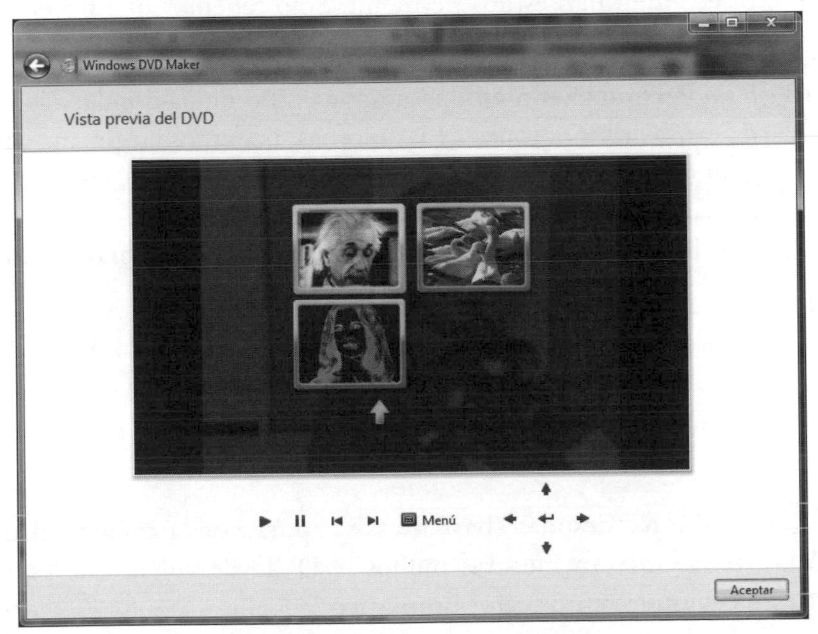

Figura 7.32. Vista previa del DVD.

6. Con **Aceptar** cerramos la vista previa, por ahora, y seguimos en la ventana de la figura 7.31. Lo primero que debemos cambiar es el texto que aparece en pantalla, porque la fecha actual no queda muy elegante, ¿verdad?

7. Hacemos clic en **Texto del menú** y, en la nueva ventana, seleccionamos la fuente de los textos, cambiamos el título del DVD y, si lo deseamos, los nombres de los botones de reproducción y escenas; además, podemos añadir una nota, para aclarar alguna circunstancia interesante. En los cuadros laterales observamos cómo resultan los cambios y, cuando todo esté perfecto, hacemos clic en **Cambiar texto**.

8. De regreso a la ventana de preparación, con **Vista previa** apreciamos los cambios y, si detectamos algún error (los gazapos ortográficos quedan horrorosos), lo corregimos repitiendo el paso anterior.

9. En el lateral derecho de la ventana, Windows DVD Maker nos ofrece múltiples estilos de menú. Sólo tenemos que hacer clic en uno de ellos y enseguida veremos cómo queda.

10. Con **Personalizar menú** pasamos a otra ventana donde, además de cambiar los botones de las escenas, podemos elegir una canción (haciendo clic en **Examinar** de Audio del menú) que se reproducirá mientras se visualiza el menú. Finalmente, si con **Vista Previa** nos parece todo bien, hacemos clic en **Cambiar estilo**.

11. ¡Ya hemos terminado con la preparación del DVD de vídeo! Ahora hacemos clic en **Grabar** y, tras insertar un DVD en la grabadora, comienza la grabación propiamente dicha. Si se trata de un regrabable que contenía algo, se nos pregunta si queremos sobrescribirlo.

Con Windows DVD Maker graba en un DVD de vídeo algunos pequeños archivos, practicando todo lo explicado.

Unos minutos después (bastantes, si apuramos la capacidad del DVD), tendremos en nuestras manos el DVD de vídeo, que podrá verse en cualquier reproductor doméstico.

¡Qué fácil ha sido!

Presentación de fotografías en DVD

Otra interesante posibilidad que nos ofrece Windows DVD Maker es la de crear un DVD de vídeo a partir de colecciones de fotografías, para verlas tranquilamente en un reproductor DVD de sobremesa sin necesidad de tener un ordenador a mano. Eso sí, tengamos presente que ahora no vamos a crear un disco de datos conteniendo fotografías, sino un DVD de vídeo que, en lugar de mostrar una película, visualiza una presentación fotográfica... aunque, claro está, también podemos incluir en el disco archivos de vídeo adicionales.

¡Megarritual!

1. En la ventana inicial de Windows DVD Maker, con **Agregar elementos** vamos seleccionando las fotografías que conformarán la presentación. En caso de que nos interesen todas de una carpeta, recordemos que acabamos antes con **Control-E**.
2. Una vez elegidas todas, hacemos clic en **Siguiente** y pasamos a la ventana de preparación del DVD de vídeo, donde el botón **Presentación** nos abre el nuevo cuadro de diálogo de la figura 7.33, donde podemos configurar la presentación a nuestro gusto.
3. Es evidente que una sucesión de fotografías sin música de fondo resulta un tanto sosa. Por eso, con **Agregar música** elegimos unas cuantas canciones de nuestro equipo como música de fondo. Los botones laterales nos permiten quitar alguna o cambiar su orden.
4. Como es difícil ajustar manualmente la duración de la música al tiempo que dura la presentación, podemos indicarle a Windows DVD Maker que se encargue de esta tarea, activando la casilla que hay bajo las duraciones. En este caso, el tiempo que se verá cada imagen se ajusta automáticamente.
5. En Transición indicamos cómo se pasa de una a otra imagen. Todo es cuestión de gustos... y tenemos la vista previa a nuestra disposición, para comprobar las diversas opciones.

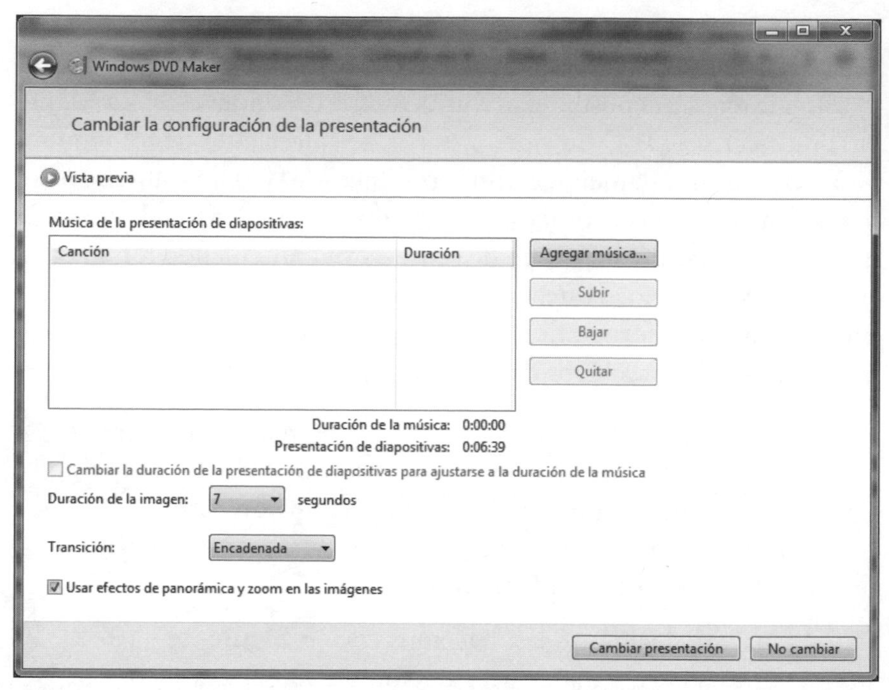

Figura 7.33. Configuración de la presentación.

Graba una presentación de imágenes en un DVD de vídeo.

6. Personalmente, me gusta el efecto de panorámica y zoom en las imágenes, así que casi siempre mantengo activada la casilla inferior.
7. Después, con **Cambiar presentación**, pasamos a la ventana de preparación donde hacemos los cambios que estimemos oportunos. Cuando nos guste cómo ha quedado todo, hacemos clic en **Grabar** para crear el DVD de vídeo con nuestras fotografías. ¡Qué lenta se hace la espera!

Windows Media Center

En los salones de muchos hogares es fácil encontrar múltiples mandos a distancia, para manejar el televisor, el reproductor de vídeo, el equipo de música, etc. Actualmente se está tendiendo a gestionar todos los contenidos de entretenimiento digital mediante un único dispositivo, controlable a través de un mando a distancia... y gracias a Windows Media Center, que forma parte de Windows 7, podemos disfrutar de todo el entretenimiento multimedia desde el sofá.

Claro que en nuestro país todavía no es muy habitual llevar el ordenador al salón (y lo de adquirir Extenders para acceder a él desde cualquier lugar de la casa, todavía menos). Por ese motivo, como aún nos faltan muchas cosas por ver y quedan pocas páginas, sólo vamos a dar un breve paseo por Windows Media Center para ver sus características principales... y utilizaremos el ratón, para no tener que adquirir ningún nuevo periférico.

Tal y como era previsible, encontramos Windows Media Center en Todos los programas del menú Inicio. Su pantalla inicial de la figura 7.34 ya nos indica que nos encontramos en un entorno algo diferente del habitual en Windows 7.

Con el mando a distancia, el ratón en este caso, seleccionamos una categoría (reproducir DVD, ver imágenes, etc.). Independientemente de nuestra elección, el primer paso será configurar Windows Media Center; para ello, en la pantalla de la figura 7.35 optamos por **Rápida**.

Figura 7.34. Windows Media Center.

El botón de la esquina superior izquierda nos lleva a la anterior ventana.

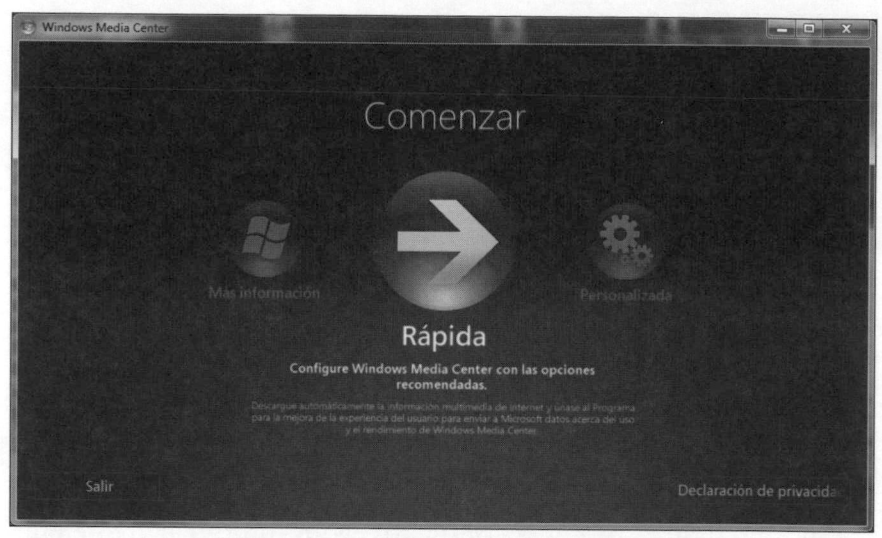

Figura 7.35. Comenzando en Windows Media Center.

Después, si por ejemplo queremos escuchar música, hacemos clic en **Música** y se nos ofrece la biblioteca de música. Tras validar nuestra elección, se abre y podemos agrupar las canciones por álbumes, intérpretes, etc.

Cuando seleccionemos un disco aparecen enlaces para reproducirlo y, como vemos en la figura 7.36, durante su escucha los controles inferiores nos permiten gestionar la reproducción.

Si retrocedemos a la ventana inicial, podemos acceder a la biblioteca de imágenes y vídeos, de películas, etc. El álbum seleccionado seguirá sonando mientras tanto.

Claro que, si decidimos reproducir un vídeo, la música desaparece. ¿Y si nos seguimos desplazando a otros sitios? También aparece un acceso al vídeo para seguir visualizándolo en pequeño (al igual que pasa en la figura 7.37) y, haciendo clic en él, pasamos a verlo al tamaño original, pudiendo retroceder después al mismo lugar con el botón de la esquina superior izquierda.

Y con esto puedes hacerte una idea de las prestaciones de Windows Media Center, ¿verdad? Si dominas el mando a distancia con soltura y habilidad, seguramente le encontrarás mucha utilidad.

Figura 7.36. Escuchando un álbum con Windows Media Center.

Vídeo reproduciéndose

Figura 7.37. Biblioteca de fotos en Windows Media Center.

En mi caso, como sólo utilizo el mando a distancia para encender o apagar la tele (y no siempre me hace caso), me quedo con el teclado y el ratón... ¡Clásico que es uno!

Date un paseo por Windows Media Center, a ver si eres más hábil que yo... aunque no hace falta mucho para eso.

Las historias de Megajolmes

Cándida trabajaba en un supermercado y, en una de nuestras citas, cuando le comenté que no me parecía bien eso de finalizar los precios decimales en 99 o 95, para que así la gente pensara que eran más baratos, me dejó anonadado con su puntualización.

- Me temo que te equivocas. El motivo original por el que se implantó esa práctica no tiene nada que ver con la psicología y sí mucho con la picaresca.

- ¿A qué te refieres? - pregunté intrigado, sin saber muy bien por dónde iba a salir.

- Al popularizarse las cajas registradoras, las empresas quisieron evitar que los dependientes se guardasen en el bolsillo los importes de algunas ventas. Al poner precios finalizados en 99 o 95 era casi obligado tener que abrir la caja registradora para dar el cambio al cliente y, de esta forma, quedaba constancia de la venta, no resultando tan fácil los pequeños robos por parte del personal.

- Lo desconocía - afirmé humildemente.

Luego, seguimos hablando de otras cosas que no hacen al caso, hasta que una de sus compras me ofreció la oportunidad de lucirme.

- Resulta que hace unos días fue el cumpleaños de mi sobrina y Herminia, mi cuñada, me encargó que comprase unas cuantas bolsas de chucherías para entregar a sus amiguitos del cole, con golosinas, globos y demás.

- En otras palabras, el regalo preferido por los odontólogos, ¿verdad?

- Más o menos - sonrió divertida -. Bueno, volviendo a mi compra, las bolsas que deseaba Herminia costaban, de eso sí me acuerdo, 2,95; sin embargo, como no había avisado con antelación, no tenían suficientes bolsas en la tienda y para completar tuve que comprar otras un poco más caras, de 3,99.

- ¿Y cuántas bolsas necesitabas? - indagué curioso.

- Ni idea, lo he olvidado - repuso con tranquilidad -. Además, como perdí el ticket, no creo que le cobre el encargo a Herminia, porque ni siquiera sé cuanto suponía todo.

- Pues dile una cantidad aproximada – sugerí y...

- ¡Eso es! - exclamó interrumpiéndome -. Tu comentario me acaba de iluminar la memoria. Cuando pagué la compra, pensé que era curioso... El importe que aboné era exacto, sin céntimos.

- ¿Y no recuerdas nada más?

- Lo único que sé seguro es que adquirí menos de 25 bolsas porque...

Ya no necesité saber nada más para deducir cuántas bolsas había comprado Cándida de cada clase.

CAPÍTULO 8

A pesar de mi dolorosa experiencia en la piscina, consideré que la natación me sería muy conveniente. De hecho, eso fue lo que recomendó la médica cuando le hablé de mis problemas de espalda, fruto de mis muchas horas aporreando el teclado.

La primera vez que fui la piscina estaba llena y en cada calle estábamos cinco o seis personas, lo que resultaba un tanto incómodo, la verdad, sobre todo para los demás, porque iban mucho más veloces que yo.

- ¿Por qué no pasa a la primera calle? - me dijo la socorrista -. Ahora está nadando en la calle rápida.

Me disculpé y me fui un pelín avergonzado hacia donde me había indicado. ¡La calle de aprendizaje! Estaba hecha una lince la chica. Allí también había gente, pero la circulación era más fluida; lenta pero fluida y le acabé cogiendo el gusto al braceo.

Así que al día siguiente me levanté temprano para llegar a la piscina cuando no hubiese nadie. ¡Iluso se mí! Cuando salí con el gorro puesto, ya había gente imitando a Johnny Weissmuller, aunque no estaba tan poblada como en la tarde anterior. Aguanté casi veinte minutos nadando a buen ritmo y me debí cruzar la piscina lo menos tres o cuatro veces. ¡Qué pasada!

Para mayor felicidad, había un pequeño balneario adjunto y disfruté sobremanera con la sauna y el baño de vapor, aunque las tumbonas calientes me gustaron todavía más. ¡Si hasta creo que me quedé dormido un ratito! Claro, con el madrugón y tanto esfuerzo que me había pegado en la piscina, me encontraba algo cansado.

Con el paso de los días, la verdad es que la natación me gustaba más y el pequeño balneario también. Como casi siempre nos juntábamos las mismas personas, la charla surgía espontánea y hasta nos preguntábamos por el trabajo y la familia.

Por eso, cuando apareció Marta por allí, su presencia destacó sobremanera... y, además, porque era encantadora.

Cuando vi que estaba en la bañera de hidromasaje sin ninguna compañía, me dije que aquella era mi oportunidad y que no podía dejar escaparla. A pesar de que habían quitado la barra de apoyo, para arreglarla, bajé los peldaños sin problemas y me senté frente a Marta.

- ¡Qué sibaritas son los orientales! - comentó poco más tarde.

- ¿A qué te refieres? – pregunté desconcertado.

- Pues a que esto del jacuzzi es una maravilla... y jacuzzi es una palabra oriental, ¿no? Creo que significa algo como "el agua que te mueve". Supongo que vendrá del japonés o chino.

Yo no estaba muy convencido, porque me sonaba que su origen era muy diferente, pero preferí asegurarme buscando ese dato en Internet. Aun con todo, decidí lanzarme de cabeza a la piscina.

- Lo siento, pero me parece que estás equivocada - dije con la máxima diplomacia -. ¿Te apetece que quedemos esta tarde y te explico la historia, que es bastante curiosa?

¡Aceptó!

Corro un tupido velo sobre el resto del día, con la salvedad de indicar que, cuando llegué a casa, lo primero que hice fue buscar información en Internet sobre el jacuzzi, que confirmó aquello que recordaba.

¡Qué cómodo es navegar por Internet con Windows 7!

Explorar Internet

Para ejecutar Internet Explorer debemos activar su icono, que está en el menú Inicio y en la barra de tareas y, seguramente, también en el escritorio. La primera vez que comenzamos a navegar, se pone en marcha un asistente para personalizar Internet Explorer, si bien puedes olvidarte de él (haciendo clic en **Cancelar**), ya que con mis explicaciones todo resultará más fácil y claro.

Instantes después, entramos en la página Web principal que, por defecto, es MSN, el portal de Microsoft. Ahora vamos a dar un tranquilo paseo por este sitio Web, para ir acostumbrándonos al entorno de Internet Explorer.

Cuando el puntero se transforme en una mano con el dedo extendido, eso nos indica que estamos sobre un enlace, también llamado hipervínculo o *link*.

Según cómo haya sido definido, al pulsar sobre el enlace iremos a otra página (del mismo sitio Web o de otro distinto), se reproducirá un

En Internet Explorer podemos omitir los caracteres http:// que preceden a toda dirección Web.

clip musical, etc. Generalmente, el enlace suele estar asociado a imágenes, botones o texto con distinto color.

Cuando nos cansemos de este sitio Web, podemos visitar cualquier otro sin más que escribir su dirección en la barra de direcciones y pulsar **Intro**... ¡A navegar un ratito! Ahora detengámonos un momento en la parte superior de la ventana de Internet Explorer, donde hay varios elementos que interesa conocer bien.

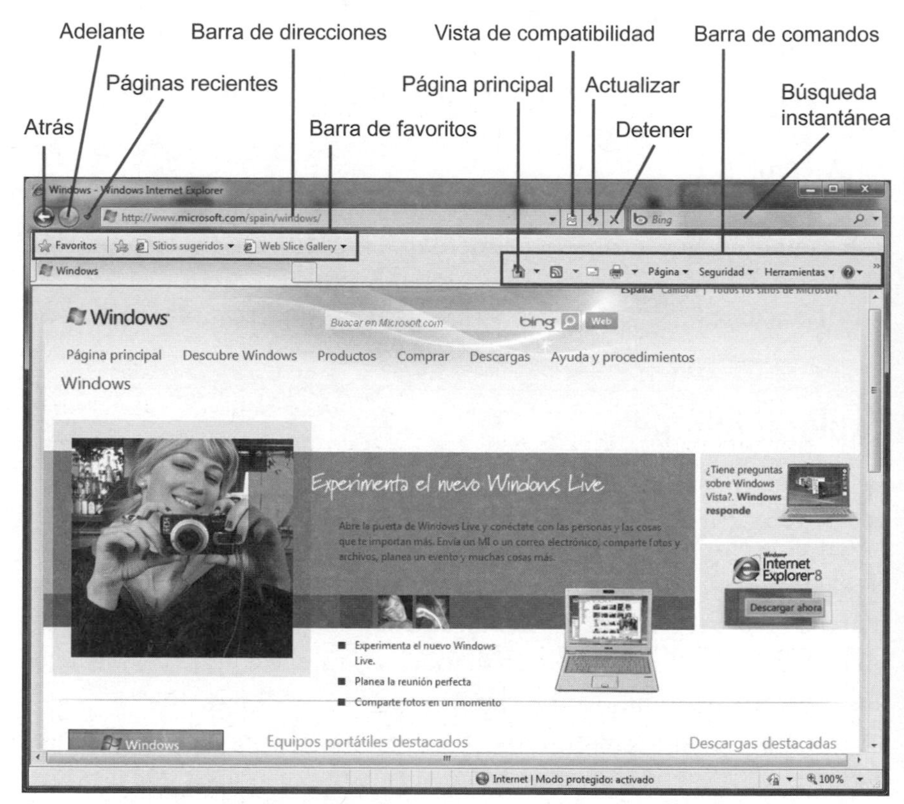

Figura 8.1. Sitio Web de Microsoft sobre Windows.

- Con el botón **Atrás** nos desplazamos a la página Web que acabamos de visitar; el botón **Adelante** es similar, aunque el desplazamiento tiene lugar en sentido contrario. **Páginas recientes** despliega el listado de las últimas páginas Web visitadas en la sesión, para facilitarnos el volver directamente a una de ellas.

- Si queremos visitar otro sitio Web, al escribir su dirección en la barra de direcciones debemos tener presente que, si ésta incluye una ruta de acceso tras el dominio principal, que se destaca en negrita, suelen diferenciarse mayúsculas y minúsculas en la ruta de acceso. Por ejemplo, se consideran distintas las direcciones siguientes, http://www.vicentetrigo.com/galeria.htm y http://www.vicentetrigo.com/GALERIA.htm.
- Cuando empezamos a teclear una dirección, por defecto se activa Autocompletar para ofrecernos las direcciones visitadas cuya dirección comienza por los caracteres introducidos y ahorrarnos algo de trabajo, en caso de que aparezca la que nos interesa en el listado.
- Algunas páginas Web están diseñadas hace tiempo y es posible que no se vean perfectamente en el nuevo Internet Explorer. Haciendo clic en **Vista de compatibilidad** observaremos sin problemas el contenido de la página.
- A veces aparece un mensaje indicándonos que no se puede mostrar una página Web o nos percatamos de que no estamos viendo la versión más reciente de ella. Haciendo clic sobre el botón **Actualizar** (**F5**), quizás se solucione el problema.
- En ocasiones alguna página Web puede tardar mucho en abrirse, por el motivo que sea. Haciendo clic en **Detener** o pulsando **Esc** interrumpimos su carga.
- En cualquier momento podemos regresar directamente a la página inicial sin más que hacer clic en el botón **Página principal**.
- En algunas páginas la letra es tan pequeña que debemos forzar la vista para leerla. El nivel de zoom situado en el lateral derecho de la barra de estado nos permite ajustar la escala de visión.
- Al igual que sucede con las ventanas de las carpetas, con **Alt** mostramos la barra de menú que, en principio, no está visible.
- Cuando tan sólo estemos utilizando el ordenador para navegar por Internet, seguramente es preferible tener Internet Explorer

Muchas direcciones de Internet son del tipo www.*nombre*.com. En este caso, para ir a ellas basta escribir *nombre* en la barra de direcciones y pulsar Control-Intro.

Con el menú contextual de una zona vacía de las barras superiores podemos decidir cuáles de ellas se muestran y personalizarlas a nuestro gusto. En principio, no pasa nada por dejarlas tal y como aparecen por defecto.

a pantalla completa, como vemos en la figura 8.2. Para pasar de la presentación que hemos visto hasta ahora a pantalla completa, o viceversa, sólo debemos pulsar **F11** o **Alt-Intro**. Colocando el puntero en la parte superior de la ventana accedemos a las barras habituales de Internet Explorer.

Figura 8.2. Navegando a pantalla completa.

Software adicional

A pesar de que Internet Explorer es un excelente navegador hay algunas cosas que no incluye, porque han sido desarrolladas por otras compañías, y es necesario instalarlas para acceder a todo el contenido que está presente en Internet.

En concreto, sólo con Internet Explorer no podemos acceder a la tecnología Java, con la que se crean tantos juegos o aplicaciones interactivas. Así la primera vez que accedamos a uno de estos sitios podemos encontrarnos con un aviso similar al mostrado en la figura 8.3.

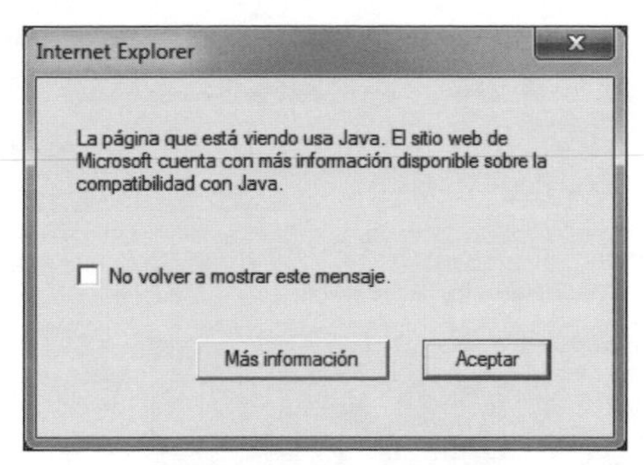

Figura 8.3. La página usa Java.

¿Y qué significa eso? Pues que esa página Web, como muchas otras de Internet, tiene algún componente Java que, en principio, Internet Explorer no reconoce. Para lograr que sí lo haga, necesitamos instalar software Java adicional.

¿Cómo? Muy sencillo, vamos a la página http://www.java.com/es/ y seguimos las instrucciones que en ella se dan. Básicamente, tendremos que descargar un archivo y, luego, ejecutarlo. Sí ya sé que esto todavía no lo hemos visto, así que, si desconoces el tema, deja la instalación del software Java por ahora y retorna a ella más tarde.

Una vez finalizada la instalación, cerramos Internet Explorer y, cuando lo abramos, ya podremos acceder perfectamente a los sitios Web que tengan componentes Java.

Otro software adicional que es muy conveniente instalar en nuestro equipo, puesto que Internet Explorer no lo incorpora, es Adobe Flash Player. Por ejemplo, lo necesitamos si queremos reproducir vídeos online (como los de YouTube de la figura 8.4) o disfrutar de determinadas animaciones.

Normalmente, la primera vez que Internet Explorer detecta la necesidad de Adobe Flash Player en una página nos ofrece un enlace para su descarga o ya directamente surge el Control de cuentas de usuario para preguntarnos si aceptamos la instalación del programa.

¿Y si no sucede nada de lo anterior? Entonces podemos ir por nuestra cuenta a la página de descarga, cuya dirección es:

http://get.adobe.com/es/flashplayer/otherversions/

Figura 8.4. La página necesita Adobe Flash Player.

Luego seguimos las instrucciones que se nos van dando en el sitio de descarga y asunto terminado.

Las pestañas

Eso de ir de una página Web a la anterior, a la siguiente o a otra cualquiera, está bien, pero resulta un procedimiento poco operativo en la práctica, porque muchas veces nos interesa consultar una página mientras estamos en otra y no queremos cerrarla.

Si la página que nos interesa abrir es destino de un enlace, siempre podemos mostrarla en otra ventana sin más que mantener pulsada la tecla **Mayús** cuando hacemos clic en el enlace. También conseguimos el mismo efecto desplegando el menú contextual del enlace y ejecutando Abrir vínculo en una nueva ventana.

De todas formas este sistema no deja de ser un apaño y, por eso, Internet Explorer nos ofrece otra modalidad de navegación mucho más atractiva y cómoda, dado que sus pestañas (fichas) nos permiten tener abiertas múltiples páginas en una única ventana, al igual que sucede en la figura 8.5.

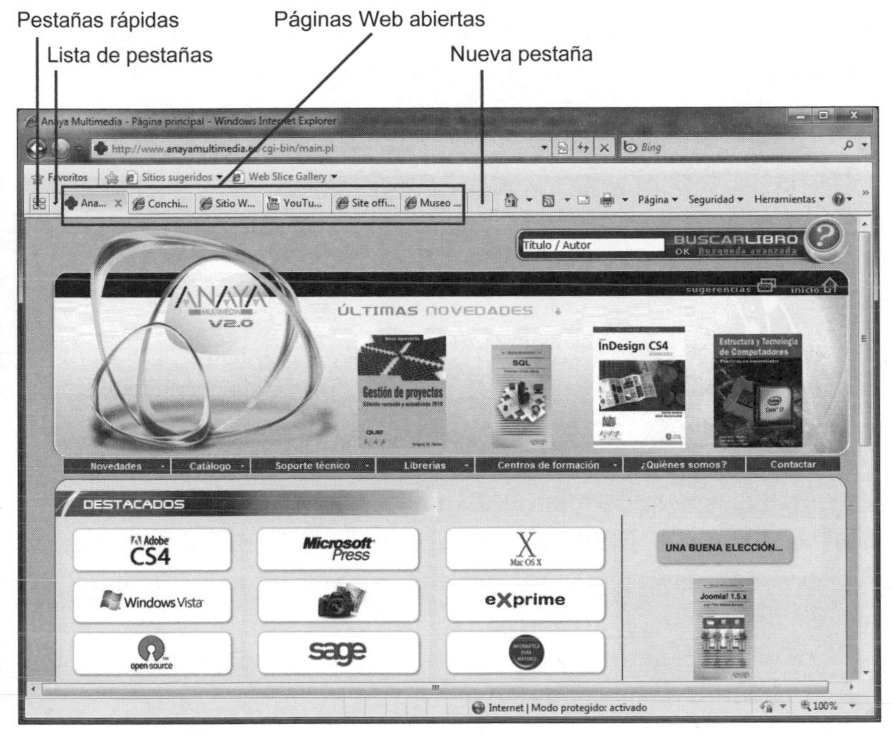

Figura 8.5. Varias páginas abiertas en una ventana.

Internet Explorer nos ofrece varias posibilidades para abrir una página Web directamente en una nueva pestaña.

- Si hacemos clic sobre un enlace manteniendo pulsada la tecla **Control**, la página de destino se abre en una nueva pestaña, siguiendo en primer plano la página actual. ¿Y si queremos que la página de destino sea la del primer plano? Entonces, pulsaremos **Control-Mayús** mientras hacemos clic en el enlace. Por cierto, las páginas abiertas desde una misma página conforman un grupo y las pestañas de cada grupo tienen un mismo color para diferenciar los grupos visualmente.

Si nos interesa duplicar la página actual, sólo tenemos que pulsar Control-K o desplegar el menú contextual de su pestaña y ejecutar Duplicar pestaña.

- Si, tras escribir una dirección en la barra de direcciones, pulsamos **Alt-Intro**, la página indicada se abre en una pestaña nueva, en primer plano.

Para crear una pestaña en blanco, donde luego escribiremos la dirección que deseemos visitar, tenemos varias opciones:

- Pulsar **Control-T**.
- Hacer clic en el botón **Nueva pestaña**.
- Desplegar el menú contextual de la pestaña actual y ejecutar Nueva Pestaña.

Como observamos en la figura 8.6, al crear una nueva pestaña en la parte izquierda de la ventana se listan las pestañas cerradas desde el inicio de la sesión en Internet Explorer y ahí podemos recuperar cualquiera de ella rápidamente o volver a abrir la última sesión de exploración, si hemos cerrado Internet Explorer por descuido.

¿Y qué es eso de InPrivate y del acelerador que aparece en el lateral derecho de la nueva pestaña? Dentro de un rato los comentaremos, no te preocupes.

Y cuando tenemos varias páginas abiertas en una misma ventana, ¿cómo pasamos de una a otra?

También podemos recuperar pestañas cerradas desplegando el menú contextual de una pestaña y yendo a Pestañas recientemente cerradas.

- Cuando son pocas las páginas, lo más rápido es hacer clic en la pestaña que nos interesa.
- Con el botón **Lista de pestañas** desplegamos el listado de las páginas abiertas, donde elegimos la que deseamos colocar en primer plano.
- Pulsando la combinación **Control-Tab** nos vamos desplazando por las diferentes páginas de la ventana. La combinación **Control-Mayús-Tab** hace lo mismo, pero en orden inverso.
- Sabiendo la posición de cada pestaña, podemos ir directamente a una de ellas con **Control-*n***, siendo *n* un número comprendido entre 1 y 8; **Control-9** nos lleva a la última pestaña.

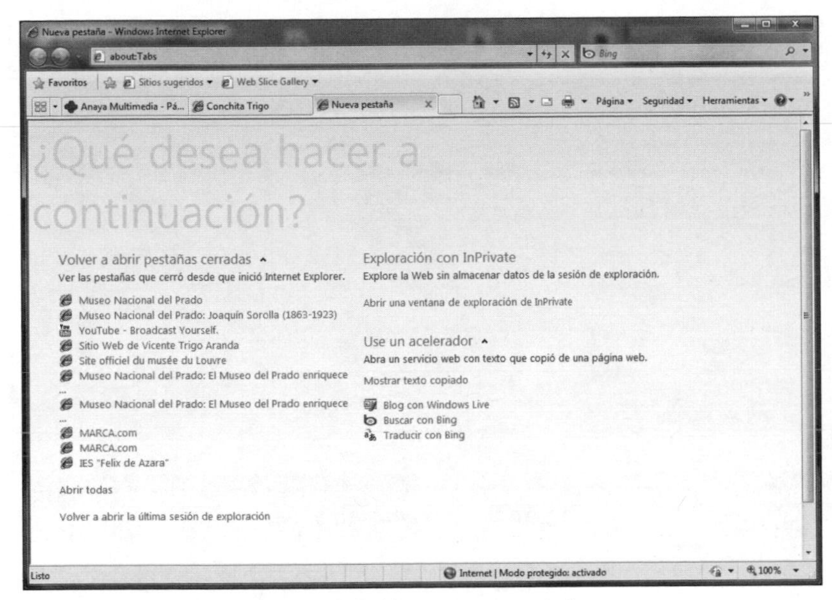

Figura 8.6. Una nueva pestaña.

- De todas formas, lo más cómodo es acceder a las miniaturas de las páginas abiertas, como vemos en la figura 8.7, y hacer clic en la que deseamos ver. ¿Y cómo se abre la vista de miniaturas? Con el botón **Pestañas rápidas** o **Control-Q**.

Para cerrar páginas Web abiertas en una misma ventana, Internet Explorer también nos ofrece diversas alternativas:

- Haciendo clic en el botón **Cerrar pestaña** (la equis situada en el lateral derecho de la pestaña) cerramos la pestaña actual. Lo mismo conseguimos con **Control-W**.
- En ocasiones, desearemos justo lo contrario: quedarnos con la página actual y cerrar todas las demás. Para ello, ejecutamos Cerrar las otras pestañas del menú contextual de la pestaña o pulsamos **Control-Alt-F4**.
- Si la página forma parte de un grupo, también es posible cerrar solamente ese grupo, con Cerrar este grupo de pestañas del menú contextual de su pestaña.

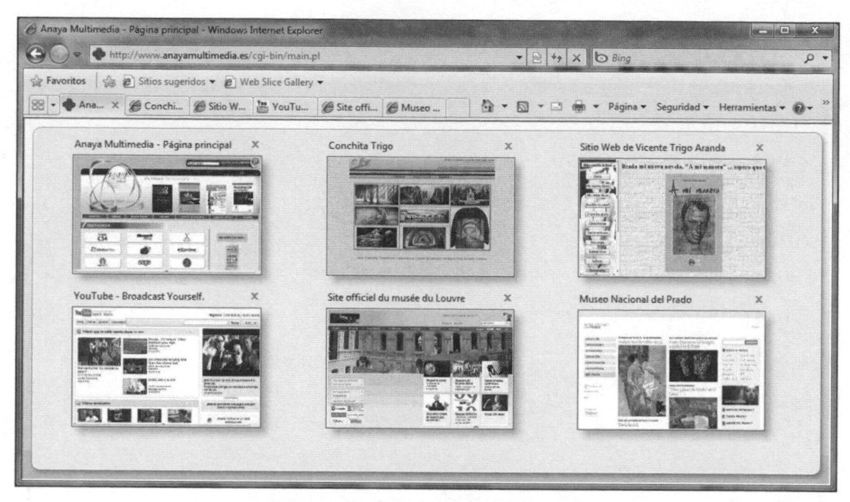

Figura 8.7. Páginas abiertas.

- Finalmente, al intentar cerrar la ventana de Internet Explorer se nos pregunta si queremos cerrar todas las pestañas o tan sólo la actual.

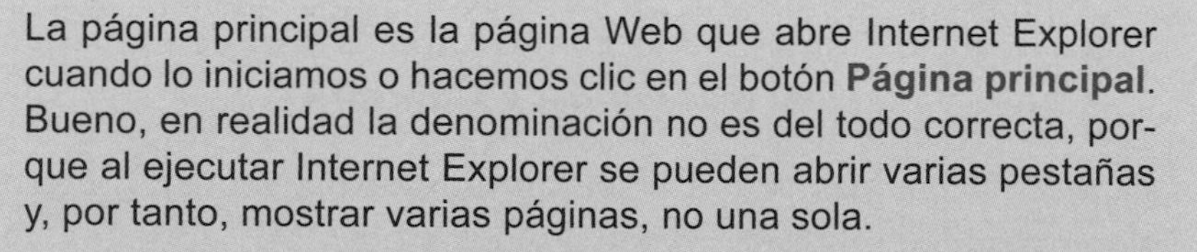

La página principal es la página Web que abre Internet Explorer cuando lo iniciamos o hacemos clic en el botón **Página principal**. Bueno, en realidad la denominación no es del todo correcta, porque al ejecutar Internet Explorer se pueden abrir varias pestañas y, por tanto, mostrar varias páginas, no una sola.

Si queremos realizar algún cambio en nuestra página principal, hacemos clic en la flecha situada a la derecha del botón **Página principal** y ejecutamos Agregar o cambiar la página principal, que nos ofrece las tres opciones siguientes:

- Usar esta página Web como la única página principal coloca la página Web que estamos viendo como página principal.
- Agregar esta página Web a las pestañas de página principal añade la página Web actual a las pestañas que conforman la página principal.
- Usar el conjunto actual de pestañas como página principal sustituye la página principal por las páginas Web abiertas.

Búsquedas

Durante la navegación por Internet, el cuadro Búsqueda instantánea siempre está presente en la esquina superior derecha, para permitirnos el acceso rápido al buscador de Microsoft y, de esta forma, realizar búsquedas sin necesidad de visitar la página del buscador.

Control-B nos lleva directamente al cuadro Búsqueda instantánea.

Basta escribir cualquier criterio de búsqueda en dicho cuadro e Internet Explorer nos presenta las páginas encontradas, bien sustituyendo a la página Web anterior (si hemos pulsado **Intro**) o en una nueva pestaña (si pulsamos **Alt-Intro**).

¿Y qué tal buscador es Bing? Pruébalo un poco y decide... No, lo siento, no puedo detenerme en explicar cómo buscar en Internet porque ya quedan muy poquitas páginas y todavía quedan cosas muy importantes por ver. De todas formas, en esta misma colección se encuentra el maravilloso "Aprende a buscar en Internet", que te recomiendo fervientemente.

Ahora, sólo vamos a ver la forma de cambiar el buscador predeterminado, porque mucha gente está acostumbrada a Google, Yahoo!, etc., y no es cuestión de obligarlas a utilizar Bing, salvo que les apetezca hacerlo.

Para realizar este cambio sólo tenemos que hacer lo siguiente:

¡Megarritual!

1. Desplegamos la flecha situada a la derecha del cuadro Búsqueda instantánea.
2. Ejecutamos Buscar más proveedores.
3. Accedemos a una página Web de Microsoft donde hay varios proveedores de búsqueda (Google, Wikipedia, Yahoo!, etc.).
4. Hacemos clic en **Añadir a Internet Explorer** del complemento que nos interese.
5. En la ventana de la figura 8.8, hacemos clic sobre **Agregar**. Si deseamos que ese buscador sea el predeterminado, activamos la primera casilla.

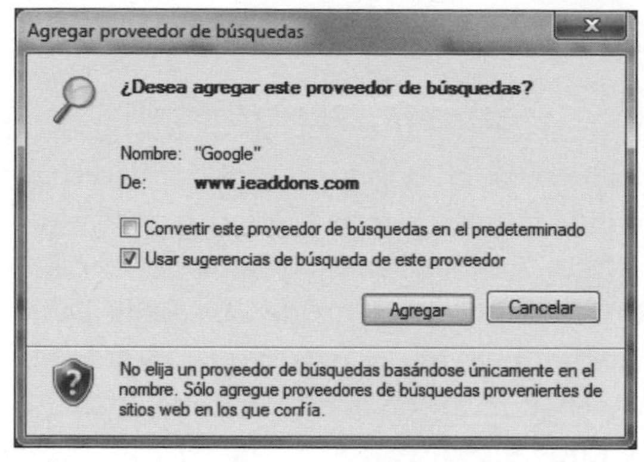

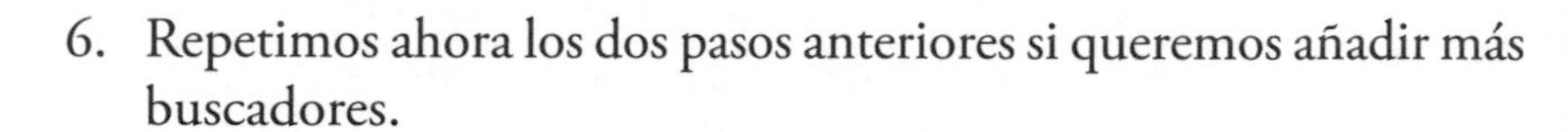

Figura 8.8. Agregar proveedor de búsquedas.

Si el buscador predeterminado no está en nuestro idioma, deberemos configurarlo a nuestro gusto mediante sus opciones de preferencias.

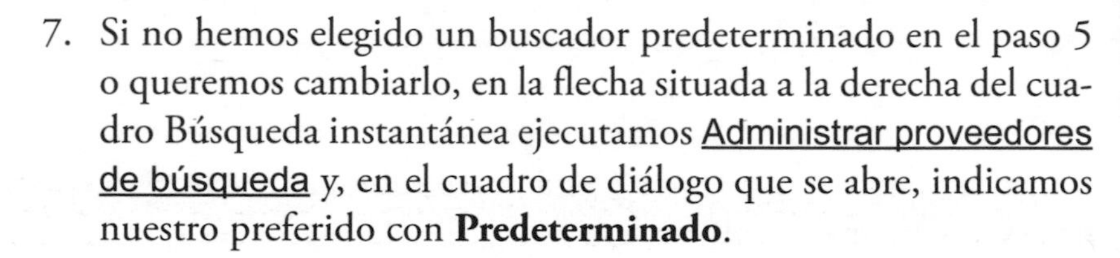

6. Repetimos ahora los dos pasos anteriores si queremos añadir más buscadores.
7. Si no hemos elegido un buscador predeterminado en el paso 5 o queremos cambiarlo, en la flecha situada a la derecha del cuadro Búsqueda instantánea ejecutamos Administrar proveedores de búsqueda y, en el cuadro de diálogo que se abre, indicamos nuestro preferido con **Predeterminado**.

A partir de este momento, y hasta que volvamos a cambiarlo, por defecto nuestras búsquedas tendrán lugar con el buscador predeterminado.

Otro detalle que resulta útil es que, conforme escribimos nuestro criterio de búsqueda, el cuadro Búsqueda instantánea nos presenta diversas sugerencias, para facilitarnos el trabajo. Además, como vemos en la figura 8.9, en la parte inferior se incluyen los iconos de los proveedores de búsqueda que tenemos seleccionados y, sin más que hacer clic en uno de ello, accedemos a los resultados que encuentra ese proveedor.

Tras introducir como criterio de búsqueda unas determinadas palabras resulta que acabamos llegando a una página Web y, a veces, no siempre localizamos en ella dichas palabras a simple vista, especialmente si hay mucho texto en la página Web.

Siempre podemos leerla detenidamente, desde luego, pero eso lleva su tiempo y, encima, muchas veces no nos interesa todo su contenido.

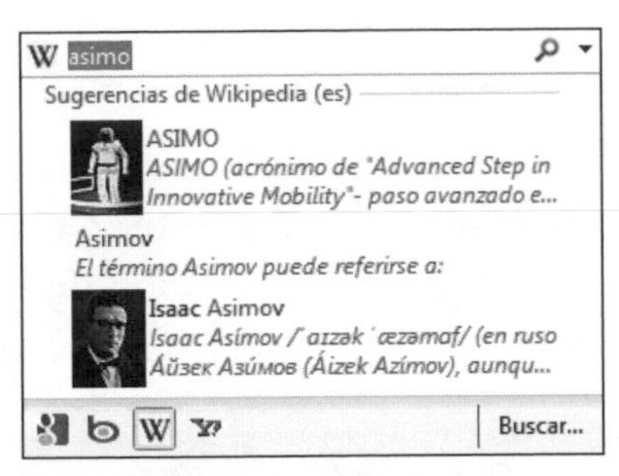

Figura 8.9. Cuadro de búsqueda con sugerencias.

En estas ocasiones, con **Control-F** o el comando Buscar en esta página de la flecha situada a la derecha del cuadro Búsqueda instantánea, aparece la barra de búsqueda, que se muestra en la figura 8.10. Con ella realizamos búsquedas sólo en la página Web actual, resaltándose las apariciones del texto introducido. Cuando terminemos de utilizar esta nueva barra, podemos cerrarla si nos apetece.

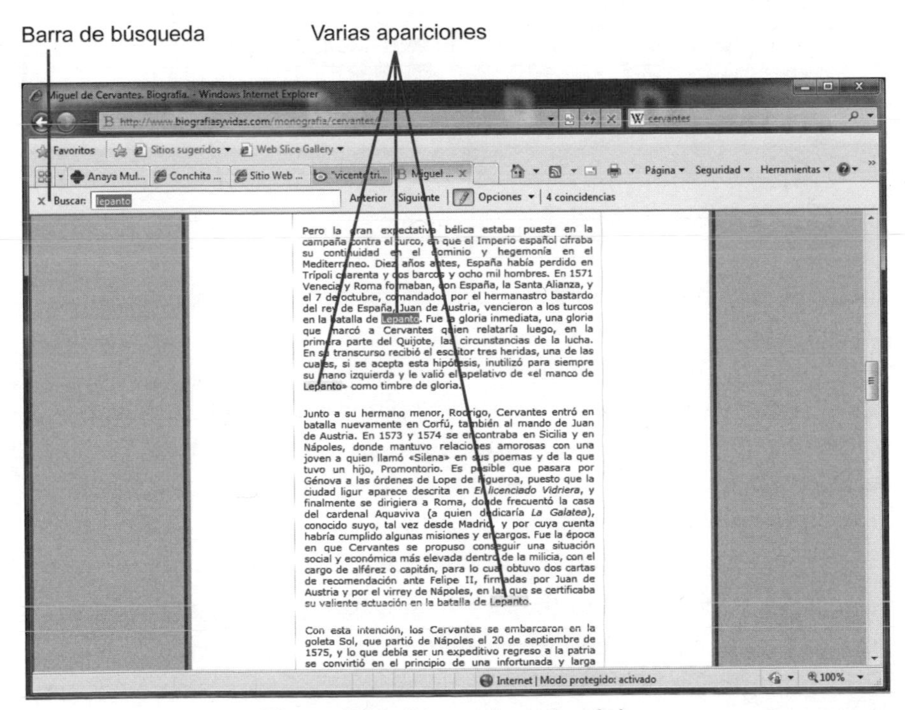

Figura 8.10. Búsqueda en la página.

Aceleradores

¿Verdad que resultaría cómodo que tras localizar una determinada dirección la pudiésemos ubicar rápidamente en el mapa, como sucede en la figura 8.11? ¿O averiguar la traducción de una palabra en otro idioma? ¿O buscar en las páginas amarillas una empresa?

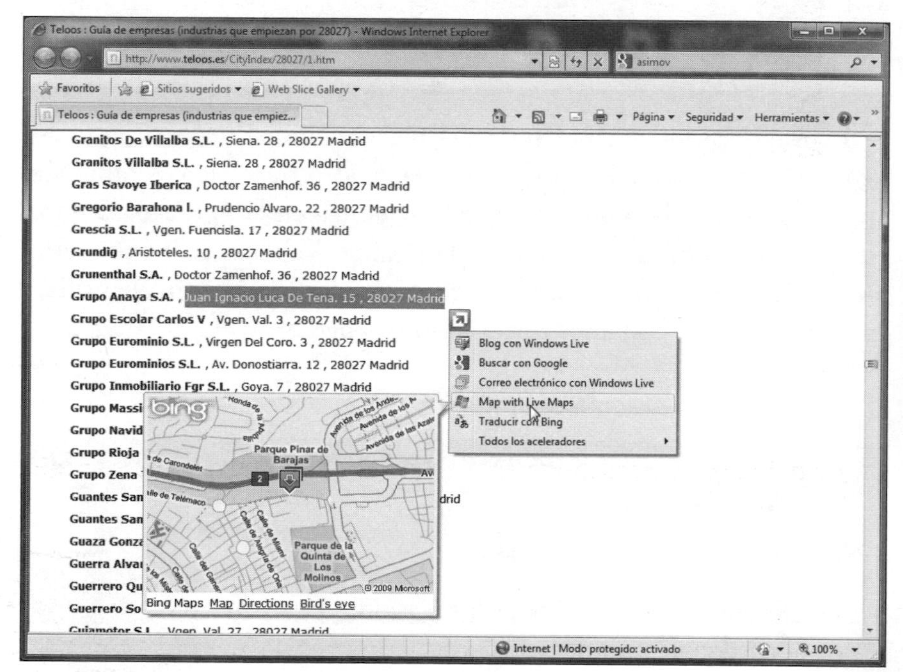

Figura 8.11. Dirección en el mapa.

Para ahorrarnos trabajo, Internet Explorer incluye los llamados aceleradores, que son pequeñas aplicaciones de diferentes sitios Web que nos permiten compartir contenidos y, de esta forma, nos evitamos el tener que desplazarnos por varios sitios.

Por ejemplo, si en una página Web seleccionamos una palabra (con un doble clic) o varias (arrastrando el ratón), nos aparece automáticamente el icono azul de los aceleradores y, haciendo clic sobre él, desplegamos entonces los aceleradores instalados, al igual que sucede en la figura 8.12.

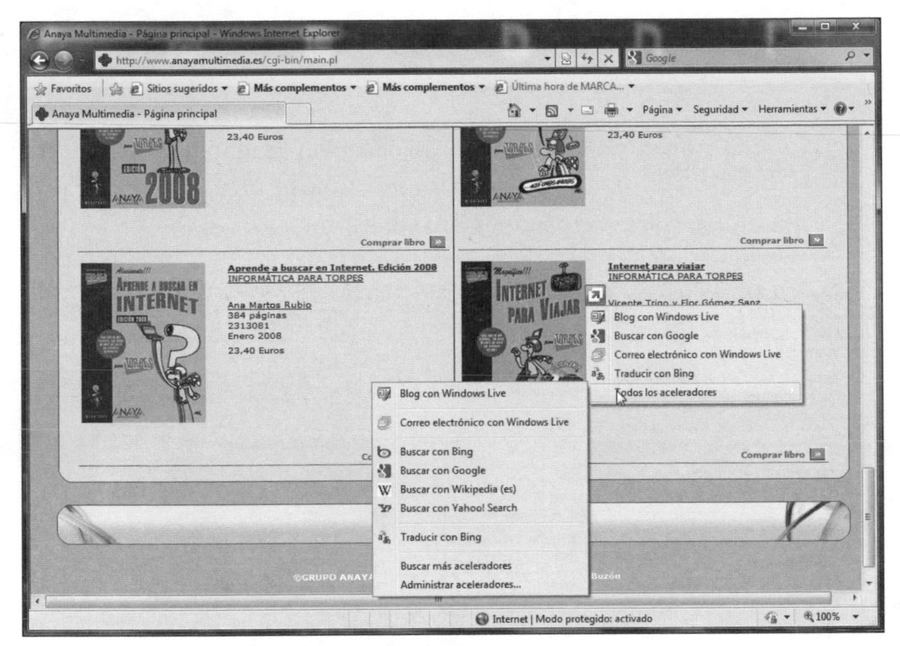

Figura 8.12. Aceleradores.

En principio el acelerador de la figura 8.11 no aparece entre los disponibles en la figura 8.12. Entonces, ¿de dónde ha salido? De Internet, como casi siempre.

¡Megarritual!

1. Hacemos clic sobre Todos los aceleradores y, luego, en Buscar más aceleradores, como en la figura 8.12.
2. Se abre la galería online de aceleradores de la figura 8.13, cuya dirección es http://www.ieaddons.com/es/accelerators, y nos damos un paseo por ella, para averiguar qué aceleradores se ofertan.
3. Cuando alguno nos interese, hacemos clic en **Añadir a Internet Explorer**. Después, en la ventana de la figura 8.14, activamos la casilla si deseamos que ese proveedor sea el predeterminado para ese tipo de acelerador (aparecerá junto a los iniciales) y hacemos clic en **Agregar**.

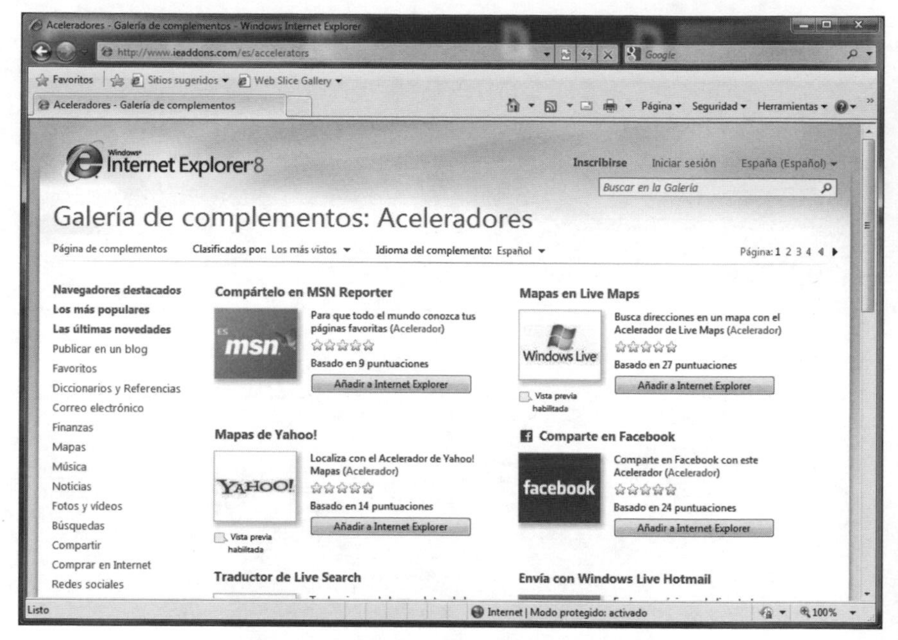

Figura 8.13. Galería de aceleradores.

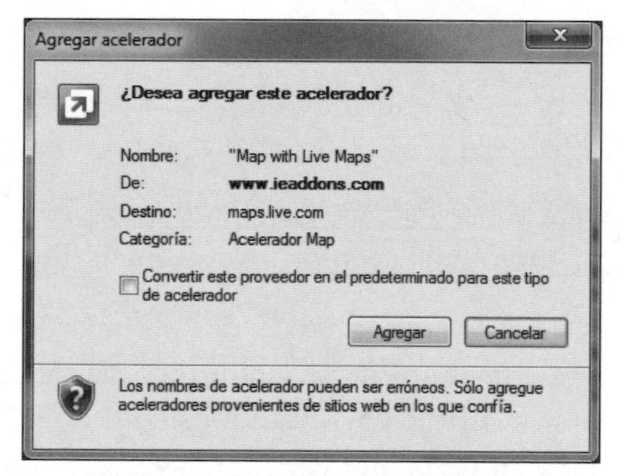

Figura 8.14. Agregar aceleradores.

A partir de ahora, cuando elijamos un acelerador tras seleccionar un texto, se abrirá directamente su página. No obstante, si en la galería de la figura 8.13 se indica que tiene la vista previa habilitada, basta colocar el puntero sobre él para que nos muestre una vista preliminar (como ocurría en la figura 8.11).

Guardar información

En nuestros paseos por Internet tarde o temprano acabaremos encontrando páginas Web con diversos elementos que nos gustaría conservar. Por ejemplo, es seguro que nos apetecerá guardar más de una fotografía o descargar algún archivo, pero también nos puede interesar almacenar páginas Web completas o imprimirlas.

Así, cuando estemos visitando una página Web donde haya alguna fotografía o imagen que nos gustaría copiar en nuestro equipo, sólo tenemos que desplegar su menú contextual y ejecutar uno de los comandos siguientes:

- Guardar imagen como la copia en la carpeta que indiquemos (por defecto en nuestra Biblioteca Imágenes).
- Establecer como fondo la coloca como fondo de nuestro escritorio.
- Copiar la copia en memoria y luego podemos pegarla en cualquier aplicación o carpeta.

Habrá ocasiones en que nos interesará guardar no una imagen de la página Web sino su fondo, ya sea para colocarlo en el escritorio o, simplemente, porque nos gusta. El procedimiento es prácticamente idéntico al anterior.

1. Situamos el puntero en una zona vacía de la página Web y desplegamos su menú contextual, donde también tenemos disponibles los aceleradores.
2. Con Guardar fondo como lo almacenamos en un archivo gráfico; con Establecer como fondo lo colocamos en el escritorio y con Copiar fondo lo pasamos a la memoria para poder pegarlo en cualquier aplicación.

A veces, al pulsar un enlace se accede a una página Web que sólo nos muestra una imagen. Si ésta es de gran tamaño, Internet Explorer automáticamente ajusta su escala para que la visualicemos completa en

Si la ventana de Internet Explorer no está maximizada, al arrastrar una imagen de Internet a cualquier carpeta, la copiamos en ella.

Recordemos que si copiamos texto de una página Web para conservarlo en un documento, siempre debemos hacerlo con Pegado especial.

pantalla; haciendo clic en ella, se presenta a su tamaño real y, con un nuevo clic, volvemos a la visión ajustada a la ventana. Eso sí, aunque estemos viendo la imagen reducida, cuando la guardemos se almacenará a su tamaño real.

Descargar y guardar

En muchas páginas Web se ofrecen gratuitamente archivos que podemos copiar en nuestro ordenador; por ejemplo, documentos, juegos, vídeos, programas, canciones, etc. ¿Qué debemos hacer para descargarlos? Pues depende del tipo de archivo.

Por lo general, para bajar (*download*, en inglés) un archivo a nuestro equipo el procedimiento será el siguiente:

¡Megarritual!

1. Hacemos clic en su enlace.
2. Nos aparecerá una ventana informativa como la mostrada en la figura 8.15, donde hacemos clic en **Guardar**.

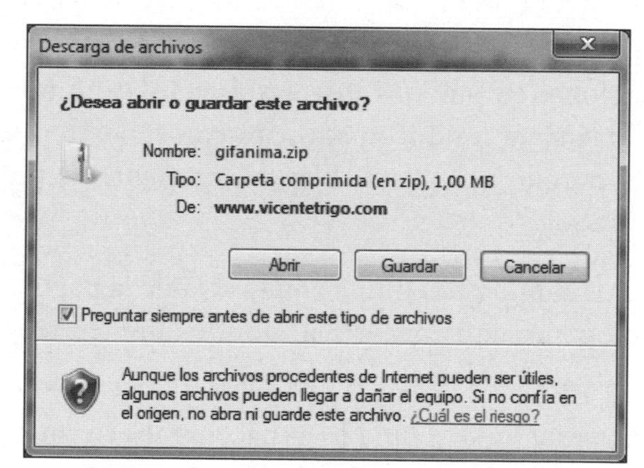

Figura 8.15. Descargando un archivo zip.

3. Seleccionamos la carpeta donde se almacenará.
4. En un nuevo cuadro de diálogo iremos viendo la evolución de la descarga y, además, se nos indica el tiempo aproximado que falta; si activamos la casilla Cerrar el diálogo al completar la

descarga, la ventana se cerrará automáticamente al terminar el proceso. En caso de éste se vaya a alargar bastante rato, podemos seguir navegando por otras páginas.

5. Cuando finaliza la descarga, ya podemos utilizar el archivo copiado en nuestro ordenador.

Cuando activamos el enlace a un archivo que el Reproductor de Windows Media reconoce, como por ejemplo una canción mp3, un vídeo wmv, etc., se pone en marcha de manera automática para reproducirlo.

Si sólo nos interesa descargar el archivo de vídeo o audio, no reproducirlo, debemos desplegar el menú contextual de su enlace y ejecutar Guardar destino como.

En realidad, este método sirve para cualquier tipo de archivo, por lo que mucha gente siempre descargamos así las cosas.

Otra operación muy común al navegar por Internet es guardar completas las páginas Web que nos apetece conservar. ¿Y qué utilidad tiene eso? Pues bastante, en serio. Las páginas Web no son eternas y muchas desaparecen tras pocos días o meses y, luego, no hay forma de acceder a la información que hubiera en ella. ¿Por qué crees que conservo las críticas cibernéticas de mis libros? Todas excelentes, por cierto.

Para guardar la página Web que estamos visitando, hacemos clic en el botón **Página** de la barra de comandos, ejecutamos Guardar como y, en el cuadro de diálogo de la figura 8.16, cambiamos el nombre del archivo o la carpeta de destino, si lo consideramos oportuno.

Por defecto, Internet Explorer ofrece el tipo mht, que guarda toda la página Web en un único archivo, lo que resulta muy cómodo. Sin embargo, hay ocasiones en que los otros tipos también son interesantes:

- Página Web, completa. Crea dos nuevos elementos: un archivo con el documento html y una carpeta, con el mismo nombre del archivo más el sufijo *_archivos*, que contiene los demás elementos de la página: fondo, sonido, imágenes, etc.

- Página Web, sólo HTML. Como el anterior, pero omitiendo la carpeta.
- Archivo de texto. Sólo guarda el texto de la página Web.

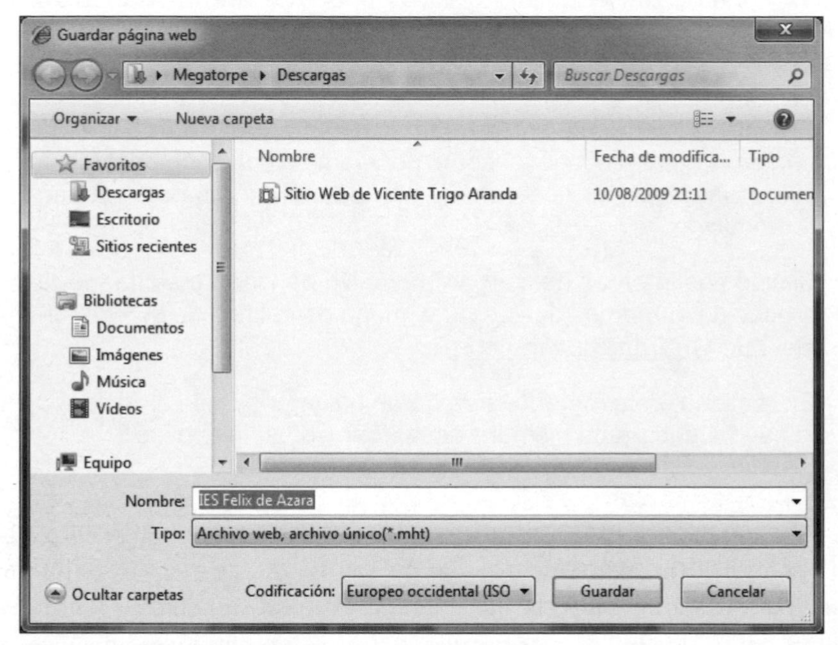

Figura 8.16. Guardar página Web.

Imprimir una página Web

Habrá momentos en que desearemos obtener una copia en papel de una página Web, para enseñársela a alguien que todavía anda pez en informática o, si acabamos de suscribirnos a algún servicio, para conservar en papel los datos que nos suministra el servidor.

Al igual que sucede con los documentos, el botón **Imprimir** manda la información directamente a la impresora, así que mejor nos olvidamos de él, porque en muchas ocasiones el resultado acaba directamente en la papelera.

Para evitar la pérdida inútil de papel y tiempo, antes de imprimir siempre es recomendable obtener una vista previa de qué vamos a imprimir, como en la figura 8.17. Sólo tenemos que hacer clic en la flecha situada a la derecha del botón **Imprimir**, en la barra de comandos, y ejecutar Vista previa de impresión.

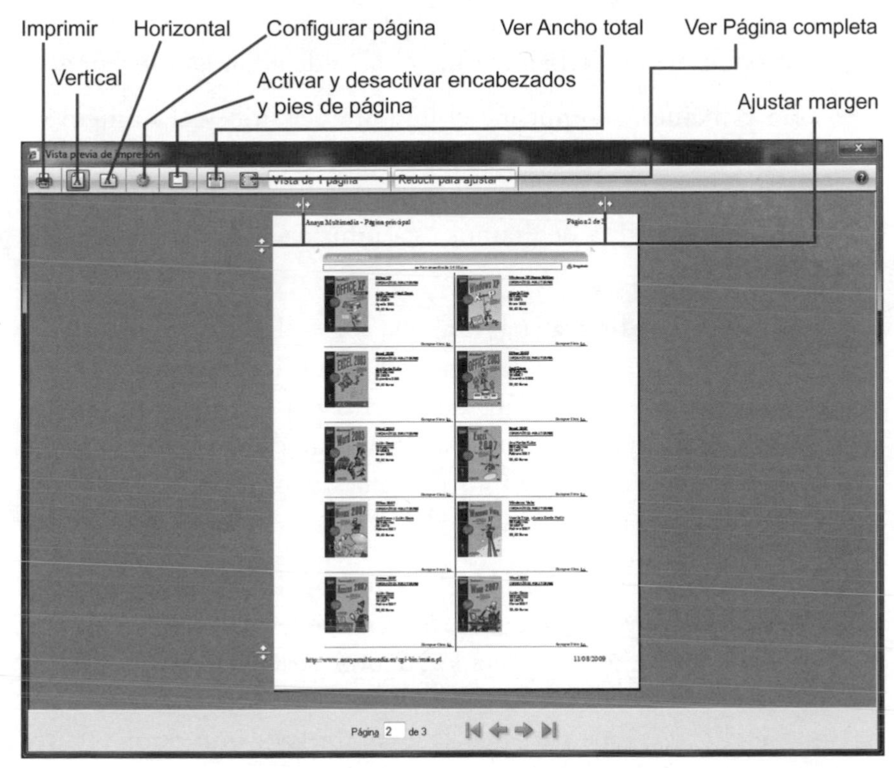

Figura 8.17. Vista previa de impresión.

- Mediante los botones **Vertical** y **Horizontal** decidimos la orientación de impresión.
- El botón **Ver Ancho total** amplia la visión al ancho de la ventana; en cambio, **Ver Página completa** la ajusta para que se vea toda la página.
- Si al imprimir la página Web se generan varias páginas impresas, podemos visualizar varias páginas simultáneamente, con el campo Vista de 1 página. Además, los controles inferiores nos permiten desplazarnos entre las vistas de las páginas impresas.

- En el cuadro Reducir para ajustar se nos ofrecen diversos porcentajes de escala para ajustar el contenido de la página Web a la página impresa.
- Los marcadores **Ajustar al margen** permiten fijar, sin más que arrastrarlos, los márgenes que se van a dejar en la impresión.
- En principio, se imprime el nombre del sitio y el número de página (en la parte superior) y su dirección y la fecha (en la parte inferior). Con el botón **Activar y desactivar encabezados y pies de página** ocultamos esta información o la volvemos a mostrar.
- El botón **Configurar página**, que corresponde al comando del mismo nombre de las opciones del botón **Imprimir** de la barra de comandos de la ventana de Internet Explorer, abre un cuadro de diálogo donde podemos elegir otro tamaño de papel, establecer con mayor exactitud los márgenes, modificar los textos del encabezado y pie de página, etc.

Cuando todo esté perfecto, con el botón **Imprimir** de la vista previa de impresión o de la ventana de Internet Explorer, se inicia la impresión de la página Web. Un último detalle. Algunos sitios Web están diseñados mediante marcos; es decir, tienen dividida la ventana en varias zonas independientes. En estos casos, la vista previa de impresión incluye un nuevo cuadro Como aparecen en pantalla, al igual que observamos en la figura 8.18. En principio se imprime lo mismo que vemos en la página, pero desplegando las opciones del cuadro podemos quedarnos tan sólo con el contenido del marco actual o imprimir el de todos los marcos uno tras otro.

Privacidad y seguridad

En determinadas ocasiones accedemos a Internet desde un ordenador que no es nuestro, por ejemplo, en un cibercafé o en casa de un familiar. Si no queremos dejar rastro de nuestro paseo en el equipo para proteger nuestra intimidad, Internet Explorer nos brinda la exploración InPrivate, que nos permite navegar sin guardar el historial, las cookies, etc.

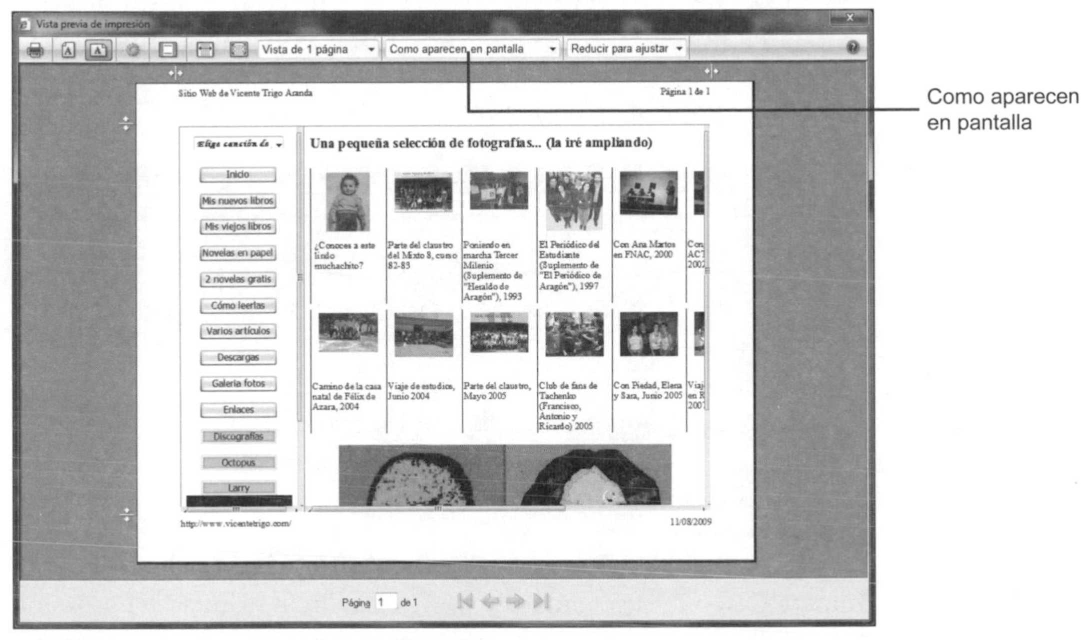

Figura 8.18. Sitio Web con marcos.

Las populares galletitas (eso es precisamente lo que significa la palabra inglesa *cookies*) son unos pequeños archivos de texto que almacenan diversa información: las preferencias al visitar determinado sitio Web, datos del equipo, características personalizadas, etc.

Por ejemplo, cuando en una página Web que visitamos con asiduidad nos permiten configurar la información meteorológica para que al entrar en ella aparezca la predicción del tiempo en nuestra ciudad, ese dato se almacena en una cookie. De la misma manera, cuando nos suscribimos a algún servicio y nada más entrar en él nos aparece un saludo personalizado, es porque se conserva una cookie con nuestro nombre. Eso sí, cada cookie del equipo sólo puede leerla el sitio Web que la creó.

¿Y cómo navegamos sin dejar huellas? Muy sencillo, haciendo clic en el enlace Exploración con InPrivate que aparece tanto al crear una nueva pestaña como al ejecutar el comando del mismo nombre del botón **Seguridad** o pulsar **Control-Mayús-P**.

Por cualquiera de esos caminos, se abre la ventana de la figura 8.19 donde ya podemos navegar como siempre... y todo nuestro rastro desaparece del equipo al cerrar la ventana de Internet Explorer.

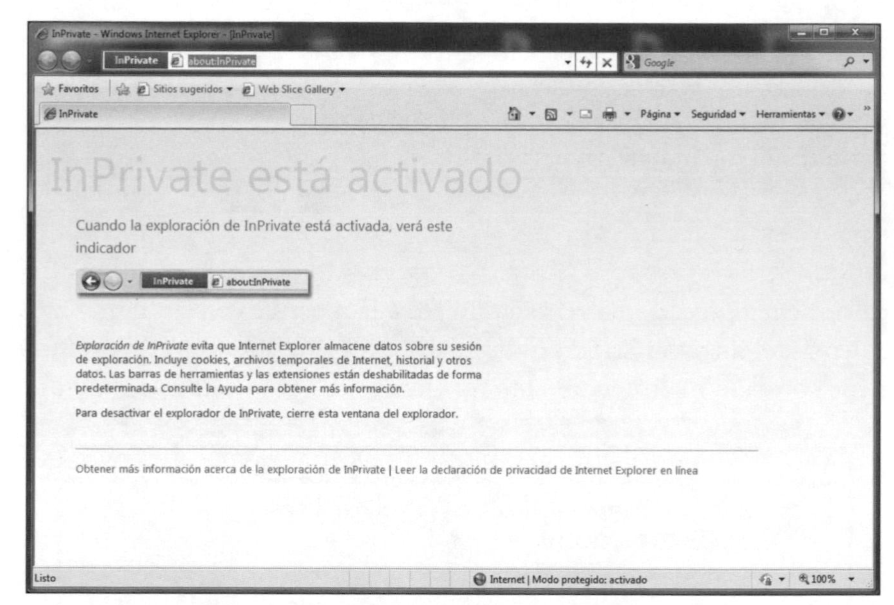

Figura 8.19. Exploración InPrivate.

El simple hecho de consultar determinada información en algunos servidores les brinda la posibilidad de ir recopilando datos sobre nuestros intereses o comportamientos.

Con objetivo de evitar la creación de esta clase de perfiles, que se hacen sin nuestro consentimiento explícito, InPrivate incluye un filtro que podemos activar para impedir que nos sigan los pasos, cibernéticamente hablando. Si consideramos oportuno activar este filtro, sólo tenemos que pulsar **Control-Mayús-F** o ejecutar Filtrado InPrivate del botón **Seguridad**, donde también encontramos un comando para configurar el filtro.

Filtro SmartScreen

Uno de los fraudes que, de vez en cuando, se pretenden realizar en Internet es el llamado *phishing*. ¿Y en qué consiste? Ya sea mediante un mensaje de correo electrónico o a través de un sitio Web, se simula un comunicado de una empresa de confianza (entidad financiera, compañía de tarjetas de crédito, etc.), que nos pide la introducción de nuestros datos personales, presuntamente para corregir alguna vulnerabilidad del sistema, comprobar su base de datos, etc.

Ya imaginarás que nada de eso es cierto. Una vez que disponen de nuestros datos, suplantan nuestra personalidad en el ciberespacio y dejan nuestra cuenta en números rojos.

Para evitar este fraude, Internet Explorer incluye el filtro SmartScreen que analiza si la dirección donde queremos ir aparece o no en su lista de sitios peligrosos, que se actualiza frecuentemente, avisándonos en caso afirmativo con una ventana similar a la mostrada en la figura 8.20. Además, el filtro SmartScreen también comprueba que el sitio no contiene software malintencionado que pueda dañar nuestro ordenador.

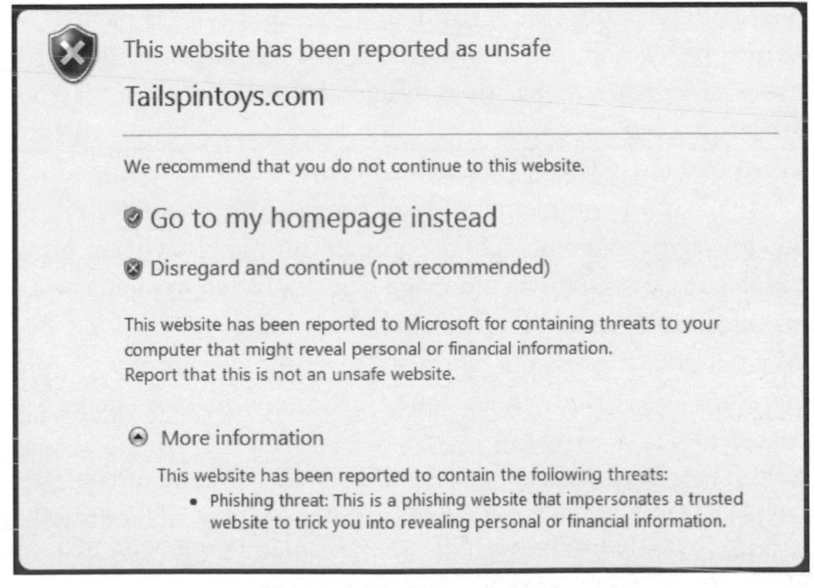

Figura 8.20. Sitio peligroso.

¡Magnífico! ¿no? Desde luego, es una buena medida de seguridad... pero a cambio de perder intimidad, pues es evidente que nos tienen que ir siguiendo los pasos. ¿Qué es preferible, máxima seguridad o máximo anonimato? La elección, como siempre, es tuya.

Para activar o desactivar el filtro SmartScreen o bien notificar que un sitio no es seguro, sólo tenemos que elegir la correspondiente opción en Filtro SmartScreen del botón **Seguridad**.

Si miramos con atención la barra de estado de las diversas páginas Web mostradas hasta ahora, se observa que en todas ellas aparece el texto "Modo protegido: activado". ¿Qué es eso del modo protegido? Pues una medida de protección más que incorpora Internet Explorer.

Gracias a ella recibimos un aviso cuando se intenta instalar o ejecutar algún programa desde una página Web, con objeto de evitar que se cuele software con malas pulgas en nuestro equipo. ¿Y si conocemos el programa y necesitamos que se ejecute? Siempre podemos permitirlo, activando la correspondiente casilla.

Cuando se bloquea un elemento emergente, si hacemos clic en la barra de información y en Configuración podemos desactivar el bloqueador de elementos emergentes. Es conveniente dejarlo siempre activo.

Siguiendo está línea de seguridad, al navegar por las páginas Web habremos observado que Internet Explorer bloquea las molestísimas ventanas emergentes llenas de publicidad e incluso la instalación de algún archivo o su descarga.

Claro que hay páginas Web donde se precisa un determinado control ActiveX o un complemento para funcionar a la perfección, otras donde los elementos emergentes cumplen un papel esencial, otras en que la descarga de archivos no exige nuestra orden explícita, etc. En todos estos casos, ¿cómo anulamos el bloqueo?

Al igual que sucede en la figura 8.21, resulta que Internet Explorer siempre nos avisa de estas situaciones mediante una barra de información amarilla.

Sólo tenemos que hacer clic en ella y se nos ofrecen comandos para instalar el control ActiveX o el complemento, para descargar un archivo, para anular el bloqueo de elementos emergentes, ya sea temporalmente o siempre en ese sitio Web, etc.

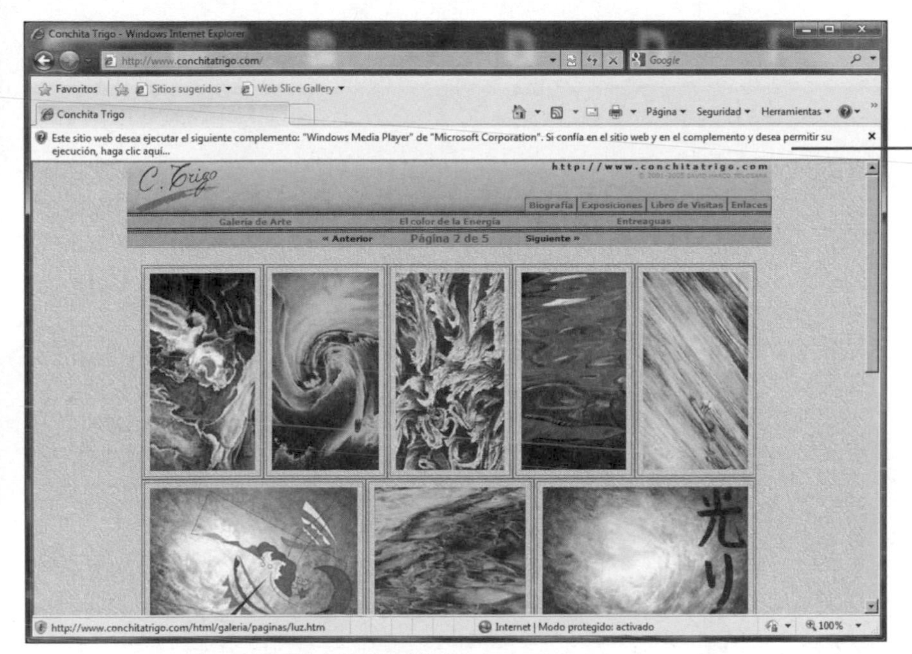

Figura 8.21. El sitio Web precisa un complemento.

Opciones de Internet

Cuando navegamos por Internet de la forma habitual (sin exploración InPrivate), las páginas Web que visitamos se guardan en una carpeta del disco duro (Archivos temporales de Internet), para que podamos verlas sin necesidad de conexión.

De esta manera, se gana en rapidez, aunque, eso sí, las páginas no estarán actualizadas.

Por ejemplo, supongamos que en el botón **Herramientas** ejecutamos Trabajar sin conexión y luego escribimos la dirección de una página Web. Si está almacenada en nuestro disco duro, se mostrará inmediatamente; en caso contrario, se presentará una ventana informativa para que nos conectemos a la Red.

Sin embargo, en ocasiones, nos interesará borrar los archivos temporales, para liberar el espacio que ocupan, o el historial, que conserva las direcciones de páginas visitadas.

Estas acciones, y otras más, se llevan a cabo en el cuadro de diálogo de la figura 8.22, que abrimos con el comando Opciones de Internet del botón **Herramientas**.

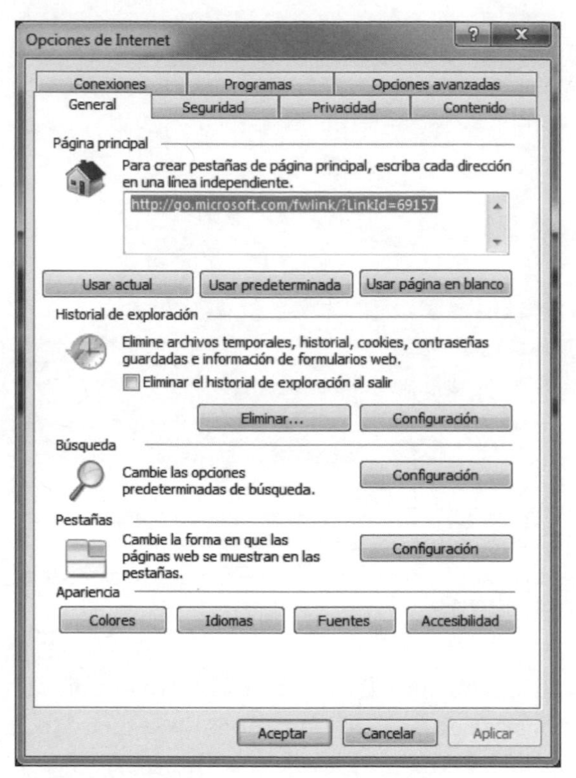

Figura 8.22. Opciones generales de Internet.

- La sección Página principal nos ofrece un nuevo camino para cambiar la página principal.
- Con el botón **Configuración** de la sección Historial de exploración se abre un nuevo cuadro de diálogo donde tenemos opciones para configurar a nuestro gusto los archivos temporales y variar el espacio reservado en el disco duro para alojarlos. Además, en Historial, podemos modificar el número de días que Internet Explorer guarda la lista de direcciones visitadas que, por defecto, es veinte.

- El botón **Eliminar** de la sección Historial de exploración de la figura 8.22, nos brinda la posibilidad de borrar los archivos temporales de Internet, las cookies, el historial, los datos introducidos en formularios, las contraseñas, etc. Cuando accedamos a Internet desde un ordenador público sin utilizar la exploración InPrivate, es muy conveniente eliminar todo, absolutamente todo, para salvaguardar al máximo nuestra intimidad.

Información actualizada

Muchos de los sitios Web que visitamos se actualizan periódicamente y, hasta hace poco, la única forma de averiguar si tenían alguna novedad era visitarlos de nuevo. Ahora Windows 7 nos ofrece dos complementos, los RSS y los Web Slices, para evitarnos pérdidas de tiempo, pues con ellos podemos saber en todo momento las últimas novedades de los sitios a los que nos hayamos suscrito... y que ofrezcan estos servicios. Por ejemplo, en la figura 8.23 leemos las noticias RSS de un periódico y accedemos a las viñetas de otro, con un Web Slice.

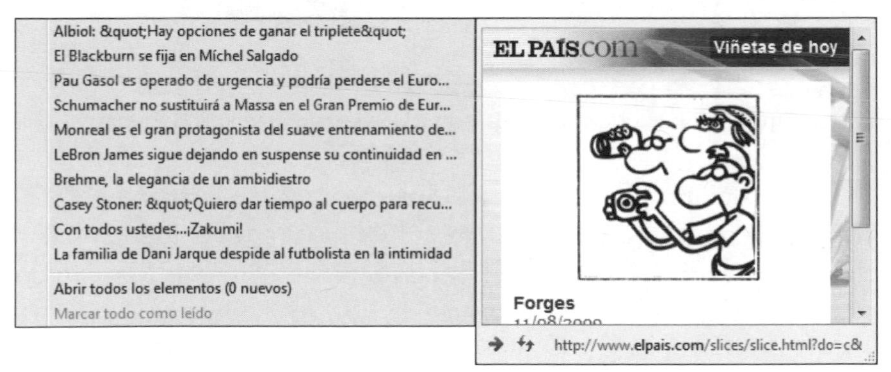

Figura 8.23. Ejemplo de noticias RSS y un Web Slice.

Encabezados de la fuente

En el segundo capítulo vimos los gadgets y dejamos de lado uno que tenía el curioso nombre de "encabezados de la fuente".

Las siglas RSS se utilizan para diferentes estándares (*Really Simple Syndication, RDF Site Summary, Rich Site Summary*), por lo que su traducción, si la hubiera, sería variable. No obstante, mucha gente se queda con la primera, por eso de "distribución muy simple".

Quizás técnicamente sea bastante acertado, pero la terminología resulta un tanto críptica para la mayoría del personal, así que vamos a detenernos un poco en ella... y en ver cómo configurar este gadget a nuestro gusto.

En la actualidad muchos sitios Web (organismos oficiales, prensa, comercios, blogs, etc.) ofrecen un servicio de informaciones RSS, al que podemos suscribirnos para ir recibiendo, de forma automática y actualizada, noticias, titulares de prensa, promociones, etc.

Este gadget muestra los encabezados de la información RSS procedente de la fuente seleccionada. Está claro por qué se llama "encabezados de la fuente", ¿verdad? Haciendo clic en uno de estos encabezados, se abre una ventana donde se amplía la información, como vemos en la figura 8.24.

Figura 8.24. Información ampliada de un encabezado de la fuente.

Algunos sitios Web ofrecen la suscripción a sus noticias RSS mediante un enlace ubicado dentro de la propia página.

Como siempre, la configuración del gadget la efectuamos en su ventana de opciones. Desplegando la lista Mostrar esta fuente, seleccionamos una única fuente de noticias o todas ellas; con Número de encabezados recientes para mostrar decidimos cuántos aparecen (10, 20, 40, 100).

Todo eso está muy bien, pero todavía nos falta por saber lo principal; es decir, ¿cómo nos suscribimos a las fuentes de información RSS?

Para ello, tenemos que navegar un poco por Internet, visitando las páginas que es posible oferten este servicio y prestando atención al botón **Fuentes** de Internet Explorer. Cuando está iluminado, como sucede en la figura 8.25, el sitio que estamos viendo ofrece informaciones RSS.

Figura 8.25. Ofrece información RSS.

Si nos apetece recibir información de esa fuente, sólo tenemos que hacer clic en el botón **Fuentes** y, generalmente, se nos abrirá una nueva página, con un enlace para que nos suscribamos a esa fuente.

Al activarlo se abre un cuadro de diálogo similar al de la figura 8.26. Cuando hacemos clic en el botón **Suscribirse**, esa fuente pasa automáticamente al Centro de favoritos de Internet Explorer y, claro está, también a la lista de fuentes del gadget, en cuya ventana de opciones ya estará disponible.

Web Slices

Podríamos decir que las Web Slices son la evolución natural de las fuentes RSS.

Si comparamos ambos elementos, las Web Slices son más dinámicas, tienen una presentación más atractiva, resultan fáciles de crear y no precisan de ningún lector extra para ser leídas.

TRUCO MÁGICO

Si en la figura 8.26 activamos la casilla Agregar a la Barra de favoritos, tenemos disponible la información de esa fuente en la barra de favoritos y no precisamos de un lector específico, como el gadget Encabezados de la fuente.

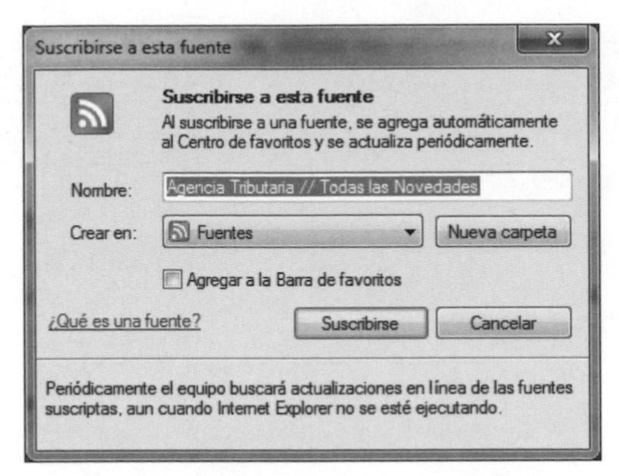

Figura 8.26. Suscripción a una fuente.

Estas Web Slices se colocan en la barra de favoritos y con un clic desplegamos su contenido, pudiendo ampliar el tamaño de su recuadro, como sucede en la figura 8.27.

En caso de que nos interese averiguar más cosas sobre el tema, activamos los enlaces que ahí se nos ofrecen.

El nombre del complemento Web Slices ("rodajas de sitios Web", sería una posible traducción) alude a que sólo vemos el trocito del sitio que más nos interesa.

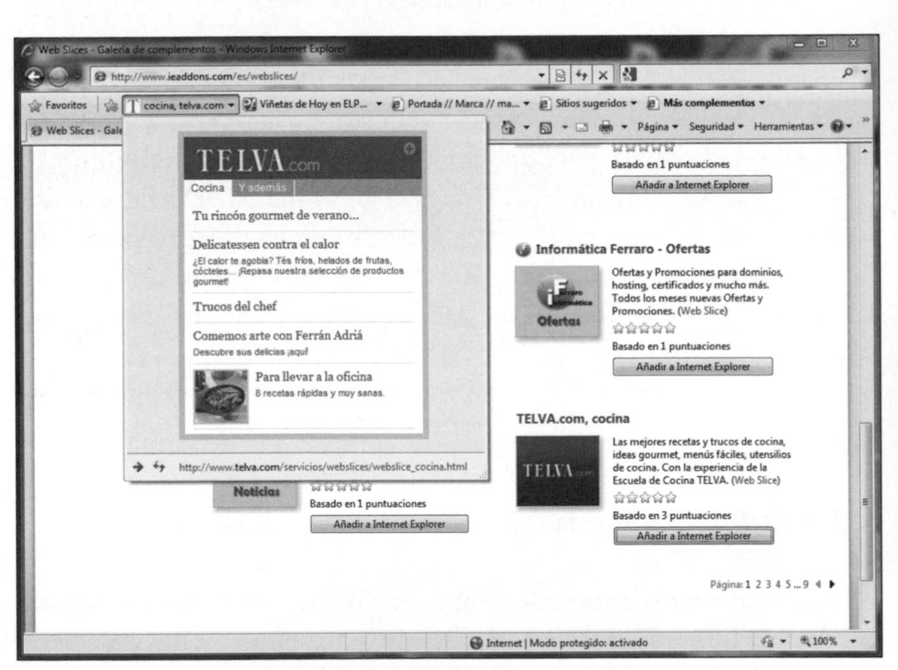

Figura 8.27. Web Slice sobre cocina.

¿Y cómo descubrimos si la página actual tiene disponible un Web Slice al que podemos suscribirnos? Sólo tenemos que fijarnos en el botón **Agregar Web Slices** de la barra de comandos; si está operativo, como sucede en la figura 8.28, hacemos clic en la flecha de su derecha y elegimos el que nos interese de los ofertados; luego, en el cuadro de diálogo que se abre, hacemos clic en **Agregar a la Barra de favoritos**.

A continuación, la Web Slice correspondiente se coloca en la barra de favoritos, donde podemos consultarla... y se resaltará automáticamente en negrita cuando se actualice.

¿Y si queremos quitar alguna de las Web Slices agregadas? Sólo tenemos que desplegar su menú contextual y ejecutar Eliminar.

Figura 8.28. Aquí hay disponibles Web Slices.

En la galería online de complementos (http://www.ieaddons.com/es/) además de los aceleradores también encontramos un amplio listado de Web Slices.

Favoritos

Durante nuestros paseos por Internet, iremos encontrando páginas Web muy interesantes y, lógicamente, no es cuestión de memorizar su dirección para volver a ellas otro día, ¿verdad?

Por defecto en la barra de favoritos se incluye Sitios sugeridos. Si en su recuadro decidimos activar este servicio, nos irá sugiriendo sitios en función de las páginas que vayamos visitando... La decisión, como siempre, es tuya.

Como Internet Explorer está en todo, nos permite conservar nuestros sitios Web favoritos en una carpeta personal, que se llama precisamente, Favoritos.

La forma más cómoda de gestionar nuestras direcciones favoritas (y otras cosas más) es utilizar el botón **Favoritos**, señalado en la figura 8.29. ¿Y para qué sirve **Agregar a la Barra de favoritos**? Como su nombre indica, crea en la barra de favoritos un acceso directo a la página actual (ya sabemos cómo borrarlo si nos deja de interesar).

Figura 8.29. Dos botones importantes.

Cuando deseemos añadir la página Web que estamos visitando a nuestra lista de páginas favoritas, hacemos clic en **Favoritos** y, luego, en Agregar a Favoritos. Se abre el cuadro de diálogo de la figura 8.30 donde podemos cambiar su nombre, en caso de que el título de la página Web no sea descriptivo de su contenido.

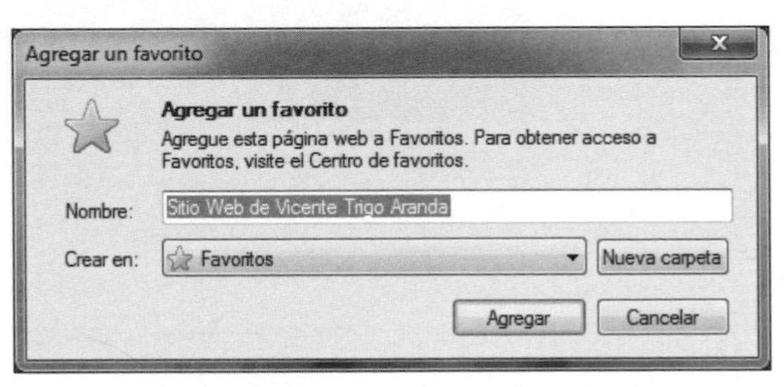

Figura 8.30. Agregar un favorito.

Podemos abrir directamente el cuadro de la figura 8.30 con Control-D.

También podemos añadir a Favoritos todas las páginas que tenemos abiertas en diversas pestañas. En este caso, hacemos clic sobre la flecha de Agregar a Favoritos y ejecutamos Agregar pestañas actuales a Favoritos; todas las direcciones se guardarán en una carpeta, cuyo nombre debemos escribir.

Más adelante, cuando queramos volver a visitar una página Web que hayamos agregado a Favoritos, sólo tenemos que hacer clic en **Favoritos** y se desplegará un panel con la lista de nuestras páginas Web favoritas (lo mismo conseguimos con **Control-I**). Seleccionamos la que nos interesa e, instantes después, estaremos viéndola.

- Los elementos que hayamos colocado en la barra de favoritos también se incluyen automáticamente en el panel de favoritos, en la carpeta Barra de favoritos (¡originalidad ante todo!).
- En el panel de favoritos disponemos de fichas donde se guardan las fuentes RSS a las que nos hemos suscrito y nuestro historial. También podemos acceder a ellas con **Control-J** y **Control-H**, respectivamente.

Al comenzar a navegar por Internet, el listado de direcciones favoritas será breve y resultará sencillo localizar una en concreto. Sin embargo, cuando pase algo de tiempo, la lista habrá aumentado tanto que, sin algún tipo de organización, resulta engorroso encontrar la que andamos buscando.

Lo usual, para organizar las direcciones favoritas, es crear carpetas donde se agrupen por temas.

Por ejemplo, podemos tener en una carpeta las direcciones favoritas sobre cine, en otra las relativas a música, etc.

Para estructurar de una forma ordenada nuestras páginas Web favoritas, hacemos clic en **Favoritos** y, en Agregar a Favoritos, ejecutamos Organizar Favoritos. Abrimos de esta forma el cuadro de diálogo de la figura 8.31.

- **Nueva carpeta** nos permite crear una nueva carpeta, dentro de Favoritos o de la carpeta donde estemos en ese momento (para abrir una carpeta basta con hacer clic en su nombre).
- **Mover** nos facilita el llevar uno o varios elementos a otra carpeta, que debemos indicar en el cuadro de diálogo que se abre. De todas formas, todavía resulta más cómodo arrastrar el elemento a su nueva ubicación.

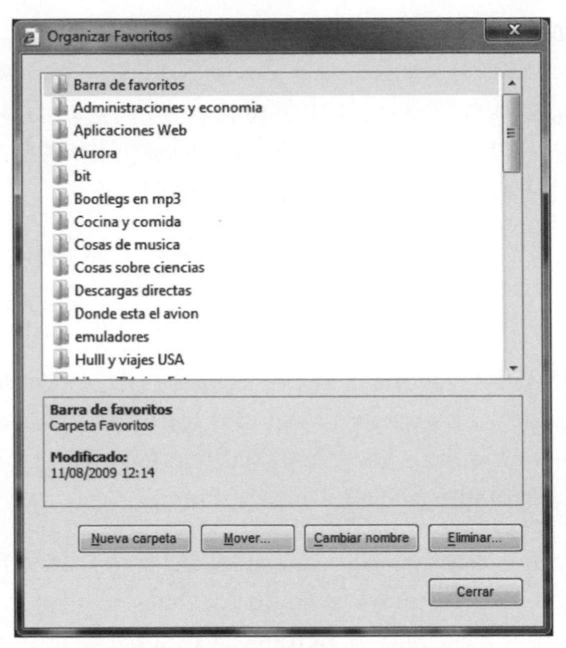

Figura 8.31. Organizando Favoritos.

- **Cambiar nombre** y **Eliminar** nos dan la oportunidad de renombrar y suprimir el elemento seleccionado. Si lo deseamos, podemos efectuar estas operaciones de la misma forma que si fuesen iconos (con **F2** y **Supr**, respectivamente).

Por su parte, tal y como ya sabemos el historial de Internet Explorer guarda enlaces a las páginas Web visitadas últimamente. ¿Y para qué sirve eso? Pues para volver a ir a una página Web que ya hemos visitado... y de la que no recordamos su dirección ni se nos ocurrió añadirla a Favoritos. Si pulsamos **Control-H** o vamos paso a paso a la ficha **Historial**, en el lateral izquierdo se muestra un panel donde están agrupadas las direcciones de las páginas que hemos visitado hoy, la semana pasada, etc., y sólo tenemos que hacer clic en un grupo concreto para ver su contenido.

Además, desplegando la flecha situada en la parte superior del panel, se nos ofrecen opciones para agrupar las páginas de otra forma o buscar alguna directamente si recordamos parte de su dirección.

Las historias de Megajolmes

María Dolores venía a comer y, como las leyes de Murphy son inmutables, hasta el momento en que abrí el frigorífico no descubrí que había olvidado comprar la carne, así que salí disparado hacia mi carnicería habitual, donde tienen unos chuletones de lujo.

Mientras esperaba mi turno, no tuve más remedio que escuchar la conversación que el carnicero mantenía con una clienta, recién salida de la peluquería.

- No, si la culpa es de mi hijo. Esta juventud no sabe dónde tiene la cabeza - dictaminó el carnicero mientras troceaba un pollo -. Yo estaba en el médico, para el resultado de los análisis...

- ¿Y te ha salido colesterol? - le interrumpió la señora -. Porque mi Paco ya está con pastillas y no le acaban de sentar bien.

- El mío es del bueno. Me ha dicho que estoy sano como un toro - contestó con una pizca de orgullo -. Pues eso, he dejado al chico encargado de la carnicería y ha sido entonces cuando ha entrado ese sinvergüenza a comprar salchichas. Para abonar los cuatro euros, ahora las tengo en oferta y son buenísimas, le ha dado un billete de cien más falso que un buey de lidia.

- Y no se ha enterado de que era una falsificación, ¿verdad? - comentó la señora después de pedir una docena de libritos de lomo.

- ¡Qué va! Encima, como era tan temprano, no tenía cambios para la vuelta y ha pasado a la peluquería, donde se lo han cambiado por dos de diez y cuatro de veinte. Claro, al llevar Charo los guantes porque estaba dándole tinte a no sé quién, ni se ha fijado en el billete.

- Es una peluquera de cine - añadió la clienta atusándose el pelo -. ¿Así que tu hijo le ha dado las vueltas y el estafador se ha largado sin más?

- Con las salchichas, no lo olvides. Para colmo, al poco rato ha venido Charo despotricando con el billete falso y, tras disculparme, le he dado dos de cincuenta, de curso legal.

- ¡Madre mía! Ya me he perdido con tanto billete... ¿Cuánto te ha estafado realmente?

CAPÍTULO 9

Herramientas del Sistema

Mi relación con Marta iba viento en popa y seguíamos yendo habitualmente a la piscina, aunque con menor frecuencia por mi parte, puesto que entre el trabajo, los libros y alguna cita de vez en cuando, no me quedaba apenas tiempo para nada.

Tan agotado estaba que incluso Mariano se percató de ello y eso que anda siempre más despistado que un pingüino en el Sáhara.

- Tienes demasiado stress. Relájate un poco, que tanta adrenalina no es buena para la salud - dictaminó con suficiencia, como si toda su cultura médica no la hubiese aprendido en las series de televisión -. Ya sabes lo que dice el refrán, "si quieres ser feliz una semana, cásate, pero si quieres ser feliz toda la vida, sé jardinero".

- ¿Y qué me aconsejas? - dije sin pensar... la costumbre.

- Vente este fin de semana a mi jardín, mejor dicho, al de mi mamá. Todavía vive en una parcela y dispone de un pequeño jardín que es toda su vida. ¡La de horas que pasa cuidando sus flores!

Casualmente Marta llevaba unos días en Alemania, por razones de trabajo, y eso me había permitido acelerar con el libro, por lo que podía tomarme un asueto. Además, ¡qué romántico sería si le regalase las flores que yo mismo cultivara!

La mamá de Mariano fue una anfitriona encantadora, en serio. Sus huevos revueltos con jamón, que nos preparó para almorzar, son de los mejores que he degustado.

Por desgracia, la buena señora había estado unos días enferma y apenas había tocado su jardín, según comentó.

Cuando fuimos a verlo, me quedé patidifuso. El achaque debía haber sido de los gordos, porque aquello parecía una jungla. No me hubiera sorprendido nada ver a Tarzán por allí.

Poco a poco, utilizando el rastrillo, la azada y otras herramientas, como la raedera, que no sabía ni qué era, fuimos llenando bolsas y bolsas de malas hierbas. Al final de la mañana mis riñones se quejaban bastante, con toda la razón del mundo, dicho sea de paso, pero el esfuerzo había merecido la pena. Aquello ya parecía un jardín; descuidado, pero un jardín.

- Antes de irte debes plantar algo - comentó la señora de la casa -. Así, cuando regreses otro día, estarás orgulloso de ver cuánto ha crecido.

Me tendió una pequeña planta, con raíces y todo, y una pala jardinera para que hiciera un agujero donde trasplantarla. Todo fue bien hasta que cavé un poquito demasiado y apareció un nido de gusanos de tierra, o como se diga. ¡Qué repelús!

Solté la pala, a la vez que chillaba y pegaba un brinco digno de una final olímpica de salto de altura. Al caer, debí pisar la raedera y el mango se rompió sobre mi cabeza, haciéndome ver las estrellas. ¡Qué poca resistencia tienen algunas herramientas!

¡Windows 7 sí tiene herramientas de calidad!

Herramientas del sistema

Si nuestro coche necesita una puesta a punto de vez en cuando, con mayor razón nuestro ordenador, que es una máquina mucho más complicada... Bueno, para mí resulta bastante más complejo un coche, pero reconozco que debo ser un caso raro.

De todas formas, no te asustes, porque no es necesario llevar el equipo al servicio técnico. Windows 7 está en todo y nos ofrece varias herramientas para mantener nuestro ordenador en perfecto estado. Seguidamente, vamos a ver las más utilizadas. Las tres primeras (Desfragmentador de disco, Liberador de espacio en disco y Restaurar sistema) podemos encontrarlas en Todos los programas>Accesorios>Herramientas del sistema y la última, Comprobación de errores, en las propiedades del disco duro, donde también está Desfragmentador de disco y Liberador de espacio en disco.

Desfragmentador de disco

Supongamos que una persona adoptase el siguiente sistema para escribir, que, ciertamente, es bastante peculiar. Posee un rollo muy grande de papel y comienza a escribir siempre por el primer hueco que encuentra libre. En principio, el sistema no parece nada estrafalario, ¿verdad? Pero, ¿qué sucede si esa persona tiene la costumbre de borrar textos que ya no le interesan? Quedarán huecos desperdigados por todo el rollo y, si escribe después, parte estará al principio del rollo, luego continuará más adelante y, así, hasta que termine su nuevo escrito. Es evidente que se conserva el texto, pero su lectura resultará incómoda y lenta, ¿no crees?

¿Y qué tiene que ver todo esto con Windows 7? Pues mucho, en serio, porque el ordenador almacena la información en el disco duro de una forma análoga al sistema de escritura anterior. Por tanto, si tenemos por costumbre borrar muchas cosas e instalar nuevos programas, es muy posible que las diversas partes de algunos archivos estén bastante separadas y eso ralentizará su lectura.

La herramienta Desfragmentador de disco se encarga precisamente de reorganizar los datos fragmentados, para conseguir que el disco duro funcione más eficientemente. Como esta tarea es tan importante, el Desfragmentador de disco está programado para que se ejecute automáticamente una vez a la semana, sin que nos demos cuenta apenas, porque podemos seguir utilizando el equipo durante el proceso.

También abrimos el Desfragmentador de disco si, en Equipo, desplegamos el menú contextual de la unidad, ejecutamos Propiedades y, en la ficha Herramientas, hacemos clic en Desfragmentar ahora.

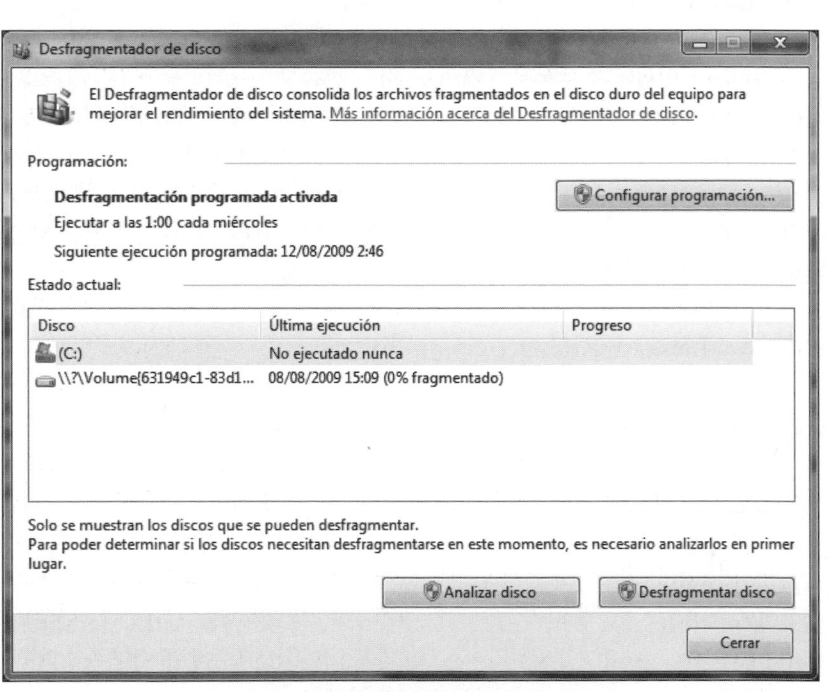

Figura 9.1. Desfragmentador de disco.

No obstante, podemos cambiar dicha programación e, incluso, ejecutarlo de forma manual en un momento dado.

Personalmente, me parece bien su configuración inicial pero, puesto que todo es cuestión de gustos, veamos cómo podemos modificarla.

Para acceder al Desfragmentador de disco, en el menú Inicio ejecutamos Todos los programas>Accesorios>Herramientas del sistema>Desfragmentador de disco.

- El botón **Configurar programación** abre otro cuadro de diálogo donde podemos fijar la frecuencia de la desfragmentación, así como el día y la hora en que tendrá lugar.
- **Analizar disco** nos informa, tras una breve espera, de si es necesario desfragmentarlo.
- **Desfragmentar disco** inicia el proceso inmediatamente.

Liberador de espacio en disco

Cuando nuestro disco duro esté bastante lleno, desearemos ganar espacio como sea para poder seguir trabajando con él. Una buena opción es eliminar todos los archivos innecesarios que haya por el disco duro; por ejemplo, los archivos de nuestros paseos por Internet, los contenidos en la Papelera de reciclaje, los temporales que crean algunas aplicaciones y que luego olvidan suprimir, etc.

Para que no tengamos que perder tiempo borrando estos elementos manualmente, lo que, además, podría ser motivo de algún error fatal, Windows 7 incorpora una herramienta que nos permite dejar el máximo de espacio libre en un único paso: el Liberador de espacio en disco.

Se activa, en el menú Inicio, mediante Todos los programas>Accesorios>Herramientas del sistema>Liberador de espacio en disco. Una vez puesta en marcha, la herramienta hace un rápido repaso del contenido del disco para ver qué puede quitar y muestra un cuadro de diálogo similar al de la figura 9.2, en cuya parte superior nos indica el máximo espacio que puede liberarse en el disco... aunque no siempre nos interesará quitar todo cuanto se puede.

También abrimos el Liberador de espacio en disco si, en Equipo, desplegamos el menú contextual de la unidad, ejecutamos Propiedades y, en la ficha General, hacemos clic en Liberar espacio. En esa ficha, además, podemos observar el espacio libre actual.

Figura 9.2. Liberador de espacio en disco.

Para eliminar los archivos de un determinado lugar, activamos la casilla correspondiente; conforme lo vayamos haciendo, veremos el espacio que se recuperará. Eso sí, debemos leer primero detenidamente la descripción que Windows 7 ofrece de cada cosa y no liarnos a eliminar de cualquier manera. Yo me despisté una vez y no he vuelto a recuperar unos archivos que me interesaban mucho.

Cuando hayamos seleccionado los archivos a eliminar, hacemos clic en **Aceptar** y, tras confirmar que deseamos borrarlos, dispondremos de algo más de espacio en el disco duro.

Restaurar sistema

Hay ocasiones en que, tras instalar un programa o un controlador, las cosas no marchan como se esperaba y se monta un lío de mucho cuidado. En estos casos, normalmente es suficiente con desinstalar lo que acabamos de instalar y asunto solventado, pero, ¿y si no se soluciona el problema? Entonces es aconsejable acudir a Restaurar sistema.

¿Y en qué consiste esta herramienta? Restaurar sistema controla todos los cambios que van teniendo lugar en el equipo y almacena automáticamente la configuración en determinados momentos, los llamados puntos de restauración.

Gracias a ellos podemos, en caso de problema grave en el equipo, regresar a una situación anterior, sin perder ninguno de nuestros datos personales (documentos, fotografías, correo, etc.). Muy interesante, ¿no crees?

Para acceder a Restaurar sistema, cuya ventana inicial se muestra en la figura 9.3, en el menú Inicio, ejecutamos Todos los programas> Accesorios>Herramientas del sistema>Restaurar sistema.

Si restauramos el equipo a un punto anterior a la instalación de un determinado programa, los datos que hayamos creado con él se conservarán, pero el programa no funcionará y deberemos reinstalarlo.

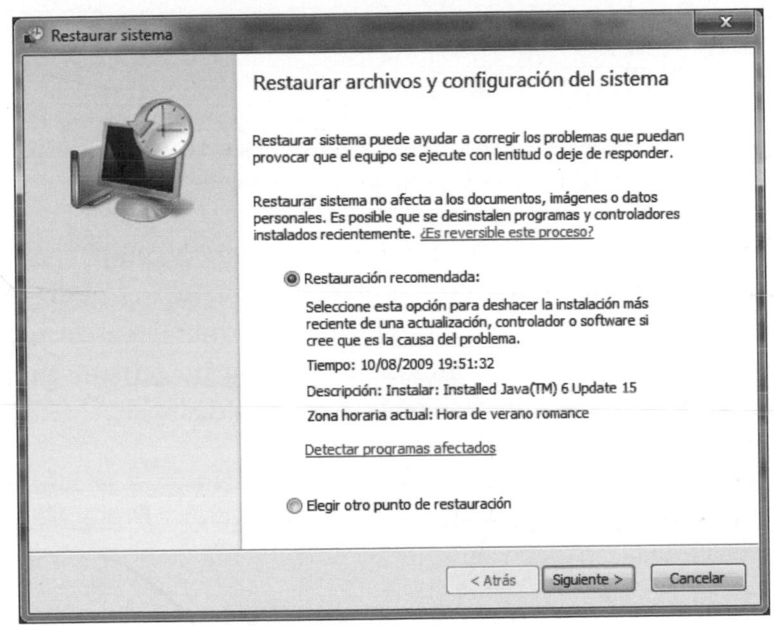

Figura 9.3. Restaurar sistema.

Si la opción de restauración recomendada no es la que nos interesa, activamos Elegir otro punto de restauración y, después de hacer clic sobre **Siguiente**, accedemos a un listado con los últimos puntos de restauración, similar al de la figura 9.4 (activando la casilla inferior mostramos todos).

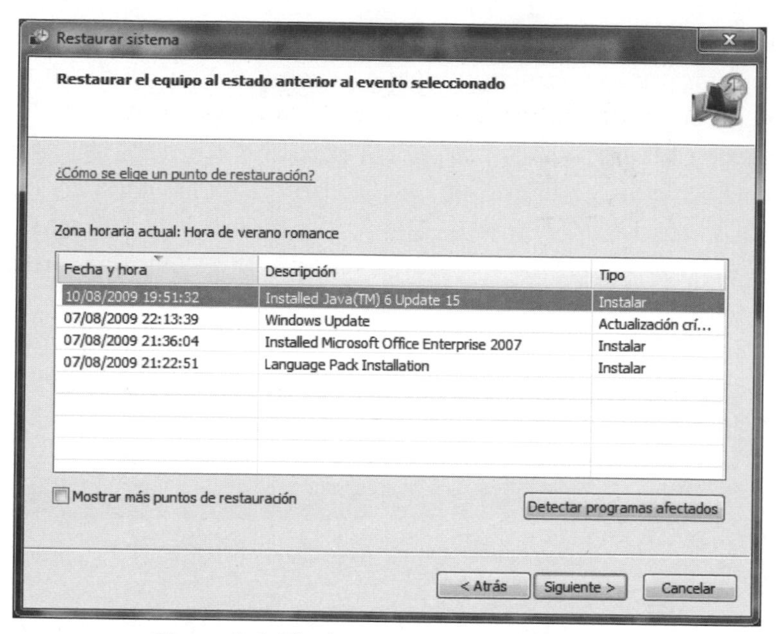

Figura 9.4. Elegir un punto de restauración.

Una vez seleccionado un punto de restauración, hacemos clic sobre **Siguiente** y, luego, en **Finalizar**. Después de reiniciarse el equipo, tendremos nuestro sistema tal y como estaba en el momento correspondiente al punto de restauración. ¿Y no podemos crear nuestros propios puntos de restauración? ¡Claro que sí! Es muy sencillo.

¡Megarritual!

1. En el Panel de control vamos a Sistema y seguridad> Sistema y, en el lateral izquierdo, activamos Protección del sistema.
2. Se abre el cuadro de diálogo de la figura 9.5. Hacemos clic en **Crear**.
3. Escribimos una descripción que nos permita localizar fácilmente el punto de restauración y hacemos clic en **Crear**.
4. Después de una breve espera, se nos informa de la finalización del proceso y ya podemos cerrar el cuadro de diálogo de la figura 9.5.

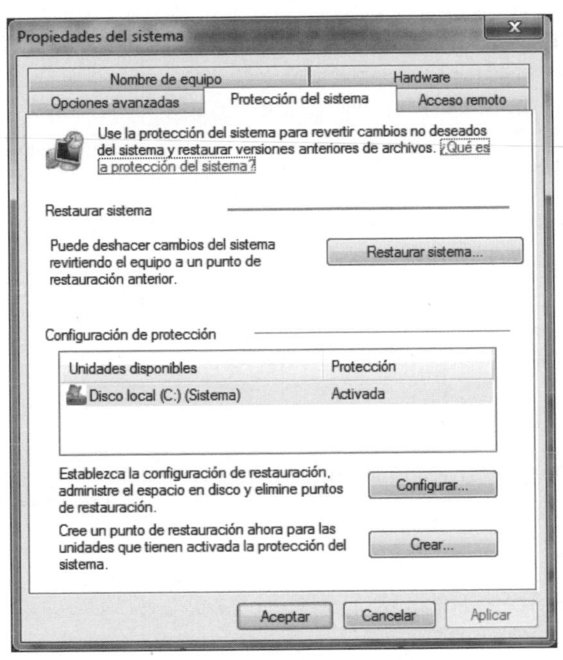

Figura 9.5. Protección del sistema.

Lógicamente, si ahora accedemos al listado de los últimos puntos de restauración, como el mostrado en la figura 9.4, ahí aparecerá el que acabamos de crear.

Comprobación de errores

A veces puede suceder que algún programa se arme un pequeño lío y se produzcan errores al almacenar los datos, que son los llamados errores lógicos; por ejemplo, que una misma zona del disco duro esté asignada a dos archivos diferentes o que aparezca como asignada cuando, en realidad, no lo está. No, no es que el ordenador se vuelva tarumba de repente o que coja una depresión por falta de cariño. El motivo es más prosaico.

Diseñar un programa complejo es un trabajo bastante peliagudo y, como esta labor todavía la realizan seres humanos, no es extraño que aparezca algún gazapo de vez en cuando.

También es posible que el disco duro tenga algún error físico en su superficie, especialmente si nos dedicamos a pegarle patadas cada vez que el equipo no cumple nuestros deseos al pie de la letra... Tengamos en cuenta que el ordenador se limita a hacer aquello que le ordenamos que haga, no lo que deseamos que haga.

Volviendo a cuestiones más técnicas, para corregir los errores lógicos de un disco y paliar en parte los físicos (estos últimos son bastante infrecuentes, no te preocupes), podemos hacer lo siguiente:

¡Megarritual!

1. Cerramos todos los archivos que estuvieran abiertos.
2. Abrimos Equipo.
3. Desplegamos el menú contextual de la unidad de disco que deseamos comprobar.
4. Ejecutamos Propiedades y después pasamos a la ficha Herramientas de la figura 9.6.

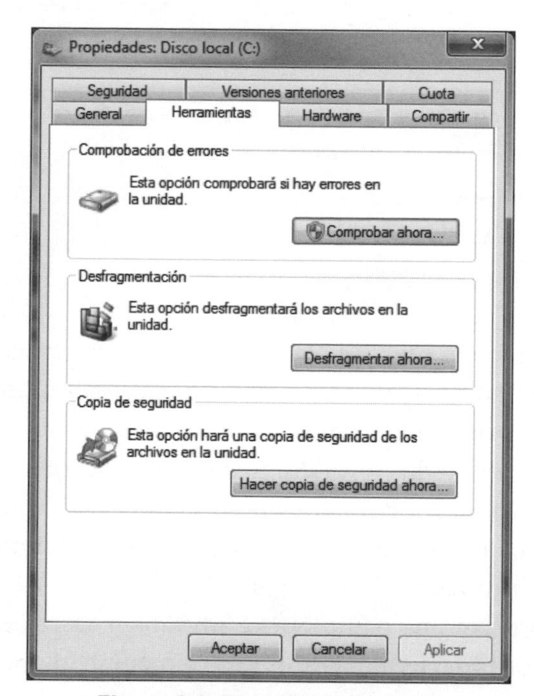

Figura 9.6. Ficha Herramientas.

5. Hacemos clic en el botón **Comprobar ahora**.
6. Se abre el cuadro de diálogo de la figura 9.7, donde activamos las dos casillas... por si acaso.

Figura 9.7. Comprobar disco.

7. Hacemos clic en **Iniciar**... y eso es todo. Windows 7 se encargará, la siguiente vez que se reinicie el equipo, de arreglar los posibles desperfectos que pudiera haber.

Sistema y seguridad

La seguridad de nuestro equipo es tan primordial que en el Panel de control encontramos múltiples aplicaciones dedicadas a estos temas, como observamos en la ventana de la figura 9.8, que abrimos con Sistema y seguridad del Panel de control.

Lamentablemente este libro ya le quedan muy pocas páginas y no hay espacio suficiente para comentar todas esas aplicaciones con cierto detenimiento, así que vamos a centrarnos en las cuatro que más interesan a la mayoría de la gente: la protección antivirus, el Firewall de Windows, Windows Update y Windows Defender.

Comencemos por el Centro de actividades, cuya ventana tenemos en la figura 9.9. Como observamos en ella, Windows 7 no incluye ningún antivirus, si bien nos ofrece el botón **Buscar un programa en línea**, que nos lleva a una página Web de Microsoft recomendando diverso software antivirus que podemos adquirir.

Un antivirus es un programa que siempre permanece en memoria, con objeto de detectar y eliminar los intrusos que desean colarse en nuestro ordenador.

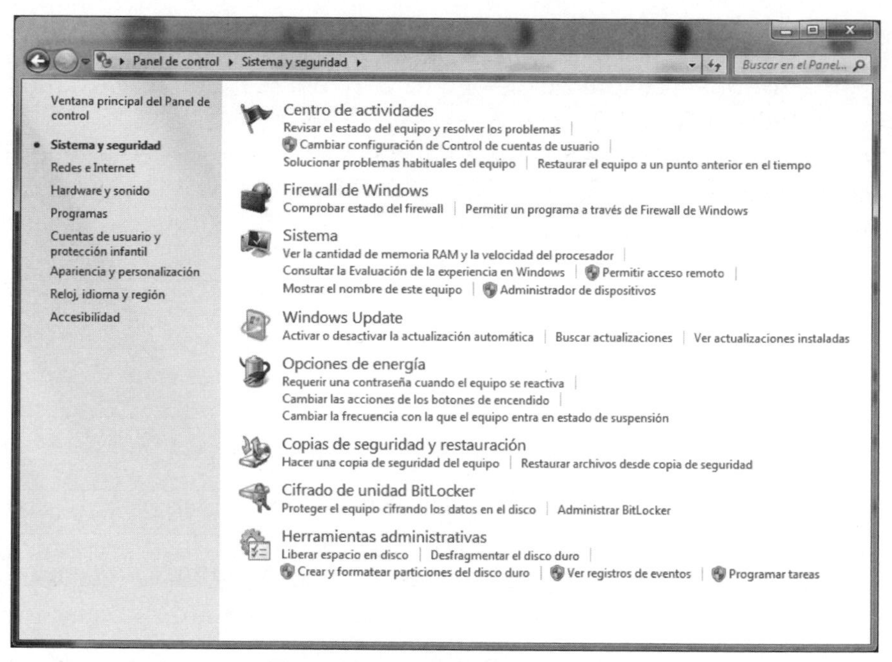

Figura 9.8. Sistema y seguridad.

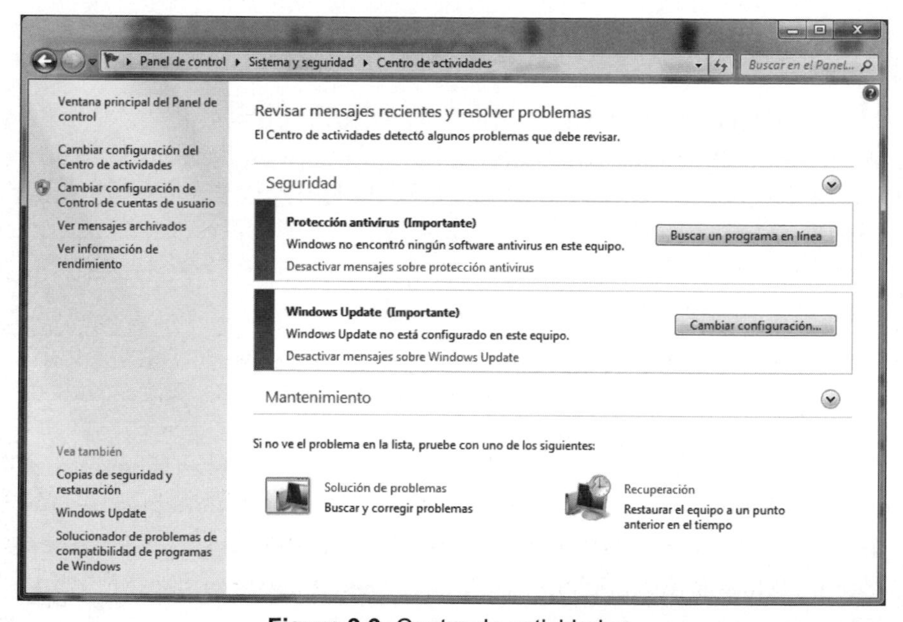

Figura 9.9. Centro de actividades.

Desde luego es una buena medida de seguridad tener instalado un antivirus en el equipo, para protegerlo de visitantes indeseables.

Si todavía no has adquirido ningún antivirus, en Internet puedes encontrar muchos de calidad sin necesidad de realizar un desembolso económico. Por ejemplo, los dos siguientes son muy populares y completamente gratuitos... siempre que los emplees para uso personal, no comercial.

avast! 4 Home Edition
http://www.avast.com/esp/avast_4_home.html

Antivir Personal
http://seguridad-profesional.com/cms/content/view/12/33/

Nunca debes instalar dos antivirus en un mismo equipo, porque seguramente se armará un lío de mucho cuidado.

Otra sección muy interesante de la figura 9.8 es el Firewall (cortafuegos) de Windows, una herramienta que bloquea el paso a gusanos, piratas, etc., para impedirles que accedan a nuestro equipo. Lógicamente siempre debemos tenerlo activado.

Claro que, en algunos casos, es necesario hacer una excepción con determinados programas que deben aceptar conexiones entrantes (juegos en red, programas P2P, etc.). Cuando se ejecuta uno de estos por primera vez, como sucede en la figura 9.10, el Firewall de Windows nos ofrece la posibilidad de desbloquearlo para que pueda funcionar, con **Permitir acceso**.

¿Y qué debemos hacer si cambiamos de opinión más adelante? Para desbloquear cualquier programa bloqueado por el Firewall de Windows o viceversa, basta con seguir los pasos que se detallan a continuación.

¡Megarritual!

1. Abrimos la ventana de Firewall de Windows. El camino más rápido es comenzar a escribir su nombre en el campo de búsqueda del menú Inicio.
2. Activamos su enlace lateral Permitir un programa o una característica a través de Firewall de Windows.
3. Ahora hacemos clic sobre el botón **Cambiar la configuración**.

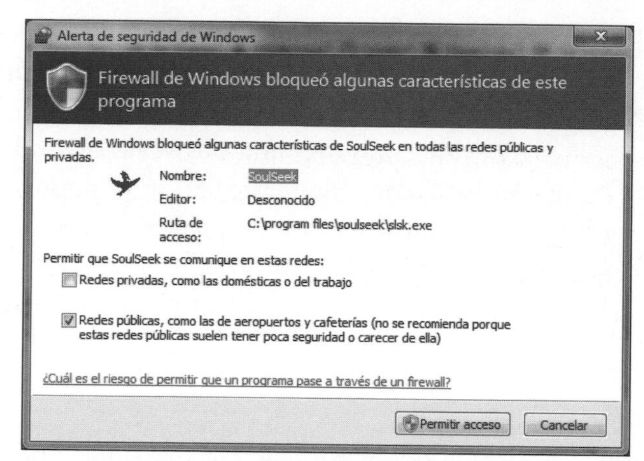

Figura 9.10. Firewall de Windows en acción.

4. Ahora las casillas de la lista están ya disponibles, como vemos en la figura 9.11, y podemos inhabilitar cualquier programa, bien de manera temporal (desactivando su casilla) o bien definitiva (con **Quitar**). Además, podemos añadir nuevos programas a la lista con **Permitir otro programa**.

En el lateral de la ventana de Firewall de Windows se ofrece un enlace con el que desactivar el Firewall de Windows. No es recomendable hacerlo, ni mucho menos.

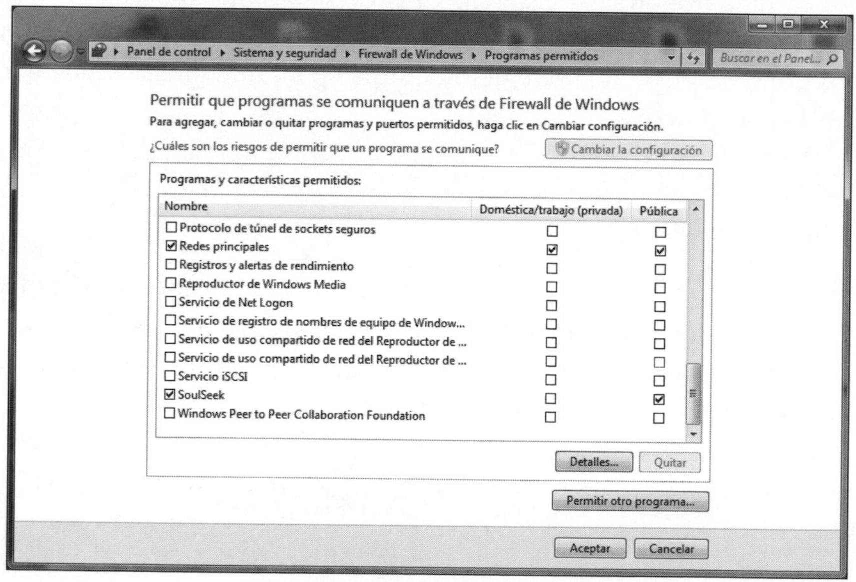

Figura 9.11. Programas permitidos.

Siguiendo con las opciones de seguridad, no podemos dejar de hablar de Windows Update, cuya ventana se muestra en la figura 9.12. Se trata de una aplicación que se encarga de mantener el equipo completamente actualizado, comprobando todos días si hay alguna nueva actualización e instalándola de manera automática, por defecto.

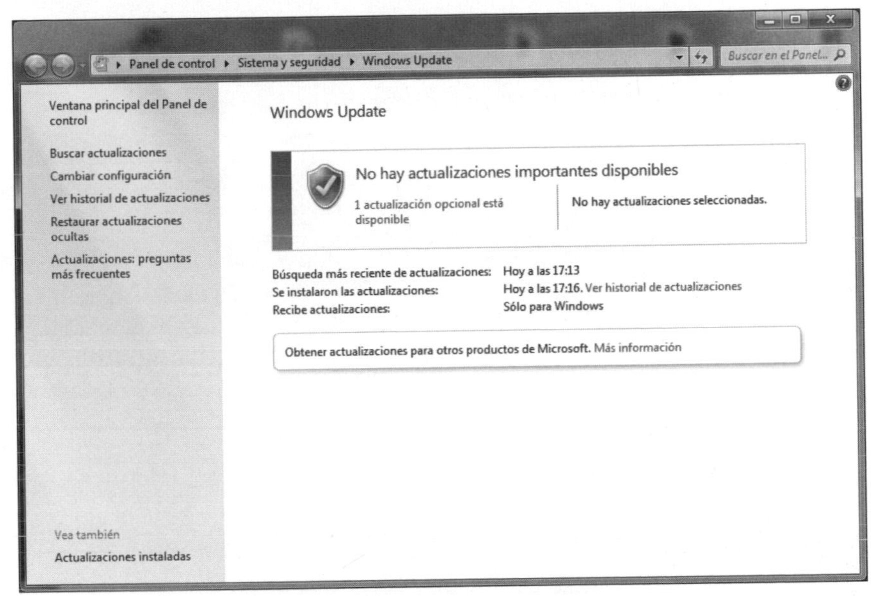

Figura 9.12. Windows Update.

¿Y por qué son necesarias las actualizaciones periódicas? Por un lado, con el paso de tiempo se van descubriendo pequeños gazapos en los programas que podrían ser aprovechados por software malicioso para hacer de las suyas y, claro está, no es cuestión de permitírselo. Por otro lado, gracias a las actualizaciones accedemos a todas las modificaciones que se realizan en Windows 7 para mejorar su rendimiento, adaptarlo a las novedades técnicas que van surgiendo, etc.

Debido a todos estos motivos, Windows Update, que se encuentra tanto en Sistema y seguridad del Panel de control como en Todos los programas del menú Inicio, es sumamente importante de cara a mejorar las prestaciones del equipo y protegerlo contra nuevos elementos dañinos.

Con el enlace Cambiar configuración del lateral izquierdo de la ventana de Windows Update podemos variar la periodicidad de las actualizaciones importantes e, incluso, indicar que tan sólo se instalen cuando así lo decidamos. La opción predefinida, Instalar actualizaciones automáticamente, es la más segura, desde luego, pero quizás no sea la más recomendable si tenemos la costumbre de dejar abandonado el ordenador en funcionamiento mucho tiempo.

Si nuestra ausencia coincide con el horario de las actualizaciones, es posible que la instalación de éstas exija reiniciar el equipo y al volver nos encontremos en la ventana inicial de Windows 7.

En estos casos de abandono prolongado es más recomendable escoger una de las otras opciones de configuración de Windows Update para actualizaciones importantes: Descargar actualizaciones, pero permitirme elegir si deseo instalarlas o Buscar actualizaciones, pero permitirme elegir si deseo descargarlas e instalarlas.

Por último, detengámonos un momento en Windows Defender, cuya ventana vemos en la figura 9.13 y que se dedica a perseguir el *spyware* y otro software potencialmente no deseado. ¿Y qué es eso del *spyware*? Con este término inglés se designa a las aplicaciones espías que se especializan en recopilar información personal a escondidas.

Para evitar que el *spyware* se introduzca en nuestro equipo, Windows Defender siempre debe estar activado, como sucede inicialmente. Además, también se encarga de examinar periódicamente el equipo para comprobar que no se haya instalado nada peligroso. No obstante, si lo deseamos, podemos realizar ese examen en cualquier momento.

1. Abrimos la ventana de Windows Defender, tras escribir su nombre en el campo de búsqueda del menú Inicio.

2. Hacemos clic en **Examinar**.

¡Y ya no queda sitio para más! Sólo espero que disfrutes tanto con Windows 7 como yo... y que la lectura te haya resultado amena.

¡Hasta siempre!

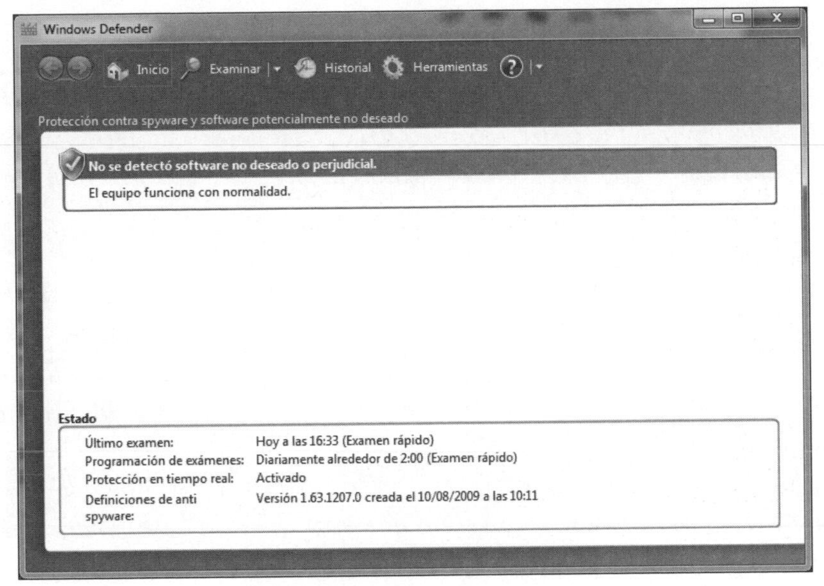

Figura 9.13. Windows Defender.

Las historias de Megajolmes

Como siempre, Megatorpe me cede el menor espacio posible, seguramente para evitar que mi sobresaliente calidad literaria deje más patente las serias limitaciones de la suya... Por no hablar de mis sutiles deducciones y razonamientos, que dejan sus explicaciones a la altura del barro.

En otras palabras, sólo dispongo de unas pocas líneas para comentar la solución de los diferentes casos expuestos en los capítulos anteriores. ¡Algún día tendré un libro sólo para mí!

***Capítulo 1**: Como al duplicar la velocidad se reduce a la mitad el tiempo y hay una diferencia de 15 minutos entre ambos supuestos, se deduce que el tiempo que tarda en el primer caso (velocidad cuatro kilómetros por hora) es media hora, 30 minutos. Por consiguiente, la pista de squash se encuentra a una distancia de 2 kilómetros.*

***Capítulo 2**: Si la fecha es del siglo XXI debe terminar necesariamente en 20**; por tanto, al conformar un capicúa, el número correspondiente al mes debe finalizar en 0 y forzosamente ha de ser Octubre.*

*Según esto, la fecha tiene que ser de la forma *10201*, pudiendo sustituir el asterisco por cualquier dígito salvo el cero. En resumen, en el siglo XXI hay nueve fechas capicúas de esa forma: 1102011, 2102012, 3102013, 4102014, 5102015, 6102016, 7102017, 8102018 y 9102019.*

***Capítulo 3**: HUMO (con los palillos se forman los trazos de las cuatro letras).*

***Capítulo 4**: Supuse que el siguiente número también comenzaría por 1, por tanto su tercera cifra, que es la que se eleva al cubo, seguramente sería 5, pues 4 al cubo es 64, que aún anda lejos para llegar a cien, y 6 al cubo es 216, que ya sobrepasa 100. Sólo tuve que probar con los números 145, 155, 165 y 175 y ahí acabé, porque 175 cumple las condiciones de la novela.*

Más tarde, en casa elaboré un sencillo programa de ordenador para hallar todos los números de tres cifras que sean iguales a la suma de su primera cifra, el cuadrado de su segunda y el cubo de su tercera. Los únicos que encontré fueron 135, 175, 518 y 598.

***Capítulo 5**: Mi tío Gervasio sólo tuvo que ir enrollando poco a poco la parte del billete que sobresalía del vaso.*

***Capítulo 6**: Había dos manzanas; una estaba en el manzano y la otra en el bolsillo de la persona, antes de subir al manzano. Cuando bajó, previamente había cogido la única que había en el manzano.*

***Capítulo 7**: Para evitar confusiones llamemos A y B a las dos clases de bolsas de chucherías y a y b al número de cada una de ellas que Cándida compró. Los sucesivos múltiplos de A comienzan en 2,95 y cada vez disminuyen 5 céntimos (2,95, 5,90, 8,85, etc.). Por lo tanto, si la suma es exacta, b necesariamente debe ser múltiplo de 5. Así, cuando b es 5, la compra de las bolsas B supone un importe 19,95. Para que la cantidad final sea exacta, el precio total de las bolsas A debe terminar en 05 y, según lo dicho en el párrafo anterior, eso sucede cuando a es 19.*

Por tanto, Cándida adquirió 19 bolsas de 2,95 y 5 bolsas de 3,99, gastando un total de 76 euros.

***Capítulo 8**: Las salchichas y 96 euros.*

Índice alfabético

A

B

C

D

E

F

G

H

I

J

K

L

M